FOUCAULT IM HÖRSAAL

Ulrich Johannes Schneider

Foucault im Hörsaal

Über das mündliche Philosophieren

TURIA + KANT
WIEN–BERLIN

Bibliografische Information der Deutschen Nationalbibliothek
Die Deutsche Bibliothek verzeichnet diese Publikation in der Deutschen Nationalbibliografie; detaillierte bibliografische Daten sind im Internet über http://dnb.ddb.de abrufbar.

Bibliographic information published by the Deutsche Nationalbibliothek
The Deutsche Nationalbibliothek lists this publication in the Deutsche Nationalbibliografie; detailed bibliographic data are available on the internet at http://dnb.dnb.de.

ISBN 978-3-98514-058-9

Cover: Bettina Kubanek, Visuelle Gestaltung, Berlin

VERLAG TURIA + KANT
A-1010 Wien, Schottengasse 3A/5/DG1
Büro Berlin: D-10827 Berlin, Crellestraße 14
info@turia.at | www.turia.at

Inhalt

Der mündliche Foucault

Michel Foucault hat Japan mehrmals besucht und dort Gespräche geführt, bei denen er oft sehr frei und mit einem gewissen Abstand – über Ozeane hinweg – seine Anliegen benannte. 1978 ist das der Fall, als er das theoretische Denken für ungenügend befindet und erläutert: »Man muss die Vorstellung zerstören, dass die Philosophie das einzige normative Denken sei. Es sollen die Stimmen einer unübersehbaren Zahl von sprechenden Subjekten erklingen und zahllose Erfahrungen zur Sprache kommen. Das sprechende Subjekt soll nicht immer dasselbe und die normativen Worte der Philosophie sollen nicht als Einzige zu hören sein. Man muss alle Arten von Erfahrungen zur Sprache bringen und auf die Sprachlosen, die Ausgeschlossenen, die Todgeweihten hören. Denn wir stehen außerhalb, während sie mit dem düsteren und einsam machenden Aspekt des Kampfes konfrontiert sind. Ich glaube, dass die Aufgabe von jemandem, der im Westen lebt und Philosophie betreibt, darin besteht, auf diese Stimmen zu hören.« (DE III: 772-773)

Foucaults Gesprächspartner, der Philosoph Takaaki Yashimoto, sagt in direktem Anschluss an die zitierte Passage: »Wenn ich Sie so höre, lerne ich in vielen Hinsichten Gedanken kennen, die ich bis jetzt in ihren Büchern nicht lesen konnte.« Das bezieht sich einmal auf die Diskussion des Marxismus, dessen Kritik Anlass des Gespräches war, und wozu Foucault hier wesentlich mehr sagt als an jeder anderen Stelle seines zu Lebzeiten veröffentlichten Werkes. Im Gespräch distanziert sich Foucault ausführlich vom Marxismus (nicht von Marx) als »wissenschaftlicher Diskurs, als Prophezeiung und als Staatsphilosophie bzw. Klassenideologie«. (DE III: 755)

Die Bemerkung Yashimotos legt zum anderen nahe, dass er Foucaults Vorlesungen nicht kennt und nicht weiß, dass zwei Jahre zuvor Foucault dort seine Marxismuskritik breit entwickelt und seinem Pariser Publikum vorgetragen hatte. In den Vorlesungen findet man auch die Betonung der »sprechenden Subjekte«, der Vielfalt von

Erfahrungen und wie unvermeidlich es ist, philosophierend im Kampf zu stehen. (1976: 25, 69, 247)

So könnte man sagen, das Gespräch im fernen Japan verlängere den Vortragenden Foucault, insofern dieser seine eigene Rede aus dem Pariser Hörsaal nachspricht. Das eine Mündliche (in Japan) steht dem anderen Mündlichen (in Paris) jedenfalls näher als irgendeinem gedruckten Satz. Das seit 1978 vorliegende Gesprächsprotokoll mit Yashimoto und das ab 1997 stückweise in den Druck beförderte Vorlesungswerk dokumentieren einen mündlichen Denker, der umfassend und bereitwillig Auskunft gibt, wenn er einem Gegenüber in die Augen schauen kann.

Den gesprochenen Charakter der Vorträge bewahren wollten auch die Herausgeber der Pariser Vorlesungen, indem sie ihre Editionen aus Tonbandaufnahmen herstellten und nicht aus den Manuskripten. Zugleich ist die Lebendigkeit des Mündlichen in den gedruckten Vorlesungsbänden nur unvollständig bewahrt. Die Tatsache, dass die Veröffentlichung der Vorlesungstranskriptionen nicht der Chronologie folgt, hat aus den einzelnen Vorlesungspublikationen so etwas wie Bücher gemacht, die dem Fundus des unedierten Foucault entstammen, nicht unähnlich dem vierten Band der »Geschichte der Sexualität«, der 2018 (aus dem Manuskript heraus) gedruckt wurde. Während dieser Band jedoch innerhalb eines größeren Publikationsvorhabens entworfen und als Einzelband gedacht war, sind die Vorlesungen gänzlich anders konzipiert und vor allem einer Dynamik verpflichtet: der Fortsetzung durch die nächste Vorlesung. Die zeitlich hin und her springende Veröffentlichung der Vorlesungsbände hat alle Bewegungen der Entwicklung, des Anschlusses und der Veränderung unkenntlich gemacht. Man vergegenwärtige sich die Reihenfolge und begreife die ins Werk gesetzte Verhinderung konsekutiven Nachvollzugs: Es erschien (zuerst auf Französisch) 1997 die VL 1976, dann folgten die VL 1975, 1982, 1974, 1978, 1979, 1983, 1984, 1971, 1980, 1973, 1981 und zuletzt die VL 1972. Erst seit Abschluss der gesamten Edition aller dreizehn Bände steht es frei, in den etwa 150 Vortragsstunden eine fortgehende Arbeit zu entdecken. Diese Chance nutzt der hier vorliegende Essay.

Dass die Vorlesungen durch den Publikationsprozess unzusammenhängender geworden sind, als sie es für treue Zuhörerinnen und Zuhörer waren und für Leserinnen und Leser hätten sein können, belastet bis heute ihre Rezeption. Was damit verloren zu gehen droht, hat Sibylle Peters in ihrer Studie über den Vortrag so umschrieben: »Liest man den Text des Vortrags als Dokument des Vortragsgeschehens, statt das Vortragsgeschehen qua Text als erledigt zu erachten, setzt sich die Logik des Vortrags im Text fort, zeigen sich uns also auch im Text die komplexen Überlagerungen im Inneren des wissenschaftlichen Sprechakts. Auch als Dokument hat die Vortragsperformance ein wissenspoietisches Potential, das über die im Text getroffenen Aussagen hinausgeht, denn auch das Dokument bezeugt die Aussagen als Sprechakte und setzt sie damit zugleich aufs Spiel.«[1] Im Falle Foucaults gilt, dass erst heute das »Vortragsgeschehen« in seinem Hörsaal verfolgt und ein nachträgliches Zuhören möglich werden kann.

Der Lehrstuhlinhaber für mittelalterliche Philosophie am Collège de France, Alain de Libera, befürwortet bei Vorlesungen allgemein die Konservierung von Tonbandprotokollen. Er betrachtet Audio- und Videoaufnahmen als selbständige Veröffentlichungen und Textausgaben als eine Art Zweitveröffentlichung.[2] Diese Möglichkeit, dem Mündlichen als Medium ein Recht zu geben, ist technisch neu und kulturell ungewohnt. Theodor W. Adorno hat in den 1960er Jahren selbst Tonbandaufnahmen seiner Frankfurter Vorlesungen anfertigen und diese nach Herstellung einer Transkription (als Typoskript) vernichten lassen.[3] Diese Typoskripte wiederum wurden redigiert und

---

1 Sibylle Peters: Der Vortrag als Performance, Bielefeld 2011, S. 128.

2 Alain de Libera: L'invention du sujet moderne. Cours du Collège de France 2013-2014, Paris 2015, S. 8.

3 Vgl. in der Reihe »Nachgelassene Schriften« die Abteilung IV: Vorlesungen, darin etwa: Theodor W. Adorno: Vorlesung über Negative Dialektik. Fragmente zur Vorlesung 1965/66 hg. v. Rolf Tiedemann, Frankfurt am Main 2003, S. 7 [editorischer Hinweis] und S. 344 (Nachbemerkung des Herausgebers); ders.: Einführung in die Dialektik (1958), hg. v. Christoph Ziermann, Frankfurt am Main 2010, S. 424 (Editorische Nachbemerkung).

damit als Steinbrüche für spätere Buchveröffentlichungen genutzt, was sich inzwischen wieder rückgängig machen lässt, um sie – die Transkriptionen, nicht die Tonbandaufnahmen – als Vortragsfassungen gegen bereits edierte Buchtexte zu setzen.[4] Auch hier zeigt sich, wie im Falle Foucaults, dass die Redeform für die philosophische Gedankenentwicklung eine eigene Überzeugungskraft entwickelt. Diese muss gegenüber der schriftlichen Publikation nicht als defizitär verteidigt werden, wie das etwa noch anlässlich eines Seminars von Roland Barthes geschah, dessen Tonbandmitschnitte ausdrücklich nicht als »Veröffentlichung« ausgewiesen wurden.[5]

Die Herausgeber der Pariser Vorlesungen Foucaults wurden von solchen Skrupeln nicht geplagt. Sie haben den mündlichen Foucault allen zugänglich gemacht, auch wenn diese Veröffentlichungen notgedrungen mit einer performativen Verengung belastet sind. Es werden aus gesprochenen Akten gedruckte Bücher, es wird der mündliche Foucault nur mehr aus der Lektüre heraus verstehbar.

Vgl. auch Michael Schwarz: »Er redet leicht, schreibt schwer«. Theodor W. Adorno am Mikrophon, in: Politik und Kultur des Klangs im 20. Jahrhundert (2) 2011, online unter: https://doi.org/10.14765/zzf.dok-1654

4 So wurde die Vorlesung »Philosophische Terminologie« (gehalten 1962 und 1963) in zwei Taschenbuchbänden 1973 von Rudolf zur Lippe herausgegeben, der in einer zweiseitigen »Editorischen Notiz« auch ein Beispiel für einen redaktionellen Eingriff bringt. Die Neuausgabe als Band 9 (hg. v. Henri Lonitz, Frankfurt am Main 2016) der Abteilung IV (Vorlesungen) der Nachgelassenen Schriften Adornos erläutert in der zweiseitigen »Editorischen Nachbemerkung«: »Die vorliegende Neuedition versucht, die Vortragsweise Adornos in den Vorlesungen auch dort wiederzugeben, wo der Gedankengang in statu nascendi seinen sprachlichen Ausdruck noch sucht, seine Form noch nicht ganz gefunden hat, Adorno gewissermaßen lesend beim Denken zuzuhören.« (S. 898). Die in der Edition von 1973 korrigierte Stelle (dort Bd. I, S. 173) ist im Wortlaut wieder hergestellt (Ausgabe 2016, S. 218).

5 Roland Barthes: Le lexique de l'auteur. Séminaire à l'École pratique des hautes études 1973-1974, hg. v. Anne Herschberg Pierrot, Paris 2010, Vorwort: «Traces écrites – écho d'une parole donc, et non point écrit; translation d'un espace public à un autre, et non point ›publication‹.«

Inzwischen hat eine noch weitergehende Arbeit eingesetzt, den Michel Foucault der Vorlesungen und Vorträge in noch größerem Umfang zur Kenntnis zu bringen, besonders den Foucault der Vorträge außerhalb Frankreichs.[6] Die Eigenart der mündlichen Auftritte fasziniert jenseits aller textlichen Gestalt hauptsächlich in der Bewegung zwischen Sprechen und Hören: Vorlesungen können als Dialoge mit dem Publikum aufgefasst werden. Foucault selbst war sich der Unmöglichkeit einer medialen Festlegung seines Philosophierens bewusst und sagt zum Abschluss einer Diskussion mit der Zuhörerschaft in Rio de Janeiro 1973:

> »Ich möchte hinzufügen, dass die Archäologie, diese historisch-politische Aktivität, ihren Niederschlag nicht unbedingt in Büchern, Vorträgen oder Zeitschriftenartikeln finden muss. Eigentlich stört mich die Verpflichtung, all das niederzuschreiben und in ein Buch einzuschließen. Mir scheint, als handele es sich um eine zugleich praktische und theoretische Aktivität, die über Bücher, Vorträge und Diskussionen wie diese erfolgt, aber auch in politischen Aktionen, in der Malerei, in der Musik.« (DE II: 792)

Im Gespräch bekundet Foucault nicht nur einmal seine Unlust am Schreiben und meint damit das schriftliche Einfassen von Gedanken. Ein Buch habe an sich keine dauernde Existenz, es solle in seiner Wirkung aufgehen und verschwinden, sagt er 1975 im Gespräch mit Roger-Pol Droit und fügt hinzu, er wolle »so etwas wie absolute Transparenz auf der Ebene des Gesagten« erreichen. »Ich möchte dieser eingeschlossenen, feierlichen, selbstbezüglichen Aktivität entkommen, die für mich darin besteht, Wörter aufs Papier zu bringen.« Leider wurde Foucault nie nach seinen Vorlesungen befragt und danach, ob diese ein Weg hin

---

6 Zwei Buchreihen dokumentieren dies: »Foucault inédit« im Verlag Vrin (bisher fünf Bände) und «Travaux et Cours de Michel Foucault avant le Collège de France» (bisher ein Band) der Verlagsgemeinschaft Gallimard/Seuil, die auch die Pariser Vorlesungen herausbrachte; vgl. auch Stuart Elden: The uncollected Foucault, in: Foucault-Studies 20 (2015), S. 340-352.

»zu einem wirklich instrumentellen Denken« seien, von dem er träumt, von einem Werkzeugkasten des Denkens.[7]

Gewiss wird einmal der Zeitpunkt kommen, wo das Interesse am Wortlaut der Tonbänder und an der Handschrift der Vorlesungsmanuskripte auch editorisch Berücksichtigung findet.[8] Schon jetzt besteht durch die Edition der Pariser Vorlesungen die Chance, diese in chronologischer Folge zu lesen und dabei zu erkunden, wie die thematischen Wechsel bei Foucault aus der beständigen Arbeit im Angesicht des Publikums nachvollziehbar und als Übergänge, als Gedankenexperimente und argumentative Verbindungen erkennbar werden. Die Vorlesungen sind als Redeform auch eine Denkform – eine Praxis der ausgesprochenen Verbindung eines Gedankens mit einem anderen.

---

7 Roger-Pol Droit: Michel Foucault. Entretiens, Paris 2004, S. 105, 108, 110.

8 Vgl. den schon 2001 gemachten Vorschlag von Daniel Defert: Es gibt keine Geschichte des Wahnsinns oder der Sexualität, wie es eine Geschichte des Brotes gibt, in: Michel Foucault. Zwischenbilanz einer Rezeption. Frankfurter Foucault-Konferenz 2001, hg. v. Axel Honneth und Martin Saar, Frankfurt am Main 2003, 355-368, bes. S. 361.

Prolog: Foucault im Hörsaal

1. REDEN UND SCHREIBEN

Foucault tritt in den Hörsaal durch eine für Dozenten bestimmte Türe ein. Diese befindet sich seitlich neben dem langgestreckten Tisch, an dem er zum Vortragen Platz nahm. Die größeren Hörsäle des Collège de France haben alle eine solche Tür und machen den Raum mit seinen sacht ansteigenden Stuhlreihen zu einer Art Theater, in welches das Publikum von oben einströmt. Die ihm vorbehaltenen Türen liegen hinter der letzten Stuhlreihe.

Der eintretende Dozent befindet sich, sobald er Platz nimmt, in einem geschützten Raum, in dem nur eines vom Publikum erwartet wird: dass er spricht. Die geschlossene Tür hinter ihm trennt seinen Alltag von der exklusiven Aufführung, die er vor den Augen und Ohren seiner Zuhörerschaft zu absolvieren hat. Wie auf einer Bühne wird er erwartungsvoll angestarrt, anders als im Theater jedoch ist der Text der Rede gänzlich unbekannt, unerwartet, bleibt die Vorlesungsstunde einmalig und wird nicht wiederholt werden. Die lehrenden Mitglieder des Collège de France sind laut Statuten aufgefordert, neue Forschungen vorzutragen und ihr Publikum an dem teilhaben zu lassen, woran sie gerade arbeiten. Es geht hier nicht um Unterricht wie auf Schulen und Universitäten, wo oft genug ein Lehrpensum durchgegangen wird, Texte kommentiert und Thesen verkündet werden, die den Stand des Wissens darstellen. Im Collège de France geht es – idealerweise – um die Darbietung eines wissenschaftlich arbeitenden Individuums vor einem speziell interessierten und daher meist eher kleinen Publikum.

Niemand kann abstreiten, dass Foucault in den dreizehn Vorlesungen am Collège de France eben das tut, sobald die Tür sich schließt, durch die er eingetreten ist: Forschung zu präsentieren. Sein Publikum ist jedoch keineswegs klein. Schnell wächst die Zuhörerschaft über den Hörsaal, in welchem er Platz nimmt, hinaus, und seine Stimme muss über Lautsprecher in benachbarte Räume übertragen werden. Wer kommt, tut es freiwillig und durch keinen Lehrplan veranlasst. So wie die Statuten (bis heute) keine Prüfungen vorsehen, so frei ist jeder Dozent, seine Zuhörer als exklusiven Resonanzraum seines Vortrags anzunehmen. Sie sind für ihn keine später zu examinierende Gruppe von Studierenden. Das Gebäude an der Place Marcelin-Berthelot in unmittelbarer Nähe zur Sorbonne ermöglicht etwas ganz anderes als den akademischen Betrieb, bei dem das Reden – wie das Schreiben – unter der Maßgabe der Abfragbarkeit steht und am Ende Noten vergeben werden.

Freilich können die Institutionen der höheren Bildung in keinem Land der Welt auf den Zweck der Reproduktion einer Klasse von Wissenden eingeschränkt werden. Der Soziologe Pierre Bourdieu hat die Mechanismen des »Akademischen« und die Machtverhältnisse im »universitären Raum« eingehend untersucht und dafür Wissenschaftskarrieren ausgewertet. Vorlesungen kommen für ihn als Mittel der Wissensreproduktion nur beiläufig in Betracht, und das Collège de France wertet er als »randständige Institution«, eben weil es dort keine Prüfungen gibt.[9] Bourdieu war übrigens ab 1981 ebenfalls Mitglied des Collège de France, behielt aber seinen Lehrstuhl an der École des Hautes Études en Sciences Sociales, um dort weiterhin examinieren und promovieren zu können.

Für Foucault ist dagegen der Hörsaal ab 1970 ein anderer als alle ihm bekannten Hörsäle vorher, denn er beendet mit dem Eintritt durch die Tür des Collège de France seine frühere Existenz als Universitätsprofessor. Zuvor schon hatte er an der Universität von Clermont-Ferrand Vorlesungen gehalten, ebenso in Tunis. Das eine war in der Mitte der 1960er Jahre, das andere gegen Ende der Dekade. In den 1970er Jahren nun entwickelt er sich zu einem Redner jenseits der disziplinären Auskünfte, die Studierende für ihr eigenes Studium benötigen.

---

[9] Pierre Bourdieu: Homo academicus [1984], Frankfurt am Main 1988; S. 180.

Wer erwartet Foucault im Hörsaal des Collège de France? Den Professor der Jahre zuvor kennt wohl kaum jemand, weil er nicht in Paris gewirkt hat, eher schon den Autor ungewöhnlicher Bücher und Essays. Im Jahre 1961 erscheint mit *Wahnsinn und Gesellschaft* eine Studie, die man schwer einordnen kann. Der Wissenschaftshistoriker Georges Canguilhem gehörte zu den Gutachtern und bekanntre, er habe selten eine so brillante und zugleich schwierige Arbeit gelesen. Gewiss fällt die Auseinandersetzung Foucaults mit den Erfahrungen »der Unvernunft« in das Gebiet der Philosophie. Foucault liefert aber keinerlei ideengeschichtliche Darstellung. Vielmehr thematisiert er den gesellschaftlichen Umgang mit »Irren«, berichtet von den Versuchen der Wegsperrung unliebsamer Individuen und endet mit der medizinischen Diagnose des Wahnsinns als Krankheit bei denjenigen Ärzten, welche die Internierungen beendeten und die Geisteskranken nicht mehr ausschlossen, sondern sie behandelten.

Ist das Medizingeschichte? Die Frage kann man bejahen, insoweit Foucault den Einsatz der modernen therapeutischen Medizin mitsamt ihrer Vorgeschichte erzählt. Diese Vorgeschichte entpuppt sich als eigene Welt nicht nur der Ausgrenzung der »Toren«, sondern auch ihrer Wertschätzung. Schwer zu begreifen, wie das vielfach praktizierte soziale Wegschließen und das *Lob der Torheit* des Humanisten Erasmus von Rotterdam zusammenhängen. Irritierend zu erfahren, dass in der Aufklärungszeit die Stigmatisierungen ganzer Bevölkerungsteile als asozial nicht zwischen Delinquenten und Verhaltensgestörten unterschied. Foucault kontrastiert Texte von Denkern, Ärzten und Obrigkeiten in ihren Sprachregelungen und Begrifflichkeiten mit den gleichzeitig herrschenden Praktiken der Exklusion und liest daraus Handlungsoptionen und ins Werk gesetzte Moralität. Bei aller Mühsal, die eine gründliche Lektüre der knapp 600 Seiten den Zeitgenossen verursachte, fasziniert die Sprache Foucaults und seine starken Bilder. Foucault verstärkt etwa das Symbol des Narrenschiffs, das Sebastian Brant im 16. Jahrhundert prominent machte, in einfühlsamer Prosa. Auch der Moment der Befreiung der »Irren« aus den Asylen durch die Ärzte Pinel und Tuke am Ende des 18. Jahrhunderts brennt sich ein als völliger Umschlag einer Politik der Ketten in eine Strategie der Besonderung durch medizinische Behandlung: Foucault macht aus dem in allen Psychiatriegeschichten gefeierten sichtbaren Fortschritt den Beginn der Verinnerlichung eines vormals äußerlichen Zwangs.

Fünf Jahre nach diesem Werk erscheint eine zweite, kaum weniger umfangreiche Studie zur Geschichte der Humanwissenschaften. Unter dem Titel *Die Ordnung der Dinge* (1966) rekonstruiert Foucault an drei Wissensbereichen – Linguistik, Ökonomie und Biologie – die wechselhaften Ordnungsbemühungen im Namen der Wissenschaft. Deutlich trennt er für alle drei eine sehr frühe Phase, die er das »Zeitalter der Ähnlichkeit« nennt, von einer zweiten Epoche der »Repräsentation« und einer dritten, die sich über das Konzept des »Menschen« legitimiert. Für die allgemeine Leserschaft sind starke Bilder und Beispiele unvergesslich. Das Buch eröffnet Foucault mit der Interpretation des Gemäldes »Die Hoffräulein« des spanischen Malers Diego Velázquez. Eine Figurengruppe vor der Rückansicht einer Leinwand erscheint als Beziehungsgefüge der Repräsentation mit der an zentraler Stelle unbesetzten Position des Königs, was Foucault auf das Erkenntnissubjekt bezieht. Diese philosophische Auslegung eines berühmten Gemäldes aus der höfischen Kultur des Barock hat nachhaltig überrascht, nicht anders als eine aus der Literatur zitierte fiktive Enzyklopädie mit kuriosen Ordnungsprinzipien. Die Frage, ob die Hunde des chinesischen Kaisers zusammen mit den Hunden, die mit feinem Pinsel gezeichnet sind, in eine Kategorie gehören, unterstreicht nachdrücklich Foucaults Frage danach, was gedankliche Differenzierungen eigentlich leisten.

Foucault hat vor seinem Beginn am Collège de France noch andere Bücher geschrieben, eines zur *Geburt der Klinik* (1963), im Untertitel als »Archäologie des medizinischen Blicks« bezeichnet. Ein Essay zum Schriftsteller Raymond Roussel erscheint ebenfalls im Jahr 1963, neben mehreren Aufsätzen zur zeitgenössischen Literatur. Ein Jahr vor der ersten Pariser Vorlesung im Dezember 1970 bringt Foucault seine *Archäologie des Wissens* heraus, ein Werk der Selbstbefragung mit Erörterungen zur Rede (frz. *discours*) und zu Aussagen (frz. *énoncés*), mit Analysen zum Begriff des »Autors« und zur Kategorie des »Werkes«. Foucault distanziert sich sowohl von der traditionellen Ideengeschichte wie von der damals aktuellen Richtung des Strukturalismus. In der *Archäologie des Wissens* dämpft Foucault am Ende zu hohe Erwartungen: »Im Augenblick und ohne dass ich ein Ende absehen könnte, meidet mein Diskurs – weit davon entfernt, den Ort zu bestimmen, von dem aus er spricht – den Boden, auf den er sich stützen könnte. Er ist Diskurs über Diskurse: aber er beabsichtigt nicht, in ihnen ein verborgenes Gesetz, einen wiederentdeckten Ursprung zu finden, den man nur noch freisetzen müsste.« (AW: 292)

Foucault schreibt, er habe sich um etwas bemüht, einen Gedanken verfolgt, eine Hypothese getestet, keine Theorie aufgestellt oder gar Wissenschaft prätendiert. Genau diese Haltung wird er in den Vorlesungen weiterführen. Es ist dieser offen problematisierende Schriftsteller Foucault, der durch die Dozententür eintritt und dem man zuhören möchte: ein Mann mit der eindringlichen Sprache gedanklicher Exploration. Auch als Vorleser wird Foucault rasch bewundert als jemand, der nicht nur gut Geschichten erzählen kann und interessante Fälle zutage fördert, der vielmehr seine eigene Forschungsweise darlegt und sich daraus ergebende Fragen als aktuelle Herausforderungen verständlich macht. Mit ihm lernt man im Hörsaal denken und zugleich ganz neue Themen kennen, über die wenige Bücher geschrieben sind: Der Philosoph erörtert die Strafgerichtsbarkeit, die Psychiatrie und die Sexualität, das Regieren, das Wahrsprechen und viele Themen im Übergang.

Wie eindrücklich auch immer Foucault durch seine Vorlesungen wirkt, das freie philosophische Sprechen vor Publikum hat eine lange Tradition. Die Faszination einer Rede, die dazu ermuntert, aus den Gängen des Geläufigen herauszutreten und jenseits der definierten Fächer und der traditionell für wichtig gehaltenen Dinge neue Fragen zu stellen, ist in der europäischen Geschichte wohl zuerst mit dem Namen Georg Wilhelm Friedrich Hegel verbunden. Der Berliner Professor wurde 1831 von einer Cholera-Epidemie dahingerafft, mehr als 150 Jahre vor Foucault, der 1984 an AIDS verstarb. Als spät berufener Autor profilierte sich Hegel zuerst durch eine *Phänomenologie des Geistes*, bis heute ein Hauptwerk des Idealismus, und veröffentlichte danach mehrere Werke, die oft das Wort »Wissenschaft« im Titel führten und einen allumfassenden, enzyklopädischen Anspruch ausdrückten. Aber Hegel war zugleich ein beeindruckender Redner, auch wenn ihm eine schwerfällige, stark schwäbisch eingefärbte Ausdrucksweise nachgesagt wurde. Was bei Foucault die Kassettenrekorder sind, waren bei Hegels Publikum zahlreiche Notizhefte in den Händen der Zuhörerinnen und Zuhörer. Nicht lange nach seinem Tod wurde ein »Verein der Freunde des Verewigten« gegründet mit dem vorrangigen Ziel, Hegels Vorlesungen im Druck herauszugeben. Heute besitzen die aus Nachschriften edierten Vorlesungen Hegels einen größeren Umfang als seine zu Lebzeiten veröffentlichten Werke. Nicht anders verhält es sich bei Foucault, dessen sämtliche Pariser Vorlesungen deutlich mehr Druckseiten umfassen als seine zu Lebzeiten veröffentlichten Werke.

Nach Hegels Tod wurde es an Universitäten immer üblicher, Vorlesungsreihen als Bücher zu veröffentlichen: Professoren versuchten und versuchen so, sich einem größeren Publikum zu öffnen. Anders bei Hegel und Foucault, die beide keine Absichten auf Publikation hegten, wenn sie vor Publikum sprachen. Die Parallele schließt ein, dass beide während ihrer Vorlesungsaktivität Bücher veröffentlichen, die nicht direkt Vorlesungen abbilden, auch wenn sie natürlich thematisch mit ihnen verwandt sind. Bei Foucault ist das ein Buch zur Bestrafung, das 1975 als *Überwachen und Strafen* herauskommt, sowie drei Bände einer »Geschichte der Sexualität« 1976 und 1984. Zu beiden Themen sprach Foucault in den Jahren vor den Veröffentlichungen im Hörsaal; die Bücher sind gleichwohl selbständig redigierte Texte mit eher geringen Überschneidungen zu seinen mündlichen Ausführungen.

Wenn Michel Foucault den Hörsaal betritt, bringt er ein Manuskript mit, das danach – bis auf kleine Ausnahmen – keinerlei weitere Bearbeitung erfährt. Mehr als fünftausend handgeschriebene Seiten liegen heute in der französischen Nationalbibliothek und bezeugen eine fleißige Vorbereitung. Diese mit gelegentlichen Korrekturen und manchen Durchstreichungen versehenen Manuskripte werden nach der gehaltenen Vorlesungsstunde offenbar abgelegt und nicht weiter bearbeitet, anders als Manuskriptseiten für Buchpublikationen. (s. 1973: 411) Die Redemanuskripte ermöglichen und erleichtern das Vortragen, strukturieren und leiten es; sie bereiten keine Buchveröffentlichung vor. Im Hörsaal wird der Schriftsteller Foucault erwartet, denn dieser ist bekannt. Es betritt den Saal aber ein Redner, der etwas anderes im Auge hat als ein Buch.

Die Entkoppelung von Vorlesungstätigkeit und Publikation ist unter Philosophen eher unüblich, wie im näheren Umfeld Foucaults das Beispiel von Jacques Derrida zeigt. Dieser hat zuerst an der Sorbonne, dann an der École Normale Supérieure und schließlich an der École des Hautes Études en Sciences Sociales Vorlesungen und Seminare durchgeführt, die, wenn schon nicht eins zu eins den Publikationen zuzurechnen, mit diesen oft zentrale Begriffe oder Namen teilen.[10] Dasselbe lässt sich von Gilles Deleuze und seinen – typischerweise eher dialogischen – Lehrveranstaltungen an der Universität Paris VIII sagen (1969-1995); diese Universität wurde nach den Unruhen des Mai 1968 im östlichen Pariser Vorort Vincennes als Reformanstalt eingerichtet und 1980 in den nördlichen Vorort Saint-Denis verlegt. Auch Deleuze verschränkt in seiner Produktivität erkennbar die Lehre und das Publizieren. Dies war und bleibt eine verbreitete Praxis von Dozenten – nicht nur der Philosophie, nicht nur in Frankreich. Man probiert vor Studierenden seine Argumente aus, gibt ihnen den letzten Schliff.

Ohne weiteres kann man auch Foucault diese Funktion des öffentlichen Übens zubilligen, muss aber weiter gehen. Nicht nur will er Argumente ausprobieren, vielmehr stellt er sein ganzes Vortragsunternehmen unter den Vorbehalt der Billigung durch das Publikum. Oft entschuldigt er sich für den nicht eingehaltenen Plan oder die Nichtbehandlung der angekündigten Themen. Foucaults Vorlesungen sind grundsätzlich auf Einbeziehung des Publikums aus: ein Verfertigen der Gedanken im Reden. Mehr noch, seine Themen sind breit

---

10 Jacques Derrida: Das Tier und der Souverän. Seminare 2001-2002, hg. v. Michel Lisse, Marie-Louise Mallet, Ginette Michaud [2008], Wien 2015, S. 13 (Allgemeine Vorbemerkung); Für eine komplette Liste der Lehrveranstaltungen und Publikationen von Jacques Derrida siehe die Internetseite von Pierre Delain: https://www.idixa.net/Pixa/pagixa-1310010000.html

genug, um das Problematisieren jedes Mal neu zu beginnen. So muss es jedenfalls dem Publikum erscheinen, das – nach allem, was wir wissen – weit unterschiedlicher zusammengesetzt war als das ähnlicher Veranstaltungen an Universitäten.

Darin besteht eine weitere Parallele zu Hegel, der mit einigen seiner Vorlesungen – besonders denen, die er auf einen Mittwoch oder einen Samstag legte – ein größeres und diverseres Publikum anzog als nur Studierende. Menschen aus der Berliner Gesellschaft fanden sich ein, darunter Damen. Über die Vorlesungen zur modernen Philosophie von Henri Bergson am Collège de France ist ebenfalls bekannt, dass ein zahlreiches, auch weibliches Publikum sich einfand.[11] Der Philosoph besetzt im Hörsaal den Raum einer Erwartung, die seitens des Publikum durch den Willen zu kommen und die Bereitwilligkeit zu hören eingeräumt wird. Nach vielen Zeugnissen war das bei Foucault nicht viel anders, obwohl man sich auch hier mit anekdotischen Episoden und einzelnen Besuchsberichten begnügen muss. Sicher lag der Anteil an Hochschulangehörigen hoch, aber vermutlich entstammten viele unterschiedlichen Disziplinen und nicht wenige kamen aus dem Ausland. Es befanden sich ältere Menschen darunter und politisch Interessierte, jedenfalls solange Foucault über die Strafgesellschaft sprach, über das Regieren und über die Herrschaft. Man darf diese Zuhörerschaft nicht mit einer interdisziplinär zusammengesetzten Gruppe verwechseln, bei der sich unterschiedliche Interessen kreuzen, wie etwa bei einem wissenschaftlichen Kolloquium oder einer bunt zusammengesetzten Akademie. Foucault spricht nicht so sehr quer über die Disziplinen hinweg als unter ihnen hindurch; er senkt die Schwelle des Verständnisses ab und holt viele in sein Denken hinein, indem er gewissermaßen voraussetzungslos spricht. Selbst wenn er die Namen großer Denker erwähnt – Aristoteles und Spinoza gleich in der ersten Vorlesungsreihe – lädt er durch historische Beispiele und Bezugnahmen sowie eigens recherchierte Geschichten auch diejenigen ein, die eher empfindlich auf suggerierte Vorkenntnisse reagieren

---

[11] Vgl. Christophe Labaune: Bergson au Collège de France (virtuelle Ausstellung), in: Colligere 3 (2020); https://archibibscdf.hypotheses.org/?p=8177

würden. Nach allem, was man weiß, fesselte Foucault sein Publikum Stunde für Stunde immer wieder neu an sich, wie der österreichische Schriftsteller Robert Misik bezeugt: »Seine Begriffe klangen und die Zuhörer vollzogen nicht nur Gedankengänge nach, Foucaults Texte und Vorlesungen hatten auch einen Sound, den man wirken lassen konnte wie einen Popsong.«[12]

Zwischen 1970 und 1984 hat Foucault die Tür zum Hörsaal im Collège de France gut 150 Mal durchschritten. In den zuerst einstündigen, später zweistündigen Vorlesungen, die zuerst nachmittags, später vormittags gehalten wurden, übt er sich in einer Rede, die er zuvor nicht hat üben können: Frei vom disziplinären Geländer der akademischen Fächerkultur und unbestimmt im Erfahrungsraum der gesellschaftlichen Gegenwart setzt er Themen, die sonst keiner setzt – nicht unter Philosophen, nicht in anderen Disziplinen – und probiert Methoden aus, denen er wechselnde Namen gibt, weil er auf keinen Fall allestaugliche Instrumente entwerfen will. Im Hörsaal artikuliert er sich nicht so sehr als Schriftsteller, der letzte Hand an fertige Manuskripte legt, und kaum als Professor, der selbst gewonnene Einsichten in verbindlichen Lernstoff verwandelt. Den dreizehn Pariser Vorlesungszyklen kann man heute noch ablesen, welch großer Raum des Denkens hier aufgemacht wird. Und man kann den veröffentlichten Vorlesungen den Status des Protokolls einer artikulierten und dabei nicht festgelegten Stimme abnehmen. Vom deutschen Philosophen Martin Heidegger existieren Schallplatten mit Vorträgen: eine solche Konzentration der eigenen Rede in gestanzter Diktion ist Foucault fremd. Dazu ist er ein zu guter Schriftsteller, und dazu ist er auch ein zu guter Vortragender.

---

[12] Robert Misik: Sprechen heißt Kämpfen. Herr Foucault sucht nach der Macht und findet den Diskurs, in: ders.: Was Linke denken, Wien 2015, S. 113-124, hier S. 115.

Sprechen im Hörsaal ist ein angemaßtes und ein eingeräumtes Sprechen. Anmaßung seitens des Redners oder der Rednerin, das künstliche Schweigen mit der eigenen Stimme zu löschen, Laute hervorzubringen, deren Bedeutung durch das Schweigen des Publikums Satz für Satz aufs Neue gerechtfertigt wird. Eingeräumtes Sprechen, weil die Herstellung des Schweigens von Seiten des Publikums eine temporäre Aktion darstellt, eine geliehene Stille auf Zeit, die nicht angemessen zu füllen dauerhaftes Vergessen nach sich zieht.

Das Schweigen der im Saale Sitzenden bedeutet nicht Inaktivität, es ist keineswegs passives Hingegebensein. Dafür sind die Kosten der Vorbereitung zu hoch, all die Arrangements, um rechtzeitig anzukommen, bei Wind und Wetter, bis zum Spurt auf den letzten Metern im Gebäude, einen guten Sitz zu ergattern. Die körperliche Disziplin, vielleicht gestützt durch einen Toilettengang zuvor, das stille Erleiden der durch möglicherweise unbequeme Stühle gemarterten rückwärtigen Partien des eigenen Leibs: Schon physiologisch ist die Aufmerksamkeit im Hörsaal nicht einfach gegeben, sondern angespannt. Während des Vortrags dann sind die Muskeln der Sitzenden keineswegs unbeschäftigt, denn während die Ohren hören, steht es den Augen frei, im Raum herumzuwandern, ist es den Fingern möglich, Stift und Papier zu ertasten, um Notizen zu machen. Selbst wenn das Zuhören in Reih und Glied keine auffälligen Gesten gestattet: Zuhörende Wesen sind keineswegs allein und ausschließlich zuhörende Wesen. Sibylle Lewitscharoff beschreibt die Szene im Hörsaal des Philosophen Hans Blumenberg und trifft die Unruhe der Studierenden, den Kampf in ihrem Kopf zwischen Erinnerung an das gerade Vergangene und der Erwartung des gleich Kommenden zeitgleich mit dem interessierten Verstehen des Vorgetragenen.[13] Blicke und Gebärden im Auditorium, gerade wenn sie geringfügig ausfallen, sind Anzeichen der Künstlichkeit, welche die Situation im Sinne aller Beteiligten nicht

13 Sibylle Lewitscharoff: Blumenberg, Berlin 2011, S. 133-143 (Kapitel »Hansi«).

nur hat, sondern von diesen bewirkt wird. So kann man sagen, dass von der Masse der Sitzenden die Stille recht eigentlich gegeben wird, nicht unähnlich der Oper oder der kirchlichen Messe, wo überall die Rituale des Sprechens durch ein kollektives Schweigen Kraft erhalten, wo das gemeinsame Stillhalten der einzeln erhobenen Stimme außergewöhnliche Tragweite sichert.

Anders als in der Oper oder in der Kirche lebt der Hörsaal weniger durch Wiederholung des Gesagten; alle wissen, dass hier gehört werden kann, was genau so und in der erlebbaren Verkettung von Sätzen nicht noch einmal anderswo oder zu anderer Zeit möglich ist. Zwar geschieht es nicht selten, dass der Auftritt der Dozenten zur Szene wird und das Rednerpult zur Kanzel: Eine Vorlesung ist auch eine Institution und in jedem Fall institutionell gerahmt. Kein Akt in der Zeit ist gänzlich frei von wiederkehrenden Elementen. Und doch geht die Hoffnung der Zuhörenden immer auf das Augenblickliche, das hier und jetzt sich Ereignende. Momente der Einsicht und des Verstehens möchte man erinnern, und glaubt sie erinnern zu können, weil die Gemeinschaft der Hörenden sich so sehr bemüht, dem Vortrag etwas Prägendes zu verleihen. Elias Canetti unterscheidet in *Masse und Macht* verschiedene Arten des Schweigens, von der »stockenden Masse« in Konzertsälen und Theatern über die »stille Meute«, die starke Erwartungen hegt, bis zum »Verstummen« als Geheimnisschutz.[14] Die schweigende Zuhörerschaft als verzögerte Bewegung, als latente Aktivität und als Verinnerlichung besitzt eine eigene Dynamik, die auch im Hörsaal nicht allein aus der Gegenüberstellung zum Redner erklärt werden kann.

Wer vor Publikum spricht, verdoppelt in den eigenen Pausen die Stille der Zuhörerschaft. Aus dem Raum für eine Stimme wird ein Zeitraum des Redens, in welchem klangvolle und tonlose Momente abwechseln. Die Modulation dieses Raums durch die Stimme ist Ermöglichungsbedingung für jede Rede, die mehr als Stimme ist, auch wenn diese bereits Höhen und Tiefen, Lautstärke und Klangfarbe ein-

---

14 Elias Canetti: Masse und Macht [1960], Frankfurt am Main 2001, S. 39, 109, 349.

setzt.[15] In einer Rede kommen Rhythmus und Takt dazu, Arbeit der Motive, absichtsvoll gesetzte Rückbezüge, *accelerandi* und *ritardandi*, kurz: Gliederungen wie in einem musikalischen Satz, zeitliche Strukturen wie in einem komponierten Solostück. Jeder Vortrag im Hörsaal durchmisst eine Strecke Zeit, und doch wird schon in den Transkriptionen deutlich, wo Absätze hingehören, wo neue Abschnitte beginnen, was gleichsam in Klammern gesagt ist.

Die gedruckten Tonbandprotokolle notieren nie die Geschwindigkeit des Vortrags, ob eher langsam wie ein Adagio oder schnell wie ein Allegro, auch nicht die Pausen. Transkription heißt, in Schrift verwandeln und damit unweigerlich eine gleichmäßige Repräsentation auf der Buchseite herzustellen. Die lebendige Gestalt der Rede aber hat der Gestaltung im Druck die Unregelmäßigkeit des Ausgesprochenen, die Intensität des Ausgesagten voraus und ist so nur im Raum erfahrbar. Selbst auf dem Tonband fehlen die Gesten, vom Kopfheben über die unwillkürlichen Handbewegungen bis zum anfänglichen Platznehmen oder zum abschließenden Aufstehen, ganz zu schweigen von der jederzeit möglichen Ablenkung durch Veränderungen im Publikum.

Wer im Hörsaal spricht, sendet Tonfrequenzen in die Ohren der Zuhörerschaft und kann kaum irgendwo ablesen, ob etwas ankommt von dem, was gesprochen wird. Es gibt Gesichtsausdrücke, die sich ändern können und Langeweile oder gespannte Aufmerksamkeit verraten, die Körperhaltung desgleichen. Und es gibt einen Geräuschpegel, der normalerweise niedrig ist und anschwellen kann, wenn die Konzentration nachlässt. Wenn die Stille seitens des Publikums nicht mehr gewahrt wird, dringt die Stimme des Redners nicht mehr durch, dominiert sie nicht mehr die Köpfe zwischen den Ohren. Gerade bei Vorlesungen trauen Schriftstellerinnen wie Virginia Woolf der menschlichen Stimme wenig zu.[16] Gisela von Wysocki sieht sogar das »mythische Geschöpf« des Redners im philosophischen Hörsaal in

---

15 Vgl. Françoise Waquet: Parler comme un livre. L'oralité et le savoir, XVI-XXI siècle, Paris 2003, S. 325-257.

16 Virginia Woolf: Warum? [1942], in: Die Lust am Text (Kopfbahnhof; Reclam Almanach 1), Leipzig 1990, S. 56-63, hier S. 58 über die menschliche Stimme: »wenn sie Vorlesungen hält, langweilt sie fast immer«.

der Gefahr zu verschwinden.[17] Wer spricht, ist abhängig von Zeichen der Zuhörerschaft, die deren Bindungskraft verraten, ihren Willen zur Fortsetzung der initial geschenkten Bereitschaft, zugunsten der einen Stimme kollektiv zu schweigen. Foucault bekannte im Radio einmal 1975: »Ich jedenfalls habe, wenn ich meine Vorlesungen am Collège halte, Lampenfieber; ich habe Lampenfieber, absolut, als ob ich Prüfungen durchlaufen müsste, weil ich den Eindruck habe, dass im Grunde die Leute, das Publikum meine Arbeit überprüfen, zeigen, ob sie interessiert sind oder nicht; und wenn sie nicht den Eindruck machen, sie seien interessiert, bin ich, wissen Sie, ziemlich traurig.« (DE II: 976)

Erwartungen an sprechende Philosophen sind immer hoch; die an Foucaults Rede herangetragenen Wünsche bilden keine Ausnahme. Man kennt sie im Einzelnen, wenn sich dazu – selten genug – jemand geäußert hat. Man kann sie sonst nur aus der Rezeption ermitteln, die sich zerstreut manifestiert. Drei Erwartungshorizonte könnte man unterstellen, zuerst und vor allem die Hoffnung auf eine originelle Distanzierung vom Universitätsbetrieb und seinen diskursiven Regeln. Gerade das macht Foucault in seiner Antrittsvorlesung am 2. Dezember 1970 klar: Er kennt die Produktionsmechanismen der akademischen Rede und misstraut ihnen. Foucault analysiert Redeformen wie Handlungen gewissermaßen unnachgiebig; Zeichen der Radikalität Foucaults ist sein explizit gegebenes wie implizit deutliches Versprechen, keine Theorie zu entwickeln, keine Lehre zu predigen. So spricht er in der ersten Vorlesung vom »sehr provisorischen Theater« seiner Arbeit und bekennt eine »Angst, das Wort zu ergreifen«, wohl wissend um die »diskursive Polizei«, die das offizielle Wahre schützt. (OdD: 10, 25, 49) Fünf Jahre später sagt er zum Auftakt seiner Vorlesungsreihe *In Verteidigung der Gesellschaft* am 7. Januar 1976, er stütze mit seinen »Forschungsfragmenten« höchstens so etwas wie eine »Theorie der Diskontinuität«. (1976: 26) Damit fordert er nicht nur sich selbst, sondern auch seinem Publikum einiges ab.

[17] Gisela von Wysocki: Wiesengrund, Frankfurt am Main 2016, S. 85.

Dass es nicht um die »Weitergabe von Wissen« gehe, macht Foucault in einem japanischen Interview von 1973 klar, wenn er über seine Vorlesungstätigkeit spricht und insistiert: »Während der Professor keine wirkliche Macht mehr über die Studenten hat, bleibt die Form dieses Machtverhältnisses bestehen. Man hat sich von ihr nicht völlig befreit. Ich denke, dass die Rede des Professors gezwungenermaßen eine archaische Rede ist.« (DE II: 512) Foucault lobt die Freiheit am Collège de France, stellt allerdings fest: »Diese Freiheit ist an eine einzige Verpflichtung gebunden: zwölf Vorlesungen pro Jahr für ein Publikum zu halten, das man nicht kennt, dem gegenüber man keine Verpflichtung hat und dem man nur erzählt, was man zu erzählen hat, weil man Lust dazu verspürt oder weil man es nötig hat oder weil man muss.« (DE II: 511)

Die vom Publikum in den Hörsaal eingetragene Hoffnung auf Originalität – eine einfache und zugleich radikale, eine anfängliche und zugleich durchgängige Erwartung – ist daher vor allem das Ersehnen neuer methodologischer Prinzipien: Wer wie Foucault die Wissenschaften selbst bis dahin zerlegt, dass sogar die Frage nach ihrer Geltung nur noch beiläufiges Interesse verdient, weckt den unbestimmten Wunsch nach einer neuen Sprache, einer unkorrumpierten, wenn nicht sogar unkorrumpierbaren philosophischen Ausdruckweise. Foucaults Zuhörerschaft erlebt die Vorlesungen als Darstellung neuartiger Ausdrucksweisen – nicht anders als die Zuhörerschaften von Zeitgenossen wie Martin Heidegger, Theodor W. Adorno, Jacques Derrida oder Gilles Deleuze. Allerdings bleibt Foucault als Diskursarchäologe in der akademischen Anstalt stärker distanziert als seine Kollegen an anderen Orten, vor allem bleibt er durchweg und immerzu kritisch gegenüber der Philosophie.

Eine zweite Erwartung entwickelt sich rasch in Foucaults Publikum: die Hoffnung auf politische Handlungsanleitung. Oft genug gehören Orientierungsbedürfnisse zum suchenden Eintreten in den Hörsaal, und nicht selten werden diese Bedürfnisse im Fluss der Wörter gewissermaßen verdünnt und verlieren ihre Dringlichkeit. Anders bei Foucault, der mit den Themen seiner ersten Vorlesungen bereits die soziale Ausgrenzung in Form der rechtlich abgesicherten und polizeilich durchgesetzten Bestrafung in den Hörsaal hineinholt. Später ist es die Form des Herrschens und Regierens, das weite Spektrum der politischen Philosophie, das Foucault in die mitgebrachte Neugier seiner Zuhörerinnen und Zuhörer hinein entfaltet. Er spricht lange und ausführlich von Politik, und selbst wenn er Vorgänge früherer Jahrhundert herbeizitiert, glauben viele an die aktuelle Bedeutung seiner Rede. Allerdings sieht Foucault diejenige Politik, die er in Büchern und Vorlesungen behandelt, durch Akte des Schreibens und Redens vermittelt. Er gibt keine Anleitungen, sondern stellt, wie er in einem italienischen Interview 1974 sagt, »Instrumente, Werkzeuge, Waffen« her: »Ich wünschte mir, dass meine Bücher eine Art *tool-box* wären, in der die anderen nach einem Werkzeug kramen können, mit dem sie auf ihrem eigenen Gebiet etwas anfangen können.« (DE II, 651)

Dieser Respekt des Philosophen vor den Lesern seiner Bücher kann sicher auf die Zuhörer der Vorlesungen übertragen werden: Ihnen obliegt es, das Feld des Politischen neu zu markieren, was sie bei Foucault eher lernen können als die Umdefinition der Politik. Es ist ein schwieriges Verhältnis, in das der Redner zu seinem Publikum – so relativ kurz nach den gesellschaftlichen Unruhen des Jahres 1968 – treten will, und es mag Enttäuschung bei denjenigen ausgelöst haben, die mit dem Verlangen nach Anleitung und Rat im Raum des Politischen den Hörsaal aufsuchten. Als Ende der 1970er Jahre Foucault »plötzlich«, wie es schien, antike Texte ins Spiel bringt und den Begriff der »Regierung« hauptsächlich im ethischen Sinne des klug geführten Lebens verwendet, mag diese politische Enttäuschung vielleicht sogar einen Wechsel des Publikums im Hörsaal befördert haben.

Es ist der späte, die antike Ethik und die christliche Moral diskutierende Foucault, welcher eine dritte Dimension des Erwartungshorizonts seiner Zuhörerschaft plausibel macht: das unbändige Verlangen danach, selber zum Philosophen zu werden, eine philosophische Haltung auszubilden, die aus dem Hörsaal mitgenommen und gelebt werden kann. Das ist mehr als das Verlangen nach neuer Sprache, mehr als Orientierung in sozialer Gemeinschaft, das ist eine in jeder Zuhörerin und in jedem Zuhörer sitzende, von Foucault stets genährte Flamme der Begeisterung, etwas aus der Rede in die eigene

Biographie zu transformieren. Das Leben sei ein Kunstwerk, sagt der späte Foucault, es gehe um die Ästhetik der Existenz. (1984: 213; DE IV: 464, 477, 490, 757, 905)

Das Verhältnis der Zuhörerschaft zu Foucault ist sicher nicht einförmig. Die Theoretiker unter den Zuhörern mögen mit den politisch nach Führung Begehrenden wenig gemein haben; von einer Lebenskunst erwarten sie schon gar nichts. Die politisch Interessierten mögen die neue Sprache des Philosophen als Instrument für eine Wandlung der Welt durch eingreifendes Tun akzeptiert haben, die Reduktion auf Singularität und Individualität aber mag Ihnen als Verrat an den sozialen Maßstäben der Moderne erscheinen. Und die Vertreter der Sorge um sich? Sie erklären sich vielleicht zum Erben einer neuen Weise sowohl des Sagens wie des Tuns, sie wollen Radikalität als Revolte, Originalität als Obsession, aber werten im »Wahrsprechen« alles Geregelte am Diskursiven wie am Praktischen ab.

Foucault hält Vorlesungen und verändert über dreizehn Vorlesungszyklen hinweg oft genug seine Themen, Begriffe, Konzepte, Fragestellungen und Abstoßungspunkte. Wollte man die gedruckten Fassungen seiner Vorlesungen referieren, würde genau das sichtbar: ein Entwicklungsgang, ein Philosophieren. In den Vorlesungen aber findet mehr als ein Echo statt, das dem Redner im qualifizierten Schweigen – auch in einigen Nachfragen – sein eigenes Nachdenken schärfen hilft. Es findet ein Dialog statt, der seitens des Publikums wie ein Pakt wirkt: Was auch immer vom Podium zu hören ist, Bedeutung erlangt es allein in diesem Raum, dem Raum der Vorlesungen. Ihn bestimmen drei grundlegende Fragen: Was kann ich wissen? Was muss ich tun? Was darf ich hoffen? Die Formulierung dieser Fragen muss man nicht in der Gestalt vollziehen, die Immanuel Kant ihnen (erstmals) im 18. Jahrhundert gegeben hat, man kann sie näher an den Kontext des 20. Jahrhunderts rücken. Dann lauten sie: Wie kann ich kritisieren? Wo muss ich Widerstand leisten? Was geht das mich an? Wenn Vorlesungen mehr sind als nachträglich gedruckte, dauerhaft aus der Sphäre der Mündlichkeit entfernte und gewissermaßen geerdete Gedanken, dann vor allem dies: Entführung des Publikums aus seinem Alltag und dessen Einführung in eine Situation der gedanklichen Flüssigkeit, die alles zwischen Reden und Zuhören vorübergehend unverbindlich macht und nur diese eine Erwartung erfüllt: einen Pakt des gemeinsamen Philosophierens zu schließen mit dem Ziel, darin an die Grenzen des eigenen Vermögens zu gelangen, sein Fühlen, Vorstellen und Wollen neu zu disponieren.

Der Einsatz der Vorlesungen

3. VERABSCHIEDUNG DER PHILOSOPHIE VOM KATHEDER HERAB

Bei Foucault gibt es keinen Respekt für Traditionen im Sinne des expliziten Anschlusses der eigenen Rede an frühere Philosophen oder der Kritik an Zeitgenossen. Den wenigen Seiten der gedruckten Vorlesungen, an denen man derartig konventionelle Referenzpunkte identifizieren kann, stehen Tausende von Seiten entgegen, auf denen Foucault etwas Neues und Unbekanntes erläutert, exponiert, reflektiert, problematisiert. Selbst wenn er, besonders in den späten Vorlesungen, griechische und lateinische Denker bespricht, die aus der Philosophie- oder Kulturgeschichte bekannt sind, tut Foucault das nicht in Form eines Kommentars. Schon 1963 hatte Foucault in *Die Geburt der Klinik* das kommentierende Reden als eines abgelehnt, das geheime Botschaften erzeugt: So wolle man Bedeutung produzieren, das Wissen aus der Tiefe eines insgeheim Mitgedachten holen. (GK: 14-15) Selbst wenn Kommentieren nur hieße, zur Erläuterung eines Themas oder zur Beantwortung einer Frage andere Namen herbeizuziehen, wäre Foucault kein Gewährsmann. Er greift nicht hinter den Rücken seiner Zuhörer auf die Bibliothek der Autoritäten zurück, er spricht nicht aus der Mitte einer geteilten Kenntnis mitgebrachter Texte. Foucault kommt seinen Hörern entgegen, indem er das, was er sagt, weitgehend voraussetzungslos sagt:

> »So weit wie möglich habe ich auf das Prinzip der Exegese oder des Kommentars verzichtet: Ich habe nie versucht herauszufinden, welches Ungesagte in der Textur des Textes selbst anwesend oder abwesend war. Ich habe versucht, das Prinzip der Textualität aufzuheben, indem ich mich in die Dimension der Geschichte versetzte, das heißt, ich habe die Diskursereignisse, die stattfinden,

> nicht im Innern eines Textes ausfindig zu machen versucht, sondern in der Tatsache der Funktion oder der Rolle, die verschiedenen Diskursen innerhalb einer Gesellschaft zugewiesen werden.« (1971: 256)

Schon in der ersten Vorlesungsreihe wird dies klar, wenn er auf Aristoteles zu sprechen kommt. Er stellt dessen Fähigkeit heraus, sich von Vorgängern abzusetzen, deren Positionen er untereinander in Gegensätze bringt, um daran gedankliche Defizite deutlich zu machen. Foucault erkennt darin mehr als das bekannte Verfahren, früheren Philosophen Fehler vorzuwerfen und sie für unfähig zu halten, das in Frage stehende Problem angemessen anzugehen. Foucault problematisiert die Vorläuferkritik des Aristoteles als ein Verfahren, die Philosophie allein aus der Philosophie heraus zu entwickeln. Er stellt fest, dass ihm Aristoteles

> »eine gewisse Innerlichkeit der Philosophie zu definieren und vorzuschreiben und ein gewisses Außen des philosophischen Diskurses zu eliminieren scheint – ein Außen, dessen Ausschaltung erst die Existenz der Philosophie ermöglicht; ein Außen, an das sich der philosophische Diskurs in undurchsichtiger Weise anlehnt«. (1971: 61)

Mit diesen Worten wird nicht nur Aristoteles weggeschoben, sondern alle, die eine Innerlichkeit der Philosophie behaupten, eine gewisse Selbstgenügsamkeit, die ein Außen der Philosophie leugnen und doch zugleich »in undurchsichtiger Weise« voraussetzen. Foucault sagt seinen Zuhörern, dass die Philosophie keine festgestellte Grenze zum Nichtphilosophischen besitze. Er will in seinen Vorlesungen die Untersuchungen nicht vom Kanon der großen Denker bestimmt sehen und jedenfalls die Namen der etablierten Philosophen nicht für die Definition seines eigenen Tuns heranziehen.

Für die älteren unter den Zuhörern trug die Lehrstuhlbezeichnung Foucaults, »Geschichte der Systeme des Denkens«, vermutlich weniger das Versprechen ganz neuer Forschungen als vielmehr einer

Variante dessen, was ansonsten »Philosophie« oder auch »Philosophiegeschichte« genannt wird. Bei den Zuhörern im Hörsaal wird sich öfter die Frage eingeschlichen haben: Ist das noch Philosophie? Anlass zu solchem Zweifel gibt Foucault oft genug durch einen an vielen Stellen unternommenen Ausstieg aus der Philosophie, jedenfalls aus der traditionellen, an Namen und Lehren geknüpften Philosophie der Lehrbücher.

Foucault kannte den normalen Universitätsbetrieb aus früheren Tätigkeiten, war aktiv in den akademischen Denk- und Sprechzirkel der Universitäten in Clermont-Ferrand und Tunis in den 1960er Jahren.[18] Foucault hatte die Karriere eines französischen Beamten im Bildungsbereich durchlaufen, wusste in erwartbarer Weise zu unterrichten, zu prüfen und zu begutachten. In Tunis bekannte er 1967, er habe sich »lange genug an der französischen Universität aufgehalten [...], um zu tun, was getan werden muss, und um zu sein, was man sein muss«. (DE I: 749) Eine inzwischen veröffentlichte Vorlesung von 1964 bestätigt den eher disziplinären Zuschnitt seines damaligen Vortrags.[19]

Keine Frage: Foucault ist ein philosophisch gebildeter Kopf. Er lässt – sehr selten, dann aber gezielt – seine Kenntnis der Philosophiegeschichte aufblitzen, meist kurz. Gelegentlich geht er auf einzelne Texte näher ein. Das ist der Fall im Bereich des politischen Denkens, wenn er Francis Bacon, Thomas Hobbes und Niccolò Macchiavelli diskutiert (VL 1976) oder über Immanuel Kant und die Aufklärung handelt (VL 1983). Das ist insbesondere der Fall in den vier letzten Vorlesungen zum antiken Denken, wenn Aristoteles, Epiktet, Platon

---

[18] Zu Foucault als akademischer Lehrer in Clermont-Ferrand und Tunis siehe Kathryn Medien: Foucault in Tunisia. The encounter with intolerable power, in: The sociological review (2019), S. 11-16; Didier Eribon: Michel Foucault. Eine Biographie. Frankfurt a.M. 1991 [1989], 5. Aufl. 2017, S. 218-220.

[19] Michel Foucault: La Sexualité. Cours donné à l'université de Clermont-Ferrand, 1964; suivi de: Le Discours de la sexualité. Cours donné à l'Université de Vincennes, 1969, hg. v. Claude-Olivier Doron, Paris 2018, vgl. S. 221 (Nachwort des Herausgebers). Vgl. auch Stuart Elden, Alison Downham Moore: Foucault's 1960 Lectures on Sexuality, in: Theory, Culture & Society 17.06.2021, S. 1-15 (https://doi.org/10.1177%2F02632764211017983)

und Seneca ausführlicher zur Sprache kommen (VL 1980 und 1981), jeweils ergänzt um Epikur (VL 1982), Isokrates (VL 1983) und Diogenes den Kyniker. (VL 1984) Zusammengenommen sind jedoch diejenigen Passagen, in denen sich Foucault mit Texten, Thesen oder Problemen der traditionellen Philosophie beschäftigt, sehr gering. Ganze Vorlesungszyklen wie die von 1972 und 1974 kommen völlig ohne die Namen großer Philosophen aus.

Manchmal gibt es kurze Erwähnungen, die Schulwissen aufrufen und Namen mit Begriffen synonym setzen wie Aristoteles und die Ökonomie (1978: 279), Descartes und das »Ich denke« (1980: 139), Descartes und die Täuschung (1980: 404), Descartes und die Wahrheit (1982: 241), Descartes und die Methode (1982: 362), David Hume und die Gewohnheit (1973: 322), Kant und der ewige Friede (1979: 88-90), Leibniz und die Kraft (1978: 429), Malebranche und sein Händler-Gott (1979: 383), Marx und die Ware (1979: 115), Marx und der Staat (1979: 133), Nietzsche und die Wahrheit (1981: 73), Platon und der Staat (1980: 310), Rousseau und die Natur (1975: 319). Noch reduzierter in der Aussage sind Aufzählungen von Namen zu bestimmten Zeitabschnitten. Kurz gesagt: Jenseits solcher spärlich eingestreuten Herbeizitierungen ist die Philosophie der großen Namen bei Foucault stumm geschaltet, im Vordergrund nicht hörbar.

Bei aller Beiläufigkeit der Bezüge auf Philosophen und auf Philosophiegeschichte ist den wenigen Stellen im Gesamtunternehmen der Vorlesungen gemein, dass die europäische Philosophie in Foucaults Vorlesungen unschwer als Hintergrund seiner Ausführungen erscheint. Denn von Anfang bis zum Ende seiner Vorlesungstätigkeit wird Foucault nicht müde, große Bögen zu schlagen und die Philosophie samt ihren Traditionen auf den Prüfstand zu stellen. Foucault agiert rhetorisch im Raum der Philosophie, gerade weil er ihn verlassen möchte, durch Türen, die er sich selber erst bauen muss. Ein Beispiel: Foucault hält das Konzept der »Sorge um sich« in der Nachfolge rationalistischer Philosophien des 17. Jahrhunderts für insgesamt vernachlässigt und noch bei den Denkern des 19. Jahrhunderts für eher versteckt:

»Nehmen Sie – mit einigen Vorbehalten – die gesamte Philosophie des 19. Jahrhunderts: Hegel auf jeden Fall, Schelling, Schopenhauer, Nietzsche, den Husserl der *Krisis*, auch Heidegger, und Sie können dort sehen, dass die Erkenntnis in jedem Fall, ganz gleich, ob sie disqualifiziert, entwertet, kritisch betrachtet oder, wie bei Hegel, überhöht wird, stets an geistige Forderungen gebunden bleibt. All diese Philosophien zeichnen sich dadurch aus, dass durch eine gewisse geistige Struktur versucht wird, die Erkenntnis, den Akt des Erkennens, die Bedingungen und Auswirkungen dieses Aktes an eine Veränderung im Sein des Subjekts zu koppeln.« (1982: 49)

Dieser Satz kündigt einen breiten Pinsel an und kommt doch eher mit dem Bleistift daher. Hegel, Nietzsche und Husserl in einem Satz zu nennen und ihnen ein gemeinsames Anliegen zu unterstellen – die Ablehnung jeglicher Reduktion von Wahrheit auf Erkenntnis – ist ungewöhnlich und nach den Maßstäben der Philosophiehistoriker unverschämt, weil Foucault damit die Konfliktlinien eines ganzen Jahrhunderts übermalt. Seine Unterstellung schließt überdies die »Spiritualität« ein, die weder mit diesem Begriff noch mit dem hier als deutscher Übersetzung gewählten Wort »Geistigkeit« bei irgendeinem der Genannten prominent ist. Foucault geht es offenbar nicht darum, das Publikum mit bekannten Wertungen der Philosophiegeschichte zu belasten, sondern es im Gegenteil zu einer Perspektive ganz von außen zu befreien.

Anders gesagt: Foucault argumentiert gar nicht im Raum der Philosophiegeschichte, auch nicht in dem der Geistes- oder Ideengeschichte, wenn er große Linien zieht. Er tut dies im Dienst der aktuellen Aufgabe einer Frage nach der Einheit von Wahrheit und Leben, wie sie der griechische Topos der »Sorge um sich« verspricht. In der Zielrichtung dieser Frage wird traditionelles Wissen unwichtig, sind die bekannten Erzählungen von der Wissenschaftswerdung der Vernunft im modernen Europa ungültig. In Foucaults vor und mit dem Publikum entwickelter Perspektive bieten philosophische Autoritäten weder anschlussfähige noch weiterführende Aussichten. Sie liegen nicht falsch, erscheinen nur wertlos im Blick auf ein Interesse, das tiefer bohren will. So kann Foucault zwar das Problembewusstsein des 19. Jahrhunderts anerkennen, will aber selbst daran nicht anknüpfen, weil er die Philosophie der Gegenwart darin befangen sieht und selber davon loskommen muss.

Es lässt sich an der ersten Vorlesungsreihe gut ablesen, wie die explizite – später dann implizite – Entfernung Foucaults von der traditionellen Philosophie der großen Denker aussieht. Foucault setzt ein damit, dass er die Philosophie – auch und gerade die seiner eigenen Anstrengungen – in einen Kampf verwickelt sieht, der im Reich der Aussagen herrscht. Über den Sophismus als Gegenposition zu Aristoteles sagt Foucault mit durchaus aktualisierender Absicht:

> »Das sprechende Subjekt ist der Aussage verpflichtet, nicht den Regeln und intendierten Bedeutungen. Und wenn das Subjekt seine Behauptung bis zum Schluss durchhalten kann, gehört sie ihm. Es kann sie in Besitz nehmen und hat gewonnen. Wenn es sie nicht aufrechterhalten kann, verliert es sie und hat verloren. Da spielt es kaum eine Rolle, ob die Aussage wahr oder falsch ist.« (1971: 87)

Woher kommt die Verbindlichkeit eines Diskurses, woher die Autorität des »sprechenden Subjekts«? Foucault formuliert die Frage zunächst im Rahmen des philosophiehistorisch bekannten Konflikts zwischen Aristoteles, der die Wahrheit als solche anstrebt, und den Sophisten, die die Wahrheit durch das Reden gesteuert sehen. (1971: 91) Foucault nennt es die »griechische Transformation«, die uns zwei Wahrheitskonzepte beschert habe: eines, das die Wahrheit aus dem Wissen entstehen und gestützt sieht, und ein anderes, das die Wahrheit auf Gerechtigkeit verpflichtet, also auf einen gesellschaftlichen Konsens. Was das Publikum im Hörsaal bei diesen Ausführungen dazu führen mag, länger zuzuhören, ist nicht allein die Erörterung des Verhältnisses von Wissen und Macht bei den Griechen, sondern dessen Kontrastierung zur Moderne. Es ist vermutlich der Hinweis darauf, dass das griechische Denken noch weit entfernt sei »von unserem eigenen Wahrheitsdiskurs«, der gleichwohl »über zahlreiche Veränderungen« davon abstamme. (1971: 129)

Solche rhetorischen Klammern halten im Publikum die Spannung, weil hier zwar von einer fernen Vergangenheit die Rede ist, deren Verständnis jedoch das Denken der eigenen Gegenwart berührt. Mit dieser Grundeinstellung der Aktualität führt Foucault sein Publikum dann in die Einzelheiten der Agrarkrise des 7. und 6. vorchristlichen Jahrhunderts und problematisiert die Stellung der Armee sowie die Rolle der Geldpolitik in den griechischen Stadtstaaten. (1971: 153-216) Es gilt für diesen wie für viele spätere Digressionen in historische Sachverhalte, dass Foucault neben dem Respekt auf Seiten der Hörerschaft vor historischer Empirie auch die Hoffnung erzeugt, in den Archiven der Vergangenheit neu lesen zu lernen. Während die Philosophiegeschichte durch Foucaults Vortrag abgewertet wird, erhalten Exkurse und ausgedehnten Studien zu fremden Texten und fernliegenden Situationen für ihn einen Zielpunkt in der Gegenwart.

Wie Foucault Aktualität ins Werk setzt, wie er Zeitgenossenschaft dort einführt, wo es auf den ersten Blick um Fragen an die Geschichte und älteres Denken geht, zeigen seine Ausführungen zum Lernen und zur Gerechtigkeit. Damit setzt er im Dezember 1970 in der zweiten Vorlesungsstunde ein, in direktem Anschluss an seine öffentliche und viel beachtete Antrittsvorlesung vom 2. Dezember. Foucault fängt mit der Frage danach an, ob es den Willen zum Wissen gebe, ob man ihn vernünftigerweise unterstellen solle, oder ob er eine Geschichte habe, ein Auftauchen und nachfolgende Transformationen. Foucault fragt sich,

> »ob man unter der Geschichte der wahren Diskurse die Geschichte eines Willens zum Wahren oder Falschen zu Tage fördern kann, die Geschichte eines Willens, das festgefügte System des Wahren und des Falschen zu setzen«. (1971: 18)

Damit fragt er im Grunde danach, ob die Philosophie ihren Ursprung in sich selber trage, ob das philosophische Interesse von heute sich in Ausdrücken früherer Jahrhunderte wiederfinden könne. Foucaults Hypothese ist doppeldeutig:

»Heute Abend möchte ich nun an einem Beispiel zeigen, wie es schon in den Anfängen des philosophischen Diskurses zum Wegfall dieses Wunsches nach Wissen kam, den die Philosophie dennoch zur Erklärung und Rechtfertigung ihrer Existenz anführt.« (1971: 19-20)

Vor Publikum wird problematisiert, dass man die Philosophie üblicherweise vom Willen zum Wissen herleitet, dieser selbst aber nicht thematisiert, sondern einfach unterstellt wird. Damit konstruiert die Philosophie ein Inneres, das sie zugleich von einem Äußeren unterscheidet. Und eben das gelte noch, sagt Foucault, für »den philosophischen Diskurs, wie er in unserer Zivilisation besteht«. (1971: 21) Die Vorlesung suggeriert hier nur scheinbar eine Verfallsgeschichte der Philosophie, wie man sie aus Martin Heidegger herausgelesen hat.[20] Vielmehr verspricht Foucault seinem Publikum gegen die Unterstellung, das Streben nach Wissen gehe sozusagen von selbst in Erkenntnis über, Wissenszuwachs bedeute den »Untergang« des alten Selbst. Foucault fasst es kurz: »Lehren heißt töten«, weil dabei jeder Lernende ein anderer wird und sozusagen sein früheres Selbst ablegen muss:

»Die Tatsache des Lernens verändert den Lernenden. Kurz, das Subjekt des Wissens kann nicht dasselbe sein wie das des Strebenden.« (1971: 33)

Foucault hebt diese Überlegung aus antiken Texten heraus, spricht sie aber in die Gegenwart seiner Hörerschaft hinein. Ganz ohne gelehrte Anspielungen fordert er dazu auf, einen Willen zum Wissen, »der nicht von vorneherein in der Einheit eines erkennenden Subjekts gefangen wäre« (1971: 36), philosophisch anzuerkennen. Der so interpretierte Hinweis auf das Lernen besagt also, dass die nach Erkenntnis Strebenden diese nicht bereits in sich tragen. Wer erkennt, verändert sich, ob man will oder nicht. Wissenserwerb ist grundsätzlich transformativ. All

---

[20] Ulrich Johannes Schneider: Foucault und Heidegger, in: Foucault, hg. v. Marcus S. Kleiner, Frankfurt am Main 2001, S. 224-238.

denen, die der Philosophie oder dem Erkennen eine auf das Subjekt wirkende Kraft zubilligen, spricht Foucault so aus dem Herzen. All diejenigen, die den Willen zum Wissen in unterschiedsloser Insistenz und in Tausenden von Köpfen durch die Geschichte hindurch bewundern wollen, konfrontiert er mit dem Zweifel.

Eine zweite Figur stellt Foucault vor, wenn er erkundet, wie man die Erkenntnisproduktion analysiert und die Wahrheit als Geltungszusammenhang erforscht. Hier – erstaunlicher Vorgang für die traditionell philosophisch Interessierten im Publikum – wechselt er die Quellen, verlässt jede Nähe zur philosophischen Theorie. Stattdessen geht er auf juristische Aussagen ein, genauer auf gerichtliche Aussagen. Mitten in der zweiten Vorlesungsstunde untersucht Foucault antike Rechtsprechungsverfahren im Detail, um so zu enden:

> »Die Aussage über die Wahrheit ist also innerhalb der griechischen Verfahrensordnung ein mehrfach determiniertes Element. Diese Bestimmungen haben zur Folge, dass die Wahrheit nicht überall gesagt wird, nicht jederzeit, nicht im Munde jedes Beliebigen und nicht im Blick auf jeden beliebigen Gegenstand. Die Wahrheitsaussage wird im Blick auf das, wovon sie spricht, lokalisiert. Nur bestimmte bestreitbare Tatsachen können Gegenstand einer wahren oder falschen Aussage sein. Sie wird hinsichtlich des Subjekts lokalisiert, das sie vorträgt. Sie muss von Subjekten kommen, die nicht selbst zum Gegenstand des Verfahrens gehören, sondern nur dessen Zuschauer sind. Sie muss von Subjekten kommen, denen man ein Wissen zuschreibt und die nicht in einem Parteiverhältnis zu dem Verfahren stehen, sondern in einem Wissensverhältnis zu den darin relevanten Tatsachen.« (1971: 102)

Foucault unterscheidet den prozeduralen Wahrheitsbegriff, der durch eine Analyse der Machtverhältnisse erläutert werden muss, von einem wissensgetränkten Wahrheitsbegriff, der darauf zielt, »in der Gerechtigkeit« zu sein. (1971: 158) Damit spricht er bereits im ersten Vorlesungszyklus einen Konflikt an: Wo ist Wahrheit Produkt eines Machtentscheids, und wo ist sie Argument? Foucault skizziert diesen Konflikt, verstetigt ihn nicht. Er setzt das Denken in Prozeduren nicht dem in Wissensansprüchen entgegen.

Aus diesen Vorlesungsstunden zieht die Zuhörerschaft kein Ergebnis, keine Zusammenfassung. Es bekommt Einsichten vermittelt, die vielleicht zum Ausgangspunkt weiterer Überlegungen werden. Am Ende jeder Stunde und am Ende jedes Zyklus steht jedenfalls eine Zäsur, und damit erst die Möglichkeit eines neuen Ansatzes. Nach der letzten Vorlesungsstunde am 17. März 1971 bereitet sich Foucault auf eine Reise nach Kanada vor, wo er drei Vorträge zu Nietzsche halten wird. Seine Zuhörerinnen und Zuhörer in Paris haben dann schon einen guten Begriff davon, dass man das Philosophieren auch ausgehend von anderen als den bekannten philosophischen Autoritäten beginnen kann, und dass ein Schritt zurück ins das Archiv des abendländischen Denkens – jenseits des philosophischen Kanons – bemerkenswert produktive Effekte haben kann.

Nach Abschluss jeder Vorlesungsreihe schreibt Foucault – pflichtgemäß – einen Bericht für das Collège de France, das mit solchen Berichten die Aktivitäten seiner Mitglieder dokumentiert. Foucaults Berichte sind unterschiedlich nach Länge und Dichte; sie repräsentieren nicht immer alles Gesagte, setzen vielmehr eigene Schwerpunkte. Der Bezug zur Gegenwart findet sich überall. So spricht Foucault 1971 davon, die gemessene und messbare Wahrheit habe »entscheidende Bedeutung für die Geschichte des westlichen Wissens«. (DE II: 299; 1971: 287) 1972 nennt er sein eigenes Zeitalter ein »inquisitorisches«, das auf Anhäufung von Wissen aus sei (DE II: 489; 1972: 302); 1973 analysiert er das Gefängnis als die – immer noch praktizierte – »allgemeine Form der Bestrafung«. (DE II: 584; 1973: 353) 1974 bezieht er sich in seiner Rückschau auf die aktuellen »Bemühungen um Entpsychiatrisierung« (DE II: 843; 1974: 504), 1975 berichtet er über Forschungen zur infantilen Sexualität, die »im 20. Jahrhundert zum fruchtbarsten Erklärungsprinzip sämtlicher Anomalien« werde. (DE II: 1031; 1975: 429)

Ab 1976 sind die Bezüge zur eigenen Gegenwart noch deutlicher, weil Foucault sich im Bereich des politischen Denkens und Handelns bewegt, und so kann er direkt von seinen Zeitgenossen fordern: »Um die konkrete Analyse von Machtverhältnissen zu betreiben, muss man das juridische Modell der Souveränität aufgeben.« (DE III: 165; 1976: 312) 1978 thematisiert er das »politische Problem der Bevölkerung« als eines, das bis in die Gegenwart reiche (DE III: 904; 1978: 524), und 1979 erweitert er den Rahmen politischer Rationalität um die »Biopolitik«, die ebenfalls Gültigkeit für die Gegenwart besitze. (DE III: 1020; 1979: 435) Mit den Arbeiten zur Antike werden ab 1980 Formen des Bekenntnisses und der Gewissensprüfung behandelt, wie sie sich im frühen Christentum ausbilden. Foucault notiert, damit könne man »Akte der Wahrheit« in der »westlichen christlichen Kultur« verstehen und meint damit auch die Gegenwart. (DE IV: 154; vgl. 1980: 425) 1981 stellt er im Bericht seine historischen Forschungen auf eine größere philosophische Bühne:

> »Es geht darum, die für unsere Kultur so typische Forderung nach Selbsterkenntnis in den umfassenderen Rahmen der mehr oder weniger expliziten Frage zu stellen, was man mit sich selbst tun, welche Arbeit man an sich verrichten und wie man ›Herrschaft über sich selbst‹ erlangen soll durch Aktivitäten, in denen man selbst zugleich Ziel, Handlungsfeld, Mittel und handelndes Subjekt ist.« (DE IV: 259; vgl. 1981: 377-378)

Das setzt die Berichte für 1982 fort und macht in der seit der Antike präsenten »Sorge um sich« ein philosophisches Problem aus: »Hier beginnt, glaube ich, die Geschichte der Verbindung zwischen Subjekt und Wahrheit der christlich-abendländischen Kultur.« (1980: 285-286; vgl. 1982: 16, 391; 1984: 23; DE IV: 434, 610) Zu den beiden letzten Vorlesungen liegen die entsprechenden Berichte nicht vor, aber Blicke in die Transkriptionen führen dort ebenfalls zu deutlichen Hinweisen, dass Foucault seinem Publikum den Bezug auf die Gegenwart nicht schuldig bleibt. So heißt es 1983 im Anschluss an die Auseinandersetzung mit dem antiken Denken:

> »Die Philosophie als Askese, die Philosophie als Kritik, die Philosophie als widerstrebende Exteriorität gegenüber der Politik, das

ist, glaube ich, die Seinsweise der modernen Philosophie.« (1983: 445)

Und 1984 schließt Foucault seine Ausführungen zum radikalen griechischen Kynismus mit dem Hinweis, dieser stelle »die Matrix, zumindest aber die Verbindung zu einer grundlegenden ethischen Erfahrung im Abendland dar«. (1984: 374)

Es bedürfte dieser Zitate vielleicht nicht, um plausibel zu machen, dass Foucault in seinen Vorlesungen der Gegenwart verpflichtet ist, die er mit seiner Zuhörerschaft teilt. Bereits der Akt des Sprechens suggeriert Aktualität und Dringlichkeit, die Evokation vergangener Texte und Situationen verstärkt die Autorität des Redners, dessen Rückgriffe in die Geschichte nicht nur weit weg führen, vielmehr zugleich eine Ansage im Hier und Jetzt affirmieren. Beides zu verbinden, hat bei Foucault nicht den Charakter einer Sicherheit im Fügen, eines etablierten Wissens um Zusammenhänge. 1974 heißt es in seinem Bericht eingangs: »und das gilt zu einem guten Teil noch heute« (1974: 489; DE II: 829), aber damit wird keine Beschreibung suggeriert, als ob die Gegenwart nichts anderes wäre als die verlängerte Vergangenheit. Niemand, der Foucault in Paris über längere Zeit hörte oder jetzt seine Vorlesungen nachliest, wird die große Anstrengung verkennen, die es ihn kostet, im Angesicht der ganz aus dem Heute in den Hörsaal transportierten Augen und Ohren über die frühe Neuzeit, das Mittelalter und die verschiedenen Phasen der Antike zu sprechen: ausführlich, lange und intensiv, immer wieder neu ansetzend. Niemand wird die Auflösung dieser Anspannung durch den Akt eines einfachen Sprungs in die Gegenwart vermuten.

Die Erfahrung einer Vorlesung kann einer Museumsführung ähneln: Die Gänge sind bekannt, das Arrangement der Objekte fix. Spannung ergibt sich dann aus den erläuterten Verbindungen, den Bezügen im Museum und zum Museum. Eine Vorlesung kann jedoch auch einer Wanderung in unbekanntes Gelände gleichen, ohne mitgebrachte Kenntnis davon, ob den eingeschlagenen Pfad schon jemand gegangen ist und wie lange man sich an einem Ort aufhalten mag. Im ersten Fall wird das Wissen durch eine Bibliothek der gesammelten

Forschungen gestützt, und es lässt sich das Reden am Lesen ausrichten. Im zweiten Fall bestimmen die Fragen das, was zu lesen wäre, noch bevor gesprochen wird. Die Vorlesungen Foucaults geschehen nicht als Führung entlang des Wiedererkennbaren, sondern als Wanderung dorthin, wo sich die Fragen türmen.

4. EINLADUNG ZUR MITTWOCHVERSAMMLUNG

Wir stellen uns einen Hörsaal im Collège de France vor, wie wir ihn selbst vor Augen hätten, wenn wir seitlich auf dem Podium stünden, den Blick ins Publikum gerichtet. Das wäre die beste Perspektive für einen Fotografen, der die hinten sacht ansteigenden Reihen der Zuhörer ins Bild bringen und dabei zugleich links vorne den Professor am Tisch erfassen will. Wir denken uns die rechte Hand des Professors die Lehne des Stuhls umgreifend, wie wenn er diesen etwas nach vorne rücken wollte, den Kopf leicht gesenkt, die Augen auf das Manuskript vor ihm gerichtet. Es ist der Moment, mit dem jede Vorlesungsstunde beginnt und aus dem sie sich fortwährend neu erzeugt, indem eine Rede erklingt, die allein zum Zuhören vorgetragen wird, die in diesem Raum voller Ohren, Augen und aufmerksamer Köpfe für eine gute Stunde oder länger das dominante Ereignis darstellt.

Aus dem so angenommenen Blickwinkel der Kamera ergibt sich eine Gesamtkomposition, die zwei Motive kennt: in der linken Hälfte die weiße Tischplatte und die Figur des Professors, in der rechten das in den Sitzreihen eng aneinandergerückte Publikum. Auch könnte man eine leicht diagonale Linie durch das Bild entlang der Tischkante ziehen, die das Publikum oben rechts trennt von dem Podium mit Tisch und Professor unten. Dass der Fotograf selbst auf dem Podium steht, kann der Überfüllung des Raumes geschuldet sein, denn auch sonst sieht man (hinten) Personen in den Fenstern sitzen und an den Wänden lehnen oder (vorne) auf dem Boden vor den ersten Stuhlreihen hocken. Wahrscheinlicher aber ist die durch den Blickwinkel absichtlich gewählte Vermittlung eines Gesamteindrucks. Eine solche fotografische Perspektive wäre ganz ähnlich von einer Bühne herab ins Theaterpublikum vorstellbar; auch manche Parlamentssäle würden sich dazu eignen, die Sprecher am Rednerpult – von der Seite und leicht von hinten – zusammen mit den Abgeordneten ihnen gegenüber in einem Bild zu vereinen. Für die meisten Hörsäle in Universitäten – die in Frankreich auch »amphithéâtres« heißen – gilt dasselbe.

Roland Barthes im Collège de France 1977
© Jacques Pavlovsky / Getty Images

Ein Foto von Jacques Pavlovsky realisiert diese imaginierte Perspektive auf Reden und Zuhören im Hörsaal. Pavlovsky hatte für die Fotopresseagentur Sygma gearbeitet und in den frühen 1970er Jahren in Konfliktregionen in Südostasien und Nordafrika fotografiert. Sein Bild dokumentiert die Antrittsvorlesung eines Literaturwissenschaftlers am Collège de France: Roland Barthes. Es ist der 7. Januar 1977; das feste Schuhwerk der im Vordergrund auf dem Boden Sitzenden verrät die Winterzeit. Die Überfüllung des Raums ist sicher dem Umstand zuzuschreiben, dass es sich um eine Antrittsvorlesung handelt. Das wird unterstrichen durch die älteren und wohlgekleideten Personen in den ersten Reihen, Kolleginnen und Kollegen des Geehrten, Honoratioren der Gelehrtenrepublik. Jüngere Gesichter sieht man in größerer Zahl erst weiter hinten.

Dass ein Foto mit Roland Barthes existiert, verdankt sich dessen Berühmtheit – viele andere Aufnahmen mit dem gleichen Motiv hätten zu anderen Zeiten mit anderen Beteiligten gemacht werden können, und wurden vielleicht auch gemacht, zirkulieren nur nicht so allgemein wie die Aufnahme des bekannten Denkers. Was zeigt der Blick in den Hörsaal aus dieser Warte? Vielleicht das, was Roland Barthes in Bezug auf seinen Unterricht am Collège de France gesprächsweise sagte: Ihm erscheine die Beziehung zwischen Lehrenden und Lernenden wie »ein wechselseitiges Begehren«, und er fügte hinzu, dass dieses Begehren durchaus scheitern, aber – eben darum auch – gelingen könne.[21] So muss man diese Situation wohl ansehen, als eine durch Begehren geprägte Wechselseitigkeit, als ein Gegenübersitzen aus notwendiger Beziehung aufeinander. Nicht anders als im Gottesdienst vollzieht sich hier ein angeleitetes Ritual in grundsätzlich vorausgesetzter Freiwilligkeit.

Wir müssen unsere Augen trainieren, um die im Foto mitgelieferte Selbstverständlichkeit zu erkennen und gewissermaßen abzuziehen, denn die Aufnahme zeigt mehr als ein datier- und lokalisierbares Ereignis im Paris des Jahres 1977. Gewiss dokumentiert das Foto eine Etappe in der Karriere des Redners (und das war der Anlass dazu), aber es macht zugleich sehr viel Struktur sichtbar, schon in der Ausstattung. Zu sehen sind drei Mikrophone, zwei davon mit schwarzen Köpfen, deren graue Kabel in Buchsen auf dem Tisch selbst eingestöpselt sind. Sie haben auf ihrer Standplatte je einen Druckknopf, wie man ihn wohl bei Podiumsdiskussionen drückt, wenn man reden will. Daneben steht ein silbernes Mikrophon, angeschlossen vermutlich an das im Vordergrund sichtbare Tonbandgerät. Eine gläserne Wasserkaraffe steht mit Glas auf einem silbernen runden Tablett. Nehmen wir die Lampe auf dem Tisch und den Stuhl hinzu, haben wir alle Instrumente beisammen, die längeres Reden ermöglichen: Der Körper

---

21 Roland Barthes: A quoi sert un intellectuel?, in: Oeuvres complètes, hg. v. Éric Marty, Bd. V: 1977-1980, Paris 2002, S. 381.

des Redners wird positioniert, sein Mund und seine Kehle disponiert, seine Augen beim Ablesen durch zusätzliches Licht unterstützt.

Das Foto zeigt ein Ereignis und bezeugt zugleich eine Institution: die Vorlesung. Die Ausstattung mag jeweils anders sein – ältere Tische hatten Holzoberflächen und keine weiße Kunststoffplatte wie hier, und Mikrophone sind anderswo anders gebaut oder gar nicht vorhanden etc. –, und doch keine ganz andere Situation zeigen. Das eine Gesicht schaut vom Podium in viele Gesichter, diese schauen alle auf eines. Im vorliegenden Foto ist es unklar, ob der Redner spricht oder pausiert. Sein gesenkter Kopf erlaubt beides, selbst ein leises Sprechen würde durch das direkt vor ihm stehende Mikrophon im Saal gut hörbar werden. Es ist und bleibt ein Gesicht, das alle im Raum vor Augen haben, ein Mund, an dem sie hängen. An den Haltungen der Zuhörer kann man das deutlich ablesen: Es ist ein Zuhören. Arme sind verschränkt, halten den Körper in Ruhe, die Blicke sind eher nach innen gerichtet. Hier, im Publikum, findet die Vorlesung statt. Was auf der Seite des Vortragenden mit einer Übung verwechselt werden kann, mit einem probeweisen Vortrag dessen, was zum Text noch reifen muss, ein vorläufiges Sprechen als Ankündigung eines definitiven Niederschreibens, ist in den Köpfen der Zuhörer als Vorlesung real und nur dort da.

Indem er eine außergewöhnliche Situation dokumentiert, fängt der Fotograf eine ganz gewöhnliche ein. Der durch Prominenz veranlasste Einblick in den Hörsaal vermittelt ein regelmäßiges Geschehen. Das verträgt sich mit der Tatsache, dass man normalerweise keine Vorlesung fotografiert, wohl weil das bloße Gegenübersitzen nichts von dem zu zeigen vermag, worum es jeweils geht. Das hier außergewöhnlicher Weise überlieferte Foto scheint in diesem Sinne zu sagen: Nur der Name des Professors hat uns dazu veranlasst zu zeigen, wie er und seine Zuhörerschaft sich gegenübersitzen. Diese Anordnung der Körper gilt jedoch für alle Vorlesungen, und selbst wenn minder bekannte Personen keine Fotos veranlasst haben, ist auch dann jedem im Saal klar, dass vorne jemand spricht, der einen Namen hat, und dass im Saal ihm solche zuhören, die das mit Neugier vernehmen.

Suchte man einen Kontrast zu Foucaults Unterrichtsstil, könnte man Martin Heidegger nennen. Er hat seine Stimme nicht nur mehrmals auf Schallplatte aufnehmen lassen[22], er war auch sonst ein Mann der festgefügten Rede. Das sagt eine Anekdote aus der Universität Freiburg im Jahr 1936. Heidegger wurde hintertragen, er sei in der letzten Stunde recht unverständlich gewesen. Heidegger erneuerte kurzentschlossen in der Woche danach seine Ausführungen wörtlich und eröffnete wie folgt: »Man hat mir gesagt, meine letzte Vorlesung sei unverständlich gewesen; ich werde sie also wiederholen!«[23] Der Meister insistiert und repetiert sich lieber, als dass er seinem Publikum entgegenkommt. Er nimmt es nicht wahr, versteht die Stille, in die er spricht, als absoluten Kredit an Zeit und als bedingungslose Aufmerksamkeit.

Solche Vortragssituationen sind aus literarischen Kreisen bekannt, wo manchmal selbstbewusste Stimmen sich erheben und durch das Sprechen herrschen. Das Publikum von Lyrikveranstaltungen kennt Vortragende, deren deklamatorischer Stil auf Stimme und Lautstärke setzt, wie den Österreicher Ernst Jandl. (Auch von ihm existieren Vortragsaufführungen, deren dämonische Wirkung durch die Stimme allein erzeugt wird.) Bei einer Zusammenkunft von Schriftstellern hat man solche Solo-Performances beobachtet und kommentiert: »Die Meute duckt sich, der Dichter liest«.[24]

Bis in die Gegenwart ist das Phänomen der alles übertönenden Stimme bekannt. Aus der Antike bereits ist die Auffassung überliefert, dass sogar das Bild des Redners dessen Vortrag stört. Die Schüler des

---

[22] Von Heidegger gibt es Tonaufnahmen auf Schallplatte von einem Vortrag 1957 in Freiburg (Der Satz der Identität) und von Hölderlin-Vorträgen 1960 in Heidelberg, beide Platten erschienen im Verlag Günther Neske, Pfullingen. Außerdem existiert ein Vortrag »Die Kunst und der Raum« im Verlag Erker, St. Gallen 1983.

[23] Johannes Baptist Lotz: Im Gespräch, in: Erinnerung an Martin Heidegger, hg. v. Günther Neske, Pfullingen 1977, S. 158.

[24] Vgl. Reinhard Meyer-Kalkus: Geschichte der literarischen Vortragskunst, Stuttgart 2020, S. 163 (zur Akusmatik) und S. 880 (zu den Leseritualen der Gruppe 47).

Philosophen Pythagoras mussten dessen Reden anhören, ohne seiner ansichtig zu sein, weil sie unabgelenkt sich ganz auf den sprachlich vermittelten *Logos* konzentrieren sollten. Der Philosoph wird zur Stimme hinter dem Vorhang und spricht mit gleichsam göttlicher Wucht ohne Antlitz. Die Radiovorträge des Philosophen Adorno besitzen entsprechende Intensität und wirken als phonetische Ereignisse vielleicht stärker als in die Kamera hinein gesprochen. Bezogen auf die Vorlesungssituation ließe sich sagen, dass die relative Immobilität der Redenden oder die Gleichförmigkeit ihrer Bewegungen – einige lieben das gleichmäßige Auf- und Abgehen – ihre Gesichter gewissermaßen unscharf macht und jedenfalls schwer zu beobachten. Im Falle Foucaults verblasst das Bild des sprechenden Philosophen auf den hinteren Reihen, und ist in den Sälen mit Tonübertragung ganz abwesend.

Dazu kommt bei Foucault eine weichere Modulation im Ausdruck. Seine Stimme ist weniger unerbittlich und mehr Ansprache als Vortrag. Er lebt beim Sprechen – selbst wenn er mit gesenktem Kopf konzentriert auf das zu Sagende – von der Erwartung eines Verstehens. Das Publikum wird für die bereitgestellte Stille durch sorgfältig auseinandergelegte und gut gegliederte Argumente entgolten. Während ein stimmgewaltiger Vortrag das Sprechen selbst mit dem fixierten Bild eines Gesichtes verbindet und damit so etwas wie ein Idol der zwingenden Rede hervorbringt, sind Foucaults Vorlesungen eher in die Zeit gestreckte und in die Abwechslung investierte Redestücke, aus denen sich keine fixierte Vorstellung abstrahieren lässt. Als mediales Format ähneln sie eher den Gesprächsfilmen, die Jean-Paul Sartre und Gilles Deleuze zum Philosophieren nutzten. Für Foucault existieren für die Zeit ab 1970, wenn er Vorlesungen hält – nicht nur in Paris, sondern weltweit – keine solchen im Film festgehaltenen Selbstdarstellungen.[25] Foucault gibt häufiger Interviews, die in der

---

[25] Sartre. Ein Film von Alexandre Astruc und Michel Contat, Reinbek bei Hamburg 1978 [Textfassung eines Films von 1976]; Pierre-André Boutang: L'Abécédaire de Gilles Deleuze, gedreht 1988-1989, veröffentlicht im Fernsehen und auf DVD ab 1995; Eine kleine Anzahl an gefilmten Interventionen Foucaults seit 1966 bietet das »Institut national de l'audiovisuel«, siehe

Regel jedoch nur gedruckt veröffentlicht werden.[26] Er ist ein Purist der reinen Vorlesung.

Um Foucault im Hörsaal zu charakterisieren, sollte man sich klarmachen, dass er diese Form der Rede vor Publikum nicht dauerhaft liebt, ja öfter damit aufhören will. Als das Foto von Roland Barthes im Hörsaal des Collège de France geschossen wurde, befindet sich Foucault im Freisemester – dem einzigen, das er nimmt. Mit Ausnahme des Frühjahrs 1977 hat er 13 Jahre lang vorgetragen. Für Foucault sind die Vorlesungen ein nicht nur von Publikationsinteressen freies, vielmehr aus sich heraus selbständiges Unternehmen. Darauf weist auch seine liberale Praxis beim Umgang mit den hörerseitig gemachten Bandaufnahmen hin. Foucault wendet sich in dieser Sache 1982 direkt an sein Publikum:

> »Ich habe den Eindruck, dass doch eine Reihe von Leuten die Vorlesungen aufzeichnen. Das ist gut so, denn das gehört zu den Grundrechten. Die Vorlesungen hier sind öffentlich. Nun sind Sie möglicherweise der Auffassung, alle meine Vorlesungen lägen schriftlich vor. Das ist weniger der Fall, als Sie glauben, und ich habe keine Nachschrift, nicht einmal eine Aufzeichnung. Aber ich bräuchte so etwas. Wenn also unter Ihnen zufällig jemand ist (oder von jemandem weiß), der entweder Aufzeichnungen oder Nachschriften hat – ich glaube, es ist ein Herr Lagrange hier – und so freundlich ist, mir das zu sagen, das könnte mir eine große Hilfe sein. Das betrifft vor allem die letzten vier, fünf Jahre.« (1982: 482)

Es gibt einen Vorfall, der Foucaults großzügigen Umgang mit der Tatsache belegt, dass seine Vorlesungen auch jenseits des Hörsaals in Umlauf

---

https://www.ina.fr/recherche?q=Foucault; Drei Fernsehaufnahmen mit Gesprächen und Podiumsdiskussionsteilnahmen Foucault aus dem Jahr 1965 bietet auch die Plattform Gallica (>Videos) der französischen Nationalbibliothek: https://gallica.bnf.fr/

[26] Bibliographisch sind ca. 120 Interviews aus dem Zeitraum 1970-1984 erfasst; vgl. https://foucault.info/bibliography/

sind: 1983 werden Textmitschnitte aus seinen Vorlesungen in das Buch *Histoire du temps* des Präsidentenberaters Jacques Attali eingefügt, ohne Nachweis. Die Affäre um dieses und andere Plagiate seiner Vorlesungen hat Foucault wie folgt kommentiert: »Ich gebe jede Woche Vorlesungen an einer öffentlichen Einrichtung. Es ist unvermeidlich, dass sie zirkulieren.« (DE IV: 499) Zur selben Angelegenheit sagt er im Gespräch mit Didier Eribon: »Man muss halt nur, und zwar deutlich, bezeichnen, welche Beziehung man zwischen der eigenen Arbeit und der Arbeit der anderen herstellt. [...] Die Art Arbeit, die ich ansprach, ist vor allem ein Experiment – ein Experiment, um die Geschichte dessen zu denken, was wir sind.« (DE IV: 501)

Über die Zwänge der Vorlesung beklagt sich Foucault von Anfang an eher nebenbei. Ab dem Jahr 1976 thematisiert er sie im Vortrag, noch einmal verstärkt ab 1980. Foucault irritieren zu viele Anwesende, die ein gemeinsames Arbeiten unmöglich machen:

> »Man hat uns dazu verpflichtet, uns um halb fünf Uhr hier einzufinden ... und ich stand vor einem Auditorium von Leuten, mit denen ich strenggenommen nichts zu tun hatte, da sich ein Teil, wenn nicht die Hälfte des Auditoriums in einem anderen Raum befand, um über Mikrophon mitzukriegen, wovon ich gerade sprach. Das ergab noch nicht mal ein Spektakel – da man sich ja nicht sah. Es war aber noch aus einem anderen Grund eine Sackgasse. Für mich – ich sage es Ihnen ganz offen – war die Tatsache, jeden Mittwochabend diesen Zirkus veranstalten zu müssen, ein wahrer, wie soll ich sagen, ... Opfergang ist zu viel gesagt, Ärgernis ist zu schwach. Es hatte etwas von beidem.« (1976: 14)

Das sind deutliche Worte, die umso schwerer wiegen, als sie aus dem Zusammenhang einer Einführung genommen sind, die auf die ersten fünf Jahre Vorlesungstätigkeit zurückblickt. Foucault spricht hier, im Januar 1976, zum ersten Mal morgens zu seiner Zuhörerschaft. Er hat seine Vorlesung verlegt, eben um den Andrang am Mittwochnachmittag zu beenden und hofft, dann weniger Menschen um sich zu haben. (Es hat wohl nicht funktioniert.) Klarerweise will Foucault von einer Lehrveranstaltung mehr und anderes, eben weil er in einer der Forschung gewidmeten Einrichtung wie dem Collège de France arbeitet und sich mehr zutraut als das, wozu er sich gezwungen fühlt: Forschungsergebnisse vortragen. Er will eher dies:

> »Es wäre doch wirklich nicht schlecht, wenn man sich zu dreißigst oder vierzigst in einem Raum zusammenfinden könnte: Ich könnte Ihnen dann in etwa das von mir Untersuchte vorstellen und zugleich Kontakt zu Ihnen halten, mit Ihnen sprechen, auf Ihre Fragen antworten und mehr oder weniger die Austausch- und Kontaktmöglichkeiten wiederbeleben, die mit einer normalen Forschungs- und Unterrichtspraxis verbunden sind.« (1976: 14-15)

Was Foucault auch später explizit fordert, ist eine Lehrveranstaltung mit der Möglichkeit von Rückmeldungen und Diskussionen. (1983: 15) Er will mehr als ein Publikum für das Spektakel seiner Rede, mehr als Zuhörer für das, was er zu sagen hat. Er will etwas, was ihm das Collège de France nicht geben kann, weshalb er sich – je später, desto deutlicher – über den von der Administration der Einrichtung ausgehenden Zwang beschwert. Anfang 1984 sagt er seinen Zuhörern:

> »Die Professoren am Collège haben die Pflicht, in diesen öffentlichen Vorlesungen regelmäßig ihre Forschungsergebnisse mitzuteilen. Dieses Prinzip stellt jedoch ein Problem dar und wirft eine Reihe von Schwierigkeiten auf, da die Forschungsarbeit, die man leisten kann – vor allem zu solchen Fragen, wie jenen, die ich früher behandelt habe und auf die ich jetzt zurückkommen möchte, d. h. die Analyse bestimmter Praktiken und Institutionen in der modernen Gesellschaft –, immer mehr zu einem kollektiven Projekt wird, das sich natürlich nur in Form eines geschlossenen Seminars verwirklichen lässt und nicht in einem Vorlesungssaal wie diesem hier und mit einem so großen Publikum. Ich verhehle Ihnen nicht, dass ich die Frage stellen werde, ob es möglich ist, d. h., ob es von der Institution akzeptiert werden kann, die Arbeit, die ich hier vorstelle, zwischen öffentlichen Vorlesungen – die, ich wieder-

> hole es, zu meinen Verpflichtungen und zu Ihren Rechten gehören – und Veranstaltungen aufzuteilen, die auf kleine Arbeitsgruppen beschränkt wären, welche eine gewisse Zahl von Studenten oder Forschern enthielten, die eine größere Spezialisierung im Hinblick auf die jeweils zu erforschende Frage aufwiesen. Die öffentlichen Vorlesungen wären gewissermaßen die exotischere Version der etwas esoterischeren Gruppenarbeit. Jedenfalls weiß ich noch nicht, wie viele öffentliche Vorlesungen ich halten werde und bis wann ich sie halten werde. Wenn Sie wollen, nehmen wir das also in Angriff, und dann wird man schon sehen.« (1984: 14)

Die hier geäußerte Unzufriedenheit mit seiner Vorlesungssituation konnte durch den wenig später eingetretenen Tod Foucaults keine neue Entwicklung anstoßen: Vielleicht hätte er anderswo die »etwas esoterischere Gruppenarbeit« realisiert, die ihm vorschwebte. Einmal spricht Foucault eine solche Vision aus und lädt seine Zuhörer ein,

> »wenn Sie wollen, gegen viertel vor zwölf im Hörsaal 5, der geöffnet sein wird. Wir werden versuchen, ein kleines Treffen zur ersten Kontaktaufnahme zu veranstalten, damit wir jenseits der Vorlesung Fragen und Antworten austauschen und dem Ganzen den theatralischen Charakter etwas nehmen können.« (1983: 131)

Bei aller manifesten Unzufriedenheit mit der Vorlesungsform darf man jedoch nicht verkennen, dass Foucault sich seiner Zuhörerschaft eng verbunden fühlt und das auch zeigt. Eine große Anzahl an Entschuldigungen durchzieht seinen Vortrag und unterstreicht indirekt die Haltung der Obligation, die er gegenüber der Zuhörerschaft empfindet. Foucault hat zu keinem Zeitpunkt die Anwesenheit des Publikums für gegeben gehalten, selbst wenn er darunter litt, dass es so viele waren. Die Tatsache, dass er relativ häufig – durchaus wegen Kleinigkeiten – in den Saal hinein um Entschuldigung bittet, hebt ihn ab von den Floskeln, die vom Katheder herab oft und ähnlich gesprochen werden, und nähert sich dem Ethos einer Selbstverpflichtung, wie es beispielsweise auch von Ludwig Wittgenstein bekannt ist, der sich durchgängig und manchmal regelrecht verzweifelt entschuldigte.[27] Bei Foucault lauten die entsprechenden Bitten wie folgt:

> »Ich möchte Sie um fünf weitere Minuten bitten, um etwas hinzuzufügen, und Sie werden vielleicht verstehen warum.« (1978: 116) »Nun gut, ich habe die Sache ein bisschen zu sehr in die Länge gezogen, verzeihen Sie mir.« (1978: 442) »Ich möchte Sie um Entschuldigung bitten, weil ich heute noch ein bisschen konfuser sein werde als üblich. Ich habe die Grippe, es geht nicht sehr gut.« (1978: 173) »Gut, hören Sie, da ich wirklich vollkommen kaputt bin, werde ich mich da nicht hineinstürzen, ich möchte Sie bitten, dass wir jetzt innehalten. Ich bin wirklich zu müde.« (1978: 193) »Wenn ich Zeit habe, komme ich das nächste Mal vielleicht darauf zurück.« (1980: 24) »Noch ein paar Worte, wenn Sie mir nur fünf, sechs Minuten geben.« (1981: 127) »Zwei, drei Worte noch, denn trotz aller guten Vorsätze und der strikten Zeiteinteilung habe ich die Stunde nicht so, wie ich es zu tun hoffte, eingehalten.« (1982: 46) »Ich hätte Ihnen gern noch etwas anderes gesagt, aber jetzt ist es zu spät dafür.« (1982: 211) »Nun, wenn Sie wollen, machen wir eine Pause von fünf oder zehn Minuten, weil die einen von Ihnen vielleicht müde vom Hören sind, während die anderen vom Nichthören müde sind, die einen vom Sitzen, die anderen vom Stehen, während ich es jedenfalls vom Sprechen bin. Und dann treffen wir uns gleich wieder, einverstanden? Ich werde versuchen, gegen viertel nach elf aufzuhören. Danke.« (1984: 37)

Entschuldigungen dieser Art sind unter Professorinnen und Professoren nicht ungewöhnlich, in der Foucault'schen Insistenz machen sie gleichwohl deutlich, dass er sich als Vortragender bewusst ist, dass das Publikum ihn fordert und er ihm Rechenschaft schuldet. Besser noch tritt die von Foucault gewünschte Interaktion hervor, wenn er selber auf das

[27] Vgl. Jonathan Rée: Witcraft. The invention of philosophy in English, London 2019, S. 560-567, 596-603.

Publikum zugeht. Er lässt auch gelegentlich Fragen zu, zunächst schriftlich oder abseits der Vorlesung:

> »In den letzten beiden Wochen wurden zahlreiche Fragen oder Einwände an mich herangetragen, in schriftlicher und mündlicher Form. Ich würde gerne darüber mit Ihnen diskutieren, aber in diesem Raum und Klima ist das schwierig. Wenn Sie Fragen haben, können Sie aber nach der Vorlesung in jedem Fall in mein Büro kommen.« (1976: 105)

Ein andermal fragt er, ob es Seminarteilnehmer gebe, die ihm bis zur nächsten Vorlesung eine Frage stellen könnten, und zwar schriftlich. (1979: 213) In späteren Vorlesungen integriert er Fragen, wie beispielsweise im Januar 1982: »Ich bin bereit und will versuchen, in einem Teil der Stunde auf Fragen zu antworten, wenn Sie welche haben. Sie sagen mir später Bescheid.« (1982: 94) Im Protokoll der Vorlesungsstunde aus dem Februar desselben Jahres ist tatsächlich ein Dialog Foucaults mit einem Fragesteller aus dem Auditorium überliefert, dann fügt Foucault hinzu:

> »Ich versuche, Material einzubringen bzw. Hinweise zu geben, die normalerweise in einer Vorlesung nicht ihren Platz haben. Ich würde das hier durchaus gern etwas seminarähnlicher gestalten. Allerdings beinhaltet ein Seminar, dass es Reaktionen oder Fragen bzw. Fragen und Antworten gibt. Möchte jetzt zum Beispiel jemand Fragen stellen?« (1982: 238)

Im selben Zyklus sagt er: »Ich versuche, schnell zu Ende zu kommen, und dann können Sie Fragen stellen.« (1982: 482) Im Folgejahr ist die Bemerkung festgehalten: »Ich antworte auf diesen Einwand erstens, weil ich es sehr mag, wenn mir Einwände gemacht werden. Das ist sehr schön.« (1983: 240) Etwas später wird der Zwischenruf des Hörers protokolliert, von dem wohl der Einwand kam, und der nun in den Raum ruft, dass er mit den Ausführungen von Foucault zufrieden sei. (1983: 241) Foucault schlägt weiterhin vor, Diskussionen an die Vorlesung anzuschließen. Im letzten Vorlesungszyklus bietet er sogar an, einen Kaffee trinken zu gehen, um auf Fragen zu antworten, die in der knappen Zeit der Vorlesungsstunde nicht mehr gestellt werden konnten. (1984: 52) Gegen Ende dieses Vorlesungszyklus reagiert Foucault auf den Brief einer Hörerin, die sich anonym gemeldet hatte, und führt etwas in Reaktion darauf aus, um so zu enden: »Darin besteht nun die kurze Antwort auf diesen Brief, eine Antwort, die einfach die Form eines Versprechens hat, wobei ich mir nicht einmal sicher bin, ob ich es auch halten kann.« (1984: 252)

Bezeichnend ist Foucaults Wort von der »Mittwochversammlung« oder den »Mittwochgesprächen« (1976: 13, 15) für seine Vorlesungen. Vielleicht steht bei diesem Ausdruck die »Mittwochsgesellschaft« aufklärerischer Geister aus dem Berlin des 18. Jahrhunderts Pate, und vielleicht hat Foucault daran erinnern wollen, dass in dieser Gesellschaft die Frage »Was ist Aufklärung?« kontrovers diskutiert wurde. Er selbst befasst sich mit der berühmt gewordenen Antwortschrift Immanuel Kants in seiner Vorlesung von 1983. Vermutlich aber dient der Ausdruck vornehmlich dazu, die Zusammenkunft im Hörsaal anders denn als eine Veranstaltung zur Wissensvermittlung zu bezeichnen, sie vielmehr als Zusammenkunft von Forschenden auszuzeichnen:

> »Ich betrachte diese Mittwochversammlungen folglich nicht als Lehrveranstaltungen, sondern eher als eine Art öffentlichen Rechenschaftsbericht über eine Arbeit, die man mich im Übrigen mehr oder weniger nach meinem Gutdünken verrichten lässt.« (1976: 13)

Später richtet Foucault seine Vorlesung tatsächlich noch stärker am Publikum aus, entwickelt diesem gegenüber noch mehr Mühe, indem er sie ab 1982 zweistündig anlegt und das so erläutert:

> »In diesem Jahr möchte ich folgendermaßen verfahren: Ich werde eine zweistündige Vorlesung von 9.15 bis 11.15 Uhr halten, die ich nach einer Stunde für ein paar Minuten unterbreche, damit Sie

> sich etwas ausruhen oder, falls Sie sich langweilen, gehen können und um auch mir eine kleine Pause zu gönnen. Ich werde, soweit möglich, versuchen, die beiden Vorlesungsstunden unterschiedlich zu gestalten und in der ersten Stunde oder zumindest in einer der beiden Stunden ein eher theoretisch und eher allgemein gehaltenes Exposé vorzutragen und in der anderen mehr oder weniger textexegetisch zu verfahren, wobei die Hindernisse und Nachteile der hiesigen Umstände in Kauf genommen werden müssen. Wir können hier keine Texte verteilen, da wir nicht wissen, wie viele Sie sind, usw. Wir werden sehen, was sich machen lässt. Funktioniert das nicht, suchen wir, im nächsten Jahr oder sogar noch in diesem Jahr, eine andere Lösung zu finden. Stört es Sie sehr, um 9.15 Uhr zu kommen? Nein? Es geht? Dann sind Sie besser dran als ich.« (1982: 15)

1984 äußert Foucault seinen Unmut darüber, kein Seminar veranstalten zu dürfen. Tatsächlich laufen seine Forderungen nach einer anderen Kommunikationsform schon länger darauf hinaus, die öffentliche Vorlesung durch eine geschlossene Veranstaltung zu ersetzen oder dahingehend zu transformieren:

> »Daher möchte ich das Recht erhalten, die Lehre in zwei Teile aufzuspalten: eine öffentliche Lehre, die den Statuten entspricht; aber auch eine Lehre oder eine Untersuchung in einer geschlossenen Gruppe, was mir die Bedingung dafür zu sein scheint, die öffentliche Lehre halten oder zumindest auf dem neuesten Stand halten zu können.« (1984: 52)

Foucault klagt »institutionelle Unterstützung« ein und bekommt sie verwehrt: Er darf nicht selber sein Auditorium begrenzen, indem er Teilnahmebedingungen einführt. Das wäre ein an Universitäten zulässiges Vorgehen, nicht jedoch am Collège de France. Foucault wiederholt seine Beschwerde im Hörsaal nochmals gegen Ende der Vorlesungsreihe 1984:

»Aber – verzeihen Sie bitte, dass ich mich noch einmal beklage – es ist klar, dass ich diese Dinge selbst noch nicht analysiert habe, dass es interessant wäre, sie in einer Arbeitsgruppe, in einem Seminar zu untersuchen und darüber diskutieren zu können. Nein, ich bin im Augenblick nicht in der Lage – vielleicht werde ich es eines Tages sein, vielleicht nie –, eine ordentliche Vorlesung über dieses Thema des wahren Lebens zu halten. Ich möchte Ihnen bloß ein paar Skizzen und einige Grundzüge angeben. Wenn es unter Ihnen Leute gibt, die sich für dieses Problem interessieren, nun, dann mögen sie es genauer studieren.« (1984: 215)

Angekommen beim Thema des wahren Lebens, wird die Hörsaalsituation grotesk: Das kann man nachempfinden. Worte allein wiegen nicht viel, wenn der Anspruch auf eine Verbindung von Handeln und Wissen geht. Foucault freut sich auf gemeinsame Unternehmungen und wirbt dafür: »Was ich Ihnen jetzt vorschlagen werde, ist nichts weiter als ein Spaziergang, ein Exkurs, eine Irrfahrt.« (1984: 233) Sein Tod wenige Monate nach diesen Sätzen verhinderte auch dies: Dass Foucault eine Form des gemeinsamen Philosophierens aus der Vorlesung heraus und über diese hinaus entwickelt hätte.

Bleibt die Frage, was es mit den tatsächlich von Foucault angebotenen Seminaren auf sich hat, die er von Anfang an neben den Vorlesungen anbot. Aber hier gibt Foucault dieselbe Auskunft über seine Montagsseminare wie über seine Mittwochsvorlesung: Es hat nicht funktioniert, weil es nicht funktionieren konnte, mit zu vielen im Raum:

»Sie wissen, nun diejenigen unter Ihnen, die regelmäßig kommen, wissen, dass dieses Seminar immer Schwierigkeiten aufwirft. Ein Seminar ist normalerweise etwas, wo man zu zehn, zwanzig oder dreißig Personen arbeiten kann. Es ändert sein Wesen und folglich seinen Gegenstand und seine Form ab dem Moment, wo 80 oder 100 Leute kommen. Ich möchte also einen kleinen Hinweis für jene geben, die sich nicht wirklich vom Thema angesprochen fühlen, nämlich dass sie doch ..., gut.« (1979: 212)

Foucault hat ab dem Folgejahr 1980 keine Seminare mehr angeboten und versucht, durch Erweiterung der Vorlesungszeiten die entsprechende Energie zu konservieren oder zu transformieren. Bekanntlich hat er das Ziel der kleinen Zahl nicht erreicht.

Bis auf geringe Ausnahmen ist eine Vorlesung ein Monolog. Worauf Foucaults Klagen verweisen und was seine Distanzierung zur Form andeutet, ist das Imaginäre dieses Monologs, der ein Dialog sein will. Das ist keine Täuschung, keine Selbsttäuschung und auch kein rhetorischer Trick, der aus dem einstimmigen Sprechen ein mehrstimmiges macht, indem er Zwiegespräche vorbringt oder einbaut. Die Humanisten und Pädagogen vieler Epochen haben versucht, das Lernen als Gespräch zu inszenieren. Foucaults Vorlesungen konstituieren die Mittwochversammlung im Klangkörper des Raumes, den er mit seiner Zuhörerschaft teilt, und der als Raum des Sprechens und Hörens der Hörsaal ist, der darüber hinaus als Raum geteilter Erfahrungen nicht kleiner als die zeitgenössische Gesellschaft gedacht werden kann.

Dieses Imaginäre ist ungeteilt: Der Redner antizipiert die Fragen aus der Zeitgenossenschaft heraus, die Zuhörer beziehen das Gesagte auf ihre eigene Situation. Beide denken sich aus dem zufälligen Raum der aktuellen Begegnung heraus, suchen ein Dazwischensein im wörtlichen Sinne, ein Sowohl-als-Auch im Denken und Leben.

Was ist Geschichte? Die »denkende Betrachtung derselben« forderte Hegel in einer Vorlesung zum Thema[28] und machte damit das Interesse an den Vorlesungen klar: Es gilt dem Denkstoff, der durch den mündlichen Vortrag seine philosophische Bedeutung erhält und nicht schon mitgebracht wird. Diese Offenheit für eine Philosophie der Welt führte eine weit über die Studenten erweiterte Hörerschaft zu Hegel. Mit ihm entstand die Figur eines im Mündlichen mächtigen Redners, der seine Philosophie so in Worte kleidete, dass er damit ein größeres Publikum ansprach. Das Phänomen

---

[28] Georg Wilhelm Friedrich Hegel: Vorlesungen zur Philosophie der Geschichte [1837], in ders.: Werke, Bd. 12, Frankfurt am Main 1970, S. S. 20, vgl. S. 557.

existierte in der ersten Hälfte des 19. Jahrhunderts auch in London, wo Samuel Taylor Coleridge philosophische Vorlesungen anbot, und in Paris, wo Victor Cousin vortrug, beide für ein allgemeines Publikum.[29]

Michel Foucault hatte ebenfalls mehr Zuhörer als nur akademisch interessierte Hörer. Sein Freund und Kollege am Collège de France, Paul Veyne, hat diesbezügliche Erinnerungen: »Die Vorlesungen Foucaults im Collège de France waren eine Massenattraktion, wie seinerzeit die von Bergson. Der Hörsaal war überfüllt, die Leute saßen, standen, manche lagen sogar, sie nutzten sämtliche Sitzgelegenheiten, hockten sogar auf den Treppenstufen. Bekannte Persönlichkeiten fanden sich ein, Theaterleute, ein ehemaliger Sekretär Stalins. Während der Vorlesung klapperten die Tonbandgeräte (die Kassetten der Vorlesungen wurden unter der Hand gehandelt). Pierre Nora und ich selbst waren anwesend, saßen brav Seite an Seite und dachten nach über das, was wir hörten.«[30]

Man wird keine genaueren Spuren dessen finden können, was hier Nachdenken heißt. Und doch muss man sich den Raum zwischen dem Gesagten und dem Gehörten als offen und unbestimmt vorstellen, als imaginär und unendlich, wenn der Vortrag, wenn das darin artikulierte Gespräch als philosophisch gelten soll.

---

[29] Ulrich Johannes Schneider: Philosophie und Universität. Historisierung der Vernunft im 19. Jahrhundert, Hamburg 1999, S. 151-246.

[30] Paul Veyne: Foucault. Der Philosoph als Samurai [2008], Stuttgart 2009, S. 177; Veyne mischt wohl Eindrücke späterer Vorlesungen mit denen der Antrittsvorlesung, bei denen vermutlich keine Kassettenrekorder erlaubt waren. Vgl. eine ähnliche Schilderung der Antrittsvorlesung durch Pierre Daix: Michel Foucault am Collège de France. In: Denken und Existenz bei Michel Foucault, hg. v. Wilhelm Schmid, Frankfurt am Main 1991, S. 67-70, S. 68 zur Antrittsvorlesung am 2.12.1970.

5. DAS VORLESEN UND SEINE VORBEREITUNG

Zwischen Redner und Zuhörerschaft schiebt sich im Hörsaal ein Tisch. Foucault nutzt kein Pult und steht nicht. Zusammen mit dem Mikrophon ist der Tisch ein vermittelndes und zugleich trennendes Element in der direkten Beziehung zwischen Sprechen und Hören. Als Element im Raum gehört der Tisch – auf dem Podium situiert – hauptsächlich dem Redner und bildet eine Barriere, die viel vom Körper des Redners verdeckt. Der Tisch ist für den Redner nützlich: er erlaubt es, ein Mikrophon zu platzieren, daneben ein Glas und eine Wasserkaraffe. Er ist langgestreckt und eignet sich dafür, auch andere Dinge abzulegen wie Taschen und mitgebrachte Dinge. Er wird ebenfalls dazu genutzt, das Manuskript zu tragen.

Foucault hat seine Vorlesungen vorgeschrieben. Die über 5.200 in der Bibliothèque Nationale aufbewahrten Manuskriptseiten ergeben einen Durchschnitt von 400 Seiten pro Vorlesungszyklus und einen Durchschnitt von 34 Manuskriptseiten pro Sitzung.[31] Diese bringt der Dozent in den Hörsaal mit und legt sie auf den Tisch. Aus diesen Seiten wird das Sprechen für die Zuhörerschaft erzeugt, sie steuern den Diskurs des Philosophen, geben ihm Realität als zeitlich begrenzten, mündlichen Ausdruck einer Rede, die vor allem deshalb eine Vorlage erfordert, weil sie vor Publikum bestehen können, weil sie einen Anfang, eine Mitte und ein Ende haben muss.

Foucaults Manuskriptseiten bieten eine Mischung aus Gliederungen, Notizen, Stichwörtern und ausformulierten Sätzen, nicht unähnlich Manuskripten anderer Philosophen. Im Deutschen Literaturarchiv in Marbach findet man etwa die Karteikarten von Hans Blumenberg, der darauf Zitate und eigene Sätze notierte und so gewissermaßen ein modulares System von Aussagen für die Zusammenstellung von Vorlesungen, aber auch von Publikationen entwickelt hat. Ganz anders gestaltet sind die ausführlichen handschriftlichen

[31] Nicht immer sind alle Manuskripte aller Vorlesungen erhalten. Der Herausgeber Michel Senellart verweist darauf, dass für mehrere Vorlesungsstunden von 1980 kein Manuskript vorliegt (1980: 471-472).

Ausführungen Martin Heideggers, der seine Vorlesungsvorbereitung eher in ganzen Sätzen niederlegte.[32] Aus den publizierten Vorlesungen Theodor W. Adornos wiederum ist bekannt, dass dessen schriftliche Notizen gesprochen und auf Tonband gebannt etwa zehn Mal mehr Text ergeben.[33] Dieses Verhältnis könnte auch für Foucaults Technik zutreffen, was genauer aber erst eine Edition der Manuskripte zusammen mit den Transkriptionen zeigen könnte. Die Mehrheit der akademisch lehrenden Philosophen kennt die eine oder andere Form einer handschriftlichen Stütze für den Vortrag. Nur Ludwig Wittgenstein und Hans-Georg Gadamer sind nur mit Notizzetteln im Hörsaal ausgekommen; sie redeten frei.

Das Manuskript auf dem Tisch im Hörsaal ist etwas dorthin Mitgebrachtes, etwas von einem anderen Tisch Hertransportiertes. Der Tisch im Hörsaal spiegelt den Tisch in Foucaults Wohnung in der Rue de Vaugirard; die handgeschriebenen Seiten sind dort entstanden, um hier in Funktion zu treten. Foucault schrieb alle seine Texte zuhause, auch die Vorlesungsmanuskripte.[34] Um das am heimischen Schreibtisch verfertigte Manuskript in eine gesprochene Rede zu verwandeln, muss es den Tisch wechseln; es verändert damit seine Situation und seinen Charakter. Im Hörsaal ist das Manuskript Weg und Geländer für das Sprechen: Was darin steht, kann ausgesagt werden, was darin fehlt, eher nicht. Die Anstrengungen des Vortrags erlauben keine größeren Abschweifungen von dem, was vorgeschrieben ist, Digres-

---

[32] Vgl. das Vorlesungsmanuskript von Martin Heidegger: »Entwürfe zur Vorlesung über die Grundbegriffe der antiken Philosophie«, große Bögen über A4, ca. 38 cm lang, ca. 152 Blatt, ohne Datum, Deutsches Literaturarchiv Marbach Nr. 75.7052, HS008274324; vgl. Gesamtausgabe Bd. 22.

[33] Vgl. Theodor W. Adorno: Vorlesungen über Negative Dialektik, Frankfurt am Main 2003, S. 7-158.

[34] Eine Aufnahme von Foucault an seinem heimischen (rechteckigen) Schreibtisch voller Mappen unterschiedlicher Dicke findet sich im Katalog einer 1985 realisierten Ausstellung: Michel Foucault. Eine Geschichte der Wahrheit, München 1987, S. 20; dort auch der (runde) Arbeitstisch von Foucault in der Bibliothek von Saulchoir, S. 27; dieses Foto wird jedoch auch als das seines heimischen Schreibtischs bezeichnet, vgl. den Bildteil in der Biographie von Eribon [FN 18] zwischen den Seiten 240 und 241.

sionen und Nebenbemerkungen eingeschlossen. Die Herausgeber der Vorlesungen bemerken, wo immer sie die Transkriptionen mit den Manuskripten vergleichen konnten, keine dramatischen Differenzen der Art, dass wesentlich mehr oder gar anderer Text gesprochen wird als konzipiert ist. Eher schon kommt es vor, dass Textteile des Manuskripts nicht zum Vortrag kommen.

Insgesamt weisen Foucaults handschriftliche Seiten nur wenige Korrekturen auf, die später als die erste Niederschrift datieren – erkennbar etwa an der Verwendung anderer Stifte – und darunter kaum solche, die während des Vortrags hätten entstanden sein können, etwa Fehlerverbesserungen. Foucaults Manuskripte sind wie Partituren einer Darbietung, die der Komponist selber umsetzt. Er vermag aus bloßen Notaten einen eigenen Text vor Publikum zu erzeugen. Welche Stärke diese Aufführung besitzt, kann man an gut den ersten beiden Vorlesungszyklen ablesen, die ohne Bandaufnahme der gesprochenen Stimme ediert wurden. Dort sieht man beispielsweise, dass das Manuskript stark gliedert, nach A, B und C, dass es von Zwischenüberschriften wie Einrückungen durchsetzt ist, was durch den Redner so niemals artikuliert wird. Er führt, um eine weitere musikalische Kategorie zu benutzen, seine Themen eng und lässt seine Melodien ineinander übergehen, wofür die schriftlichen Aufführungshinweise viel mehr als Binnengliederungen nicht hergeben.

Die Ausarbeitung einer Vorlesung geschieht in Phasen. Erster Schritt ist die offizielle Ankündigung einer Lehrveranstaltung im Veranstaltungsplan, mit Spezifizierung des Themas. Dem geht eine Inkubationszeit für die gesamte Vorlesungsidee voraus, die schlecht zu eruieren ist, auch weil Foucault seine handschriftlichen Notizen grundsätzlich nicht datiert. Der zweite Schritt ist die Ausarbeitung des Konzepts für jede einzelne Vorlesungsstunde; dies ist der Schritt der Entstehung eines Manuskripts. Dritter Schritt ist die publizierte »Zusammenfassung«, für das Collège de France Ausweis der professoralen Pflicht, für den Vortragenden Gelegenheit, seine Vorlesung im Rückblick zu umreißen.

Wenn man bei Foucault die Ankündigungen mit den gehaltenen Vorlesungen und den nachträglich dazu erstellten Zusammenfassungen abgleicht, werden Differenzen sichtbar. Das ist wenig verwunderlich, weil Vorlesungen in der bezeichneten Weise *work in progress* sind, und Konzepte sich bei der weiteren Entwicklung verändern. Wenn Foucault Ende März die letzten Sitzungen seiner Vorlesungen einleitet, sieht er sich nicht selten gezwungen einzuräumen, dass kein Ende erreicht sei, jedenfalls keines im Sinne des anfänglichen Vorhabens, dass seine Ausführungen, wie engmaschig auch immer präsentiert, nicht nur einen Faden gewebt haben. In der planmäßig letzten Vorlesungsstunde 1978 über *Sicherheit, Territorium, Bevölkerung* kündigt Foucault eine zusätzliche Sitzung an:

> »Nun gut, einerseits bin ich im Rückstand, aber nur eine Viertelstunde, andererseits bin ich noch lange nicht mit dem fertig, was ich Ihnen sagen wollte. Also [...] ich werde wohl nächste Woche am Mittwoch noch eine Vorlesung halten, wo ich im Ausgang von dieser allgemeinen Definition der Polizei versuchen werde zu sehen, wie sie kritisiert wurde, wie man sich von ihr im Laufe des 18. Jahrhunderts gelöst hat, wie die politische Ökonomie aus ihr entstehen konnte, wie sich das besondere Problem der Bevölkerung davon losgelöst hat, was dann wieder zu dem Problem ›Sicherheit und Bevölkerung‹ führen wird, über das ich letztes Mal gesprochen habe. Also, wenn Sie das nicht langweilt [...] Jedenfalls werde ich diese Vorlesung am Mittwoch halten. Da ohnehin niemand von Ihnen zur Teilnahme gezwungen ist, tun Sie also, was Sie wollen.« (1978: 472)

Dieser Ankündigung entsprechend folgt eine dreizehnte Vorlesungsstunde am 5. April, um das inhaltliche Konzept abzuarbeiten. Foucault ist am Schluss erleichtert: »Das ist alles, was ich Ihnen sagen wollte.« (1978: 513) Auch zu anderen Zeiten räumt er gelegentlich Nöte ein, beim Thema zu bleiben. Es gibt Exkurse wie 1974, als er plötzlich ankündigt, die Geschichte der Wahrheit erzählen zu wollen, was dann eine ganze Sitzung in Anspruch nimmt. (1974: 340-354) Es gibt Brüche und Themenwechsel, die nicht wieder rückgängig gemacht werden, wie

1979, als er eine Vorlesung über Biopolitik ankündigt, in der achten von zwölf Vorlesungsstunden jedoch zugeben muss:

> »Ich möchte Ihnen trotz allem versichern, dass ich zu Beginn die Absicht hatte, über Biopolitik zu sprechen, und dann habe ich, wie die Dinge sich eben entwickelten, am Ende lange, und vielleicht zu lange, über den Neoliberalismus gesprochen, und noch dazu über den Neoliberalismus in seiner deutschen Gestalt.« (1979: 260)

Foucault lässt sich vom Material, das er seinen Ausführungen zugrunde legt, auf Umwege führen; er zeigt im Nachdenken Veränderungsbereitschaft. Das wirkt für seine Zuhörerschaft durchaus faszinierend, weil hier ganz offenbar kein Programm ausgeführt wird, sondern Denken sich in Entwicklung zeigt. Dabei kann man zusehen bzw. zuhören. Wenn der Redner sich für dazwischengeschaltete Themen und Abschweifungen entschuldigt, ist das ein umso stärkerer Beweis für die Bewegung, die ihn beim Vortragen erfasst und trägt: »Was ich dieses Jahr tun wollte, war nichts anderes als ein kleines methodisches Experiment.« (1978: 513)

Das schätzt das Publikum: einen Denker, der seinen Weg erklärt oder zumindest kommentiert. In Foucaults Fall ist das einerseits nötig, weil tatsächlich im Gestrüpp der Textwirtschaft der rote Faden oft unkenntlich zu werden droht, andererseits wird jede nachgeschobene Erklärung als Zusammenfassung und Standortbestimmung verstanden und von der Zuhörerschaft dankbar angenommen. Veranlasst sind solche Verschiebungen – mitsamt den dadurch nötigen Hinweisen im Vortrag selbst – durch die Arbeitsweise Foucaults, der im mitgebrachten Manuskript zwar einerseits die Navigation für seinen Vortrag festlegt, die Reihenfolge der Abschnitte inhaltlich fixiert und den Fortgang des Vortrags antizipiert. Andererseits und zugleich navigiert er damit sich selbst und sein Publikum durch unterschiedliche Archivalien hindurch. Foucault erzählt im Hörsaal aus seinem eigenen Archiv.

Durch das Vorlesungsmanuskript wird dem beigeschafften Quellenmaterial eine bestimmte Anwesenheit und ein Zeitplan verordnet.

Foucault spricht nicht selten über große Komplexe – Strafgesellschaft, Psychiatrie und Delinquenz, Macht und Regierung, Disziplin und Gehorsam, Subjektivität und Wahrheit – und gewinnt mit seinen Vorlesungen die Reputation, solche Komplexe darstellen und erläutern zu können. Diese Fertigkeit jedoch erfordert eine Redaktion, d. h. den gliedernden Umgang mit dem herangezogenen Material. Beim Vortrag im Hörsaal kommt in der Regel nicht alles vollständig oder auch nur in größerer Ausführlichkeit zum Einsatz, vielmehr wird es dosiert und strukturiert. Weil dieses Manöver der Präsentation historisch-philosophischer Problemzonen eine mehrstufige Arbeit darstellt, schriftlich wie mündlich, geraten manche Ausführungen in den Vorlesungen länger als geplant. Anders gesagt: Foucaults Vorlesungen haben zwar immer ein Thema, werden aber getragen von Analysen, aus denen sich das Thema überhaupt erst ergibt, denen es nicht vorangestellt und für die es nicht vorab definiert werden kann.

Was das in den Hörsaal mitgebrachte Manuskript auszeichnet, ist bei Foucault mithin einerseits die am heimischen Schreibtisch komponierte Zusammenstellung derjenigen Überlegungen, die mündlich den Vortrag ausmachen sollen, andererseits jedoch sind es die in einem noch davor liegenden Schritt analysierten Komplexe der »Geschichte der Systeme des Denkens«, um den umschreibenden Titel von Foucaults Lehrstuhl zu verwenden. Der Tisch im Hörsaal verweist also, was das dort liegende Manuskript angeht, nicht nur auf den Schreibtisch zuhause, sondern auch auf die Tische in Bibliotheken und Archiven, an denen Foucault arbeitete – was bis in die 1950er Jahre zurückreicht. Wenn Foucault im Hörsaal zu sprechen beginnt, liegt nicht nur eine (möglicherweise kurze) Phase der gedanklichen Konzeptionierung hinter ihm, sondern auch eine (möglicherweise lange) Phase der intensiven Auseinandersetzung mit historischen Dokumenten und Zeugnissen. Was er am Schreibtisch zuhause konzipiert, entsteht aus einem Dialog mit den zahlreichen Dossiers, die nicht selten aus zeitlich und gedanklich früheren Recherchen stammen.

Wir wissen aus manchen Hinweisen, dass Foucault seine Vorlesungen Stunde für Stunde vorbereitet hat und insgesamt dreizehn Zyklen lang erfolgreich jeweils etwa zwölf Sitzungen aufeinander aufbaute und einander folgen ließ. Dieses Zeitmanagement ist aber nur möglich, weil im Hintergrund eine Jahre lang praktizierte Forschungsarbeit ausgebeutet wird. Wenn einmal die Archive von Foucaults Exzerpten und Notizen, wenn einmal alle seine angelegten Dossiers öffentlich zugänglich sein werden wie derzeit schon die Karteikarten mit Lektürenotizen[35], wird man diesen »Vorlauf« der Vorlesungen (wie auch der Bücher) besser einschätzen können. Im Zuge der Herausgabe der Vorlesungstranskriptionen waren die Herausgeber erst in den letzten Jahren in die Lage versetzt, dieses Archiv des Forschers Foucault zu verwenden.[36] (s. 1972: 312-315)

Was konnte das Publikum im Collège de France von Foucault erwarten? War es überhaupt möglich, sich auf die von ihm herbeizitierten Materialien vorzubereiten? Der Schriftsteller Foucault hat Auslegungen von Kunstwerken in seine Bücher eingebaut, abgelegene Literatur zitiert, was bis heute auf die Kunst-, Kultur- und Literaturwissenschaften wirkt.[37] Und doch verdankt sich sein Ruhm im Auditorium nicht originellen Einfällen zu Werken der Kunst-, Kultur- und Geistesgeschichte. Foucault überrascht vielmehr mit unvermutetem Quellenmaterial, das er in ausgedehnten Bibliotheks- und Archivstudien zusammengetragen hat. Hinter dem Vorleser Foucault muss man

---

[35] Die 14.000 Karteikarten mit Lektürenotizen Foucaults sind seit September 2020 online zugänglich unter http://eman-archives.org/Foucault-fiches/ und auf der Plattform Gallica der französischen Nationalbibliothek, wo auch ein Blog die Erschließung begleitet: https://gallica.bnf.fr/blog/recherche/?query=2679&mode=desktop; vgl. Philippe Artières, Jean-François Bert, Samantha Saidi: Archives d'un lecteur philosophe. Le traitement numérique des notes de Michel Foucault, in: Kodikologie und Paläographie im digitalen Zeitalter 2 hg. v. Franz Fischer, Christiane Fritze, Georg Vogeler, Norderstedt 2011, S. 375-395.

[36] Vgl. Hinweise der Herausgeber der zweibändigen Dünndruck-Werkausgabe (in der Reihe *Pléiade*) auf die Dossiers in: Michel Foucault: *Oeuvres*, 2 Bände, Paris 2015, Bd. I, S. 1593-1594.

[37] Vgl. Handbuch Foucault, hg. von Clemens Kammler, Rolf Parr, Ulrich Johannes Schneider, 2. Auflage, Stuttgart 2020, S. 376-384, 415-423, 495-498 (Achim Geisenhanslüke: Literaturwissenschaften, Markus Stauff: Cultural Studies, Steffen Siegel: Kunst- und Bildwissenschaften).

sich eine ganze Wand voller Dossiers mit eigenhändigen Exzerpten vorstellen. Die schiere Menge der Textzeugen früherer Jahrhunderte, die Foucault im Vortrag wie in Publikationen anführt, ist vor diesem Hintergrund wenig erstaunlich; es sind aber hauptsächlich die Vorlesungen, deren Vortrag aus dieser forschungsgesteuerten Lektüre heraus regiert werden.

Die Zuhörer machen früh schon entsprechende Erfahrungen in Foucaults Vorlesung *Theorien und Institutionen der Strafe*. Sein Beispiel sind hier die französischen Volksaufstände des 17. Jahrhunderts. Das Interesse daran steht im Zusammenhang damit, dass Foucault dem Problem der Macht auf die Spur kommen will. Die traditionelle Geschichtsschreibung hat diese Aufstände in der französischen Provinz als Empörung aus Hunger und Wut gegen die Steuer verstanden und damit erklärt. Bei seiner Beschäftigung mit dem Aufstand der »Barfüsser« macht Foucault bereits in der ersten Vorlesungsstunde klar, dass es ihm nicht um die Nacherzählung einer alten Rebellion geht. Das haben frühere Historiker erledigt, als sie diese zur bloßen Episode der Geschichte Frankreichs machten und etwa so schilderten: »Die Aufrührer nannten sich zur Bezeichnung ihres elenden Zustandes Barfüßer (nu-pieds), führten ein Siegel mit zwei nackten Füßen, erließen Befehle und Verordnungen unter dem Namen des Generals Jean Nu-pieds, einer fingierten Person, ermordeten Finanzpächter und Finanzbeamte und plünderten die Häuser derselben.«[38]

Foucault sagt, wenn es darum gehe zu erklären, wie und warum der Aufstand niedergeschlagen wurde, er nicht an kausalen Erklärungen interessiert sei, sondern allein an den Mechanismen der Machtausübung. Die Feststellung der Macht allein, die sich durchsetzt, reicht ihm nicht aus: Exzessive Macht zu brandmarken, geht nicht tief genug, es müssen die Wunden der Unterlegenen mehr als diagnostiziert, sie müssen als Wirkung von Gewalt erfahrbar werden. Die-

38 Ernst Alexander Schmidt: Geschichte von Frankreich, Bd. 3, Hamburg 1846, S. 574. Vgl. eine frühere Darstellung von Johann Matthias Schröckh: Geschichte von Frankreich, als: Allgemeine Weltgeschichte von der Schöpfung bis auf gegenwärtige Zeit, Bd. 10, Theil 2, Leipzig 1771, S. 510-511 (»der Aufstand der Barfüssigen«).

ser Blick auf das Geschehen perspektiviert das 17. Jahrhundert und bringt zugleich Hörer im 20. Jahrhundert dazu, Macht im Alltag zu begreifen und mit eigenen Erfahrungen verbinden zu können.

Mit der Präsentation neuen Materials ist bei Foucault – durchgängig in den Vorlesungen – verbunden, dass er bekannte und anerkannte Sichtweisen nicht teilt. Das zeigt das Beispiel der Volksaufstände. Foucault schließt sich weder der Geschichtsschreibung an, für die die Niederschlagung der Barfüsseraufstände als Wiederherstellung des *status quo* gilt, noch der politischen Ansicht, die den Konflikt der steuereintreibenden Regierung mit der widerständischen Bevölkerung erkennt, ihn aber nur als Beispiel eines öfter und anderswo auftauchenden militärischen Einsatzes gegen die Ärmsten der Armen versteht. Foucaults Sichtweise ist eine gänzlich andere, weil sie in der Repression selbst kein monolithisches und unbewegliches System ausmacht, vielmehr eines, das sich dynamisch wandelt und sich anlässlich dieser Aufstände neu justiert: Die Macht – diese hier beobachtbare und aus den Schilderungen ihrer Ausübung heraus analysierbare Macht – beginnt, das feudale Straf- und Steuersystem zu vereinheitlichen. Durch die genaue Lektüre seiner Quellen lässt Foucault im Hörsaal das alte Gespenst eines identifizierbaren Machtzentrums verschwinden und windet zugleich damit den Begriff der Repression aus der Hand der Mächtigen; Repression wird im Laufe der Vorlesungen über die Aufstände des 17. Jahrhunderts immer stärker konturiert – nicht als Instrument, sondern als System: Repression selbst ist Machtausübung. Das gilt in verschiedener Weise:

> »Man versteht, dass es unter diesen Umständen nicht gereicht hätte, die Revolte in den Formen des bestehenden Rechts niederzuschlagen (so als würde es sich schlicht und einfach um Banditen handeln); es reichte auch nicht, das Rechtssystem zu ändern (so als würde es sich bloß um eine Ausnutzung, einen Missbrauch oder eine Umgehung des Gesetzes handeln). Die Repression musste sich gleichzeitig vollziehen: – als Rückeroberung eines Landes, das zum Feind geworden war, da dort eine andere Macht ausgeübt wurde; – als Wiederaneignung der Formen der Macht, da sie von

einer anderen Gesellschaftsschicht in Beschlag genommen worden waren; – schließlich als Umstrukturierung der Instanzen, in denen diese Macht traditionell ausgeübt wurde: da sie zugelassen hatten, dass ihnen die Macht, die sie ausübten, entglitt.« (1972: 53-54)

Man hört hier – erstens – Foucault als Historiker sprechen, der sein Publikum in die Vergangenheit bewegt, um den simplen Bildern der rezipierten Geschichtsschreibung zu entgehen. Seine Zuhörerschaft kann beim inszenierten Lesen der Quellen sozusagen mitgehen und gegenwärtig bleiben. Die hier und jetzt auf neue Weise versuchte historische Beschreibung vermag daher zugleich, die Vorgeschichte des gesellschaftlichen Heute zu erklären:

> »Man versteht so, dass das Repressionssystem, das (während der letzten 150 Jahre seiner Existenz) die Aufrechterhaltung der Feudalrente garantierte, zum Großteil (und mit vielen Modifikationen) vom Staatsapparat der bürgerlichen Gesellschaft übernommen werden konnte.« (1972: 72-73)

Man hört hier – zweitens – Foucault als politischen Denker sprechen, der durch eine gemeinsam in Schritten vollzogene Analyse das Publikum bei sich behält, wenn er historische Konstellationen machtanalytisch zu lesen beginnt. Foucault verschiebt im Hörsaal die Aufmerksamkeit darauf, was man kennt und zuvor dachte, auf das, was eben gerade zitiert und präsentiert wird. Es werden dann alle mit dem Kopf nicken, wenn es zusammenfassend heißt: »Das Wichtige ist im Grunde nicht, die Repression zu charakterisieren, sondern die Taktik zu analysieren, die dabei eingesetzt wurde.« (1972: 65)

Zeichen des Abrückens von gängigen Interpretationen und Darstellungsweisen ist Foucaults Bemühung, neue Begriffe zu bilden, die kurz und prägnant die Brücke von den analysierten Verhältnissen (in der Vergangenheit) zu den Aufgaben (in der Gegenwart) schlagen. So bekommt in den Vorlesungen 1972 die Machtanalyse Foucaults überraschend einen eigenen Namen; Foucault nennt nun seine Methode eine »Dynastik«. (1972: 74, 261) Der Ausdruck taucht, abgesehen von einer gesprächsweisen Erwähnung (DE II: 506), nur in den Vorlesungen 1972 und 1973 auf. Foucault entwickelt den Ausdruck – den er bald durch den der Genealogie erläutert und dann ersetzt – in der Auseinandersetzung mit den Volksaufständen und stellt damit das entscheidende Moment einer Fokusveränderung heraus: weg von der diskursanalytischen und hin auf die machtanalytische Ebene. So jedenfalls rechtfertigt er es in der Vorlesung des Folgejahres:

> »Bislang untersuchte man das Raster möglicher Ableitungen: zum Beispiel, wie sich innerhalb des theoretischen und praktischen Strafsystems das eine an das andere anschließt, seien es die Ideen, seien es die Institutionen. Jetzt geht es darum, herauszufinden, welche Machtverhältnisse das historische Auftreten von so etwas wie dem Gefängnis möglich gemacht haben. Nach einer archäologischen Analyse geht es nun darum, eine dynastische, genealogische Analyse vorzunehmen, die die Frage der Herkunft von den Machtbeziehungen aus stellt.« (1973: 122-123)

Was die »dynastische, genealogische Analyse« involviert, ist zunächst und zuvörderst eine Abwehr etablierter Deutungen, weil Foucault die Probleme früherer Gesellschaftsformationen nicht im Licht vorgegebener Narrative, sondern aus eigens verfolgten Spuren erkennen will.

Den unverstellten Blick und die gezielte Neugier, die ihn selbst in die Bibliotheken und Archive geführt haben, intensiviert Foucault vor Publikum im Hörsaal noch einmal und mit Nachdruck. Er braucht das Mittun und die Bereitschaft anzunehmen, dass er seine Ausführungen in philosophischer Absicht mit ganz unphilosophischen Texten verbindet. Dazu zählen so unterschiedliche Zeugen wie königliche Agenten (besonders der Steuer), Armeen und Ämter, Gefängnisse, Strafen, das Gerichtswesen, Richter, Parlamente (Rechtsprechungsorgane im Ancien Régime), Konfiszierungen, systematische Repressionen, der Staatsapparat insgesamt. Und wie sonst hätte er seinem Publikum ein Wissen versprechen können, das er aus so unterschiedlichen Tatsachen hebt wie Aufstände, Kriege, Kämpfe, Verbrechen, Delinquenz und Denunziation? In der Fülle derart komplexer und zugleich spannungsvoll ausgebreiteter Geschehnisse und Dokumente, in denen sich diese brechen, organisiert Foucault seine Analysen. Dafür investiert er in ein eigenes Archiv von beträchtlichem Umfang und nimmt darin zeitgenössische Denkschriften, Chroniken, Verwaltungsvorschriften, Gesetze, Erlasse, Sammlungen von Staatspapieren, Parlamentsreden, Polemiken, Predigten und gelegentlich auch schöne Literatur und Philosophie auf.

Nur also mit Hilfe des dritten Tischs, dem in Archiven und Bibliotheken, entwickelt Foucault seine in mehreren Vorlesungen ausgebaute Machtanalyse, erarbeitet er den Übergang von einer Repression als Machtausübung zu einer Repression durch die gesamte Staatsverwaltung. Nur aus der Schichtung und Durchleuchtung neu zusammengestellter Vorlagen kann in seiner Perspektive eine »juridisch-militärische Form des Staates« auftauchen, deren Beschreibung oder Definition nicht aus einem institutionellen Wesen und Wissen genommen wird, sondern aus dem Verhältnis der Herrschaft zu den Beherrschten. Und nur in einem derart arrangierten Blickfeld, ohne jegliche Verstellung durch tradierte Blenden und Schattierungen, kann eine Justiz im neuen Sinn sichtbar werden, die ganz andere Untertanen hat und die Untertanen gänzlich anders behandelt, weil Untertan sein nun bedeutet,

> »die Justiz anrufen zu können und sie akzeptieren zu müssen; es bedeutete, von bewaffneten Kräften beschützt werden zu können und sich in bestimmten Fällen daran beteiligen zu müssen; schließlich bedeutete es, zum Feind werden zu können und militärisch unterdrückt zu werden, wenn man sich der Macht der Justiz und der Verpflichtung zur Armee widersetzte«. (1972: 125)

Sehr deutlich entwickelt Foucault aus seinen in den Vorlesungen aktivierten Dossiers heraus, dass die Macht des Staates – historisch analysierbar, das ist seine Bedingung – in einer wirklichen Beziehung besteht, bei der die Macht ihren Vorrang nicht ein für allemal hat, sondern immer wieder herstellen muss. Es ist eben diese Dynamik der Machtbeziehungen, der Foucault durch die Beweglichkeit der eigenen Begrifflichkeit zu entsprechen sucht und zu frisch geprägten Ausdrücken wie »Dynastik« führt. Die Übersetzung starrer Relationen und Termini in Aktivitäten und Praktiken lässt sich auch beobachten, wenn Foucault von der Polizei zur Medizin übergeht und 1974 den Psychiater in seiner Rolle als Erzeuger von Geisteskrankheiten schildert. Zum 19. Jahrhundert stellt er diesbezüglich fest:

> »Es hat keine wirklichen Theorien der Heilung gegeben noch gar Erklärungsversuche derselben; es ist bei einem Korpus von Manövern geblieben, von Taktiken, von Gesten, die auszuführen waren.« (1974: 239)

Eben weil es den Geschichten, Szenen und sonstigen aus den Sozial- und Kulturarchiven geförderten Geschehnissen an Theorie gebricht, lädt Foucault sein Publikum ein zu suchen, was es aus den Quellen herauslesen kann: »die Macht des Arztes, die Sprache, das Geld, das Bedürfnis, die Identität, die Lust, die Realität, die Kindheitserinnerung«. (1974: 242) Foucault führt bei der Psychiatrie dieselbe Rede wie beim Gefängnis, indem er aus Anstalten Veranstaltungen macht und aus Einrichtungen Steuerungselemente des Verhaltens aller Beteiligten.

Weil in Foucaults Vortrag Institutionen nicht starr und rigide als in Verwaltung verwandelte Funktionen erscheinen, werden sie vergleichbar den historischen Ereignissen wie Aufständen und den darauf bezogenen Repressionsmaßnahmen. Nicht allein Akte der Bestrafung, auch die Institutionen der Strafe, etwa das Gefängnis, werden als eine »eigene Justiz« (1973: 284) zum flexiblen Instrument der Machtausübung. Das Gefängnis versteht Foucault demgemäß nicht als steinerne Anstalt mit einem einfachen Drinnen und Draußen. Es liegt eine gewisse Wucht in Foucaults Ausführungen, wenn er dem modernen Strafsystem, das die Gefängnisstrafe privilegiert, die Produktion von Delinquenz attestiert. (1973: 71) Gerade weil er Thesen wagt wie »Die tagtägliche Machtausübung muss man als einen Bürgerkrieg betrachten können« (1973: 53), verleiht Foucault den Blick auf Haft und Freiheitsentzug neue Sehkraft. Er erkennt in der Architektur des Gefängnisses ein Werkzeug der Kriegführung gegen Auszugrenzende, die durch den Akt der Ausgrenzung erst erzeugt werden: als Kriminelle, als Nutzlose. Diese Linie kann er bis in die Gegenwart ziehen:

> »Das gesamte Strafsystem des 19. Jahrhunderts richtet sich darauf aus, nicht das tatsächliche, sondern das mögliche Handeln der Menschen zu kontrollieren; man fragt nicht, ob die Menschen sich gesetzeskonform verhalten oder nicht, sondern was sie möglicherweise tun, wozu sie fähig sein könnten, wofür sie anfällig sein mögen, was sie zu tun drohen.« (Rio 1973: 733)

Man kann das eine sozialphilosophische Perspektive nennen: Foucault hebt den Blick über die Gefängnismauern und thematisiert die Gesellschaft, die sie braucht und einsetzt. Ihm fällt auf, dass das Gefängnis wie eine Fabrik betrieben wird (1973: 106) und die Gefangenen zum Bezahlen gezwungen sind. Die Gefängnis-Form gehorche der Lohn-Form, sagt Foucault. (1973: 105) Die gesellschaftliche Schuld wird durch die Arbeit abgegolten, zu der im Gefängnis die Individuen gezwungen werden. Dieser Zwang ist staatlich durchgesetzte Moral (1973: 158), wird also von höheren Zielen der inneren Besserung des Menschen regiert. Im Umkehrschluss gilt: Der Protest gegen die Einkerkerung muss die Definition der staatlichen Gewalt einschließen, muss das Polizeiwissen (1973: 187, 317-318) angreifen.

Stärker noch als die veröffentlichten Bücher agiert in den Vorlesungen ein Forscher, der sich selber in ein fragendes Verhältnis zu seinen eigenen Quellen versetzt, dessen Wissen vom endlichen Finden auch gegen die Absicht des anfänglichen Suchens bestimmt ist. Wen also hat das Publikum im Hörsaal des Collège de France vor sich, an wen richtet es seine eigenen Erwartungen und seine Zweifel am Gesagten? Foucault spricht aus dem mitgebrachten Manuskript heraus, er hat für jede Sitzung einen Plan. Zugleich gilt, dass dieses Konzept wesentlich durch Forschungen informiert wird, die im Hinblick auf diesen Plan ausgewertet werden oder diesen Plan mitbestimmen. Zugleich ist der Motor der Forschungen Foucaults sein philosophisches Denken, sein Interesse an der historischen Konkretion von Wissen und Handeln, Disziplin und Macht, Reden und Tun.

Es wäre eine eigene Untersuchung wert, die Bibliotheksdossiers (Tisch 3) mit den Vorlesungsmanuskripten (Tisch 2) und deren Vermündlichung im Angesicht von Publikum (Tisch 1) zu vergleichen und deren Beziehungen zu untersuchen. Sicher muss man sich das Verhältnis der drei Tische dynamisch vorstellen, denn auch die Forschungen sind nicht ziellos und zufällig unternommen worden, wie viel Zufall auch immer bei der einen oder anderen Entdeckung dabei sein mag.

Aus der Perspektive der Zuhörerschaft gesehen, ist die Tatsache bemerkenswert, dass im Vortrag selbst eine historische Arbeit durchscheint, denn daraus resultieren zwei Effekte: Einmal wird das Philosophieren in Foucaults Hörsaal stärker als anderswo auf die Wirklichkeit verpflichtet, muss die Herausforderung historischer Gegebenheiten bewältigen, wie das vorher – nicht in Vorlesungen, nicht mit diesen Themen – etwa Karl Marx oder Walter Benjamin auf sich genommen haben. Für beide ist, wie für Foucault, die Arbeit in Bibliotheken prägend. Foucault bestätigt in seinen Vorlesungen ein Prinzip der Unhintergehbarkeit materialer Kultur, das er zuvor in der *Archäologie des Wissens* als Diskursanalyse entwickelt hat (Diskurse sind Tatsachen), das aber erst im mündlichen Vortrag seine Bewährungsprobe besteht.

Der zweite Effekt der Transparenz historischer Arbeit in dem, was Foucault im Hörsaal aussagt, hat weniger mit dem Redner selbst zu tun als mit dem Publikum. Diesem wird ein Philosophieren als Auseinandersetzung mit Thesen, Meinungen, Texten und Handlungen vorgeführt, ohne dass es um Widerlegung, Gegenrede oder Ablehnung geht. Foucaults Rückgriff auf archivalisches Material macht überhaupt erst möglich, dass die Frage nach der Gegenwart (Wer sind wir?, Wo stehen wir?) argumentativ entwickelt werden kann – nicht als Diagnose eines Zustands, nicht als Klage über Fehlentwicklungen, sondern als Wissen und Sprechen. In diesem Sinne sind Foucaults Vorlesungen nachsprechbar, eben weil sie als Arbeitsprodukt vorgeführt werden.

Was Foucault im Hörsaal vorträgt, sind vielfältige Weisen einer Neuorganisation von historischem Material, das man sich als stetig wachsenden Berg von Exzerpten und Notizen zusammenfassender Art vorstellen muss. So nimmt er das Publikum in den ersten Vorlesungszyklen zum gerichtlichen Diskurs in der Antike mit (1971: VL 5-8), macht es zum Zeitzeugen der Volksaufstände im 17. Jahrhundert (1972: VL 1-8) und präsentiert ihm die »Gefängnis-Form« (1973: VL 4-6, 13) moderner Strafjustiz. Foucault ist als Dozent das Instrument des Forschers, der er selber ist und der ganz offenbar zur Vorbereitung seiner Bücher sehr viel mehr gelesen hat, als dort Verwendung finden konnte, der vielleicht auch in den Zeiten der Vorlesungsvorbereitung – mindestens aber zwischen den Pariser Zyklen – seinen Quellenbestand vermehrt. Die philosophischen Argumente im Hörsaal bewegen sich am Rande von und zugleich eng verbunden mit einem umfangreich komponierten Material; sie bewähren sich an dem, was zur europäischen Sozial- und Kulturgeschichte gehört und – in den allermeisten Fällen – erstmals für philosophische Fragen herangezogen wird.

So ist es durchgehend: Für die mittleren Vorlesungen der Jahre 1974 und 1975 werden Dokumente zur »psychiatrischen Macht« (1975: VL 7-10) in den Vorlesungstext integriert, prominent beispielsweise psychiatrische Gutachtentexte (1975). Zur Diskussion politischer Themen analysiert Foucault ausführlich einen Historiker des 17. Jahrhunderts, Boulainvilliers (1976), problematisiert die Pastoralmacht (1978) und referiert viele Vorlesungsstunden lang Texte des Wirtschaftsliberalismus (1978). Bei den späten Vorlesungsthemen und den dafür benutzten Texten aus Antike und Christentum ab 1979 könnte sich beim Publikum im Hörsaal die Erwartung ausgebildet haben, es handele sich um bekannte Anknüpfungspunkte. Ein genauerer Blick aber lässt erkennen, dass Foucault weder für die antike Philosophie noch für die Kirchengeschichte auf etablierte Sekundärliteratur zurückgreift und stattdessen seine eigene Lesart vorträgt.

Zeugen sprechen machen

6. RÄUME DES SPRECHENS UND DES STREITENS

Wenn es bei Foucault Momente der Reflexion inmitten der darstellenden Vorlesung gibt, dann – selten genug – verbindet sich damit für das Publikum die erleichternde Auskunft, dass traditionelle Theorien, ja Theorien überhaupt nicht hilfreich sind. Es kann als durchgehender Charakterzug von Foucaults Vorlesungen gelten, dass sie die Zuhörerschaft nicht mit dem Referat von Philosophen, Historikern oder anderen wissenschaftlichen Autoritäten belastet. Außer gelegentlichen kleinen Invektiven gegen allzu verkehrte Ansichten bietet Foucault das nicht, was in anderen Hörsälen durchaus üblich ist: Widerlegungen konkurrierender Darstellungen. Man mag zusammentragen, was Foucault über andere Disziplinen oder Theorien sagt, mehr als gewissermaßen seitwärts gesprochene Bemerkungen wird man nicht finden. Heftige Auseinandersetzungen mit alternativen Methoden wie beim Philosophen Jacques Rancière, der nach eigener Auskunft Foucault vieles verdankt[39], sind ihm fremd. Foucault rückt sein Thema, seine Fragen und sein eigenes Vorgehen derart in den Vordergrund, dass es ihm genügt zu sagen, andere Zugänge, wie anerkannt auch immer, seien nicht hilfreich.

Beispielsweise kann man es nicht Kritik nennen, wenn Foucault gegen den englischen Historiker E. P. Thompson dessen These von der Bedeutung des »Pöbels« (Englisch *mob*) abwehrt; eher tut er sie als unbrauchbar ab. Foucault verweigert ausdrücklich, die Entstehung des modernen Straf- und Überwachungsstaats eindimensional aus der Repression der Volksaufstände abzuleiten. Das sei oberflächlich:

---

[39] Vgl. Jacques Rancière: Die Methode der Gleichheit [2012], Wien 2014; S. 210-212, 236.

»Mir scheint, dass der Mechanismus, der zur Herausbildung dieses Strafsystems geführt hat, in gewissem Sinne tiefgreifender und breiter ist als der einer bloßen Kontrolle des aufrührerischen Mobs. Was es zu meistern galt, wessen Kontrolle das Bürgertum vom Staatsapparat mittels des Besserungssystems verlangte, ist etwas, wovon der Aufstand nur ein Sonderfall ist, ein tiefgreifenderes und dauerhafteres Phänomen: der *Illegalismus des Volkes.*« (1973: 197)

An diesem Beispiel zeigt sich Foucaults Vorgehensweise in den Vorlesungen: einerseits die Weigerung, etabliertes Vokabular zu übernehmen, seine Stimme in die anderer einzufügen, deren Diskurs gewissermaßen forttönen zu lassen (hier Thompsons »Mob«), gleichsam als Beruhigung für das Publikum, dem suggeriert würde, hier spreche jemand mit Bezügen zu anderen, die anderswo sprachen und sprechen.[40] Andererseits die Lust an starken Thesen, die plötzlich in den Raum gestellt werden, die Freude an Neologismen, an Neuprägungen (hier der »Illegalismus des Volkes«), bei denen das Publikum schnell versteht, dass es einer intellektuellen Schöpfung beiwohnt.

Ein anderes Beispiel ist der Marxismus, auf den Foucault in seiner Kritik an Thompson kurzzeitig zu sprechen kommt. Hier ist es wiederum das Motiv der verweigerten Übernahme einer objektiven Sozialgeschichtsschreibung, in der er einen diskursiven Machtanspruch vermutet, der Widerstand und Emanzipation eher verhindert als ermöglicht. Das historische Wissen dürfe nicht über die Köpfe der Menschen hinweg konstruiert werden, es muss deren Wissen einbinden:

»Wie Sie sehen, geht es bei dieser genealogisch zu nennenden Aktivität keineswegs darum, der abstrakten Einheit der Theorie die konkrete Vielheit der Tatsachen gegenüberzustellen; es geht keineswegs darum, das spekulative Moment zu disqualifizieren und ihm in der Form eines Szientismus die Starre gut begründeter

---

[40] Vgl. Luca Paltrinelli: L'expérience du concept. Michel Foucault entre épistémologie et histoire, Paris 2012, S. 191-196.

Kenntnisse gegenüberzustellen. [...] Die Genealogien sind gerade Anti-Wissenschaften.« (1976: 23)

Foucault entwickelt in seinen Pariser Vorlesungen bis in die Mitte der 1970er Jahre hinein das Vorhaben, den tief ins alltägliche Dasein eingedrungenen Machtverhältnissen nachzugehen und das, was Menschen unterdrückt, was sie leiden macht, gerade jenseits etablierter Instrumentarien und Heilsversprechungen an den Tag zu bringen. Im Hörsaal testet er Beschreibungsansätze, die nicht so sehr Institutionen der Macht als vielmehr Prozeduren des Machtvollzugs in den Fokus rücken.

Foucaults Umgang mit der wissenschaftlichen Literatur zeigt sein operatives Grundverständnis, Zeugenschaft in die Vorlesungen zu holen anstelle akademischer Debatten über Methoden und Narrative. Dazu passt, dass Foucault selten bei innerfachlich anerkannten neueren Publikationen anknüpft und nur gelegentlich Anerkennung ausdrückt. So holt er seine Geschichten meist nicht aus Büchern des späten 20. Jahrhunderts. Ausnahmen bestätigen die Regel, wenn er 1972 den Barfüsseraufstand auf Grundlage einer kurz zuvor erschienenen Dissertation behandelt (1972: 32), was er nochmals im Falle der Weber von Maine tut (1973: 198-200); hier stammt die Arbeit von 1960. Er führt 1975 eine neuere niederländische Arbeit zur Sexualfeindschaft an (1975: 62), zitiert 1978 Robert Castel mit einer kurz vorher veröffentlichten Arbeit über Psychiatrie (1978: 175) und zitiert neuere Arbeiten von Paul Veyne über das Christentum (1978: 218, 348). Im Übrigen spricht er gelegentlich Empfehlungen zu neuerer Literatur aus wie 1980 zum Buch von Paul Feyerabend, *Wider den Methodenzwang* (1980: 116), und 1984 zu einem deutschen Werk über den Kynismus (1984: 253) – Literaturhinweise gibt er auch in anderen Vorlesungsstunden. (1983: 69; 1984: 94, 135-150, 172) Bezeichnend jedoch ist, dass Foucault bei der Beschäftigung mit der antiken Philosophie auf viele ältere Arbeiten zurückgreift (s. 1982: 631-633), was auch für andere Themen anderer Vorlesungen gilt: 1975 etwa erwähnt Foucault, dass »es jede Menge Literatur über die Pest gibt, die sehr interessant ist« (1975: 68) und meint damit vor allem ältere Titel. Mit Blick auf die Gesamtheit der Vorlesungen kann man sagen, dass Foucaults direkte wie indirekte Gewährsleute in der Regel aus früheren Jahrhunderten stammen, nicht aus aktuellen Diskussionen des akademischen Betriebs. So bezieht er sein Quellenwissen über die Geschichte der Ohrenbeichte aus den drei Bänden einer Arbeit von Henry Charles Lea vom Ende des 19. Jahrhunderts (1980: 292-293, 295) oder zitiert über die Politik der Pythagoreer Armand Delatte vom Anfang des 20. Jahrhunderts. (1978: 204)

Im Hörsaal produziert Foucault Texte und Dokumente ohne Ansehung des Alters fast immer wie Neuentdeckungen, wie etwas, das er hier und jetzt dringlich zeigen und besprechen muss. Einmal hat er selbst diese Plötzlichkeit kenntlich gemacht, als er eine Vorlesungsstunde so beginnt:

> »Ich werde die Vorlesung vom letzten Mal ein wenig verlängern, weil ich im Laufe dieser Woche eine wunderbare Institution gefunden habe, deren Existenz mir vage bekannt war, von der ich jedoch nicht wusste, dass sie mir so gut zupass kommen würde; so dass ich Ihnen davon ein wenig erzählen möchte, weil sie mir diesen Zusammenhang der Anstaltsdisziplin mit, sagen wir, dem Familienmodell sehr gut zum Ausdruck zu bringen scheint.« (1974: 181)

Foucault kommt auf eine Heilanstalt zu sprechen und zieht dazu Verwaltungsakten heran, aus denen er entwickelt, welche Mischung aus Sanatorium, Krankenhaus und landwirtschaftlichem Betrieb hier vorliegt: das Beispiel der profitablen Anstalt von Clermont-en-Oise (80 Kilometer nördlich von Paris). Die Zuhörerschaft war gewiss nicht weniger erstaunt als die Leserschaft heute bzw. dreißig Jahre danach, eine Anstalt kennenzulernen, die in ihrer Komplexität eine ganze Welt vorstellen kann, worin Disziplinarmacht, Nützlichkeitsdenken und familiäre Bande zusammenwirken. Foucault sagt, er habe dieses Beispiel gefunden, hat es jedenfalls von einem Mittwoch auf den anderen in seine Rede eingebaut:

> »Und so haben wir eine Institution mit drei Etagen: die Anstalt von Clermont mit ihren tausend Patienten, das Landgut mit 100

bis 150 Männern und Frauen, die den Auftrag haben zu arbeiten, und dann ein Heim für die zahlenden Bewohner.« (1974: 185)

Foucault bezeichnet die organisatorische Kombination von subventionierter Krankenbehandlung, Erwerb aus bewirtschaftetem Land und Mieten der Selbstzahler »eine Art kleiner Utopie des allgemeinen sozialen Betriebs«. (1974: 186) Dieses historisch verbürgte Modell (das ab 1861 wie beschrieben funktionierte) ist ein gutes Beispiel für das, was Foucaults Material leistet: eine Beschreibung von Institutionen in Begriffen von Handlungen, Strategien, Wirkungen und – darin immer eingeschlossen – Diskursen.

Anders als dieser überraschend gemachte Fund – wenn man Foucault glauben kann – sind seine sonstigen Quellen schon längere Zeit vor den Vorlesungsterminen ermittelt worden. Es sind allesamt Belegstücke aus der europäischen Sozial- und Kulturgeschichte, für die im allgemeinen gilt, dass sie meist keinen Status in den Fachgeschichten besitzen oder diesen verloren haben. Die Art von Geschichten, die Foucault in seinen Vorlesungen zur Sprache bringt, stellen oft einen Dialog dar, sind Geschichten, die uns ein Hin und Her der Meinungen bieten. Foucault entführt derart sein Publikum im Hörsaal in den Gerichtssaal oder vor das Krankenbett, versetzt es in die Situationen ärztlicher Konsultationen oder juristischer Beratung. Die Quellen Foucaults sind nicht allein andere Texte, sondern andere Räume des Sprechens und Streitens, affirmativer und widersetzlicher Worte.

Die Rolle des Vortragenden verändert sich nun deutlich, wenn dieser ausführlich zitiert oder Dokumente als Belege vorstellt. Das hat der Soziologe Irving Goffman in einem »Vortrag über den Vortrag« thematisiert und festgestellt, dass die Glaubwürdigkeit des Redners augenblicklich existentiell und zur Hauptsache seiner Rede wird, wenn er dem Publikum abverlangt, ihm in andere Räume zu folgen, ihm etwas zu glauben, wofür er nur sein Wort geben kann. Goffmans Forschung geht von sozialen Begegnungen mit diskursivem Charakter aus, etwa Gespräche, und nimmt von daher beim Vortragen komplexe und mehrschichtige Beziehungen zwischen Redner und Publikum an. Die Haltung des Vortragenden ändert sich in Goffmans Auffassung radikal, wenn ein Thema in den Vordergrund gespielt wird und dabei die Blicke der Zuhörer vom Redner selbst abgezogen werden, zugunsten dessen, was er mit Worten beglaubigen will.[41]

Wer also spricht im Hörsaal? Goffman hat die Darbietung des Redners (»speaker«) von allen Seiten beschrieben und dabei auch dessen körperlichen Einsatz herausgehoben. Es ist die schiere Präsenz der Körper von Vortragendem und Zuhörerschaft, die die exklusive Situation einer unaufhebbaren Bezogenheit beider aufeinander schafft. Daraus erwachsen Anforderungen an den Redner: Erwartungen seiner Zuhörer auf Authentizität in dem, was gesagt wird und wie es gesagt wird. Der Vortragende beweist mit seiner vollständigen Anwesenheit das, was er sagt, in den Augen und Ohren seiner Zuhörer.[42]

Im Anschluss daran lässt sich vielleicht sagen, dass Foucault als Redner eine dreifache *persona* besitzt: Er ist derjenige, der das zuhause geschriebene Konzept umsetzt und so Notizen in gesprochene Rede umwandelt. Er ist auch derjenige, der das Konzept der Rede verantwortet, also das artikuliert, was daran überzeugen soll. Und er ist drittens der Forscher mit eigenem Archiv, aus dem das Konzept ursprünglich gewonnen und das im Moment des Sprechens im Hörsaal nochmals bestätigt wird. Nun mag man einwenden, dass diese drei beim Vortragen zusammenwirkenden Redneraspekte auch sonst zu beobachten sind, und dass speziell bei der akademischen Vorlesung immer mindestens diese drei Elemente zusammenkommen: Ansprache, Argumentation und Archiv. Man stelle sich jedoch nur kurz jemanden wie Jürgen Habermas vor, als Vertreter einer Philosophie, die problemlos auch in Vorträgen und Vorlesungen artikuliert wird, und der Unterschied wird klarer: Wenn Habermas argumentiert, folgt das einem jeweiligen Konzept, und das wiederum greift auf akademische Arbeiten zurück; im Falle der politischen Philosophie wären das politische Theorien sowie Wissensbestände der Politikwissenschaft und

---

41 Erving Goffman: The lecture, in: ders.: Forms of Talk, Philadelphia 1981, S. 160-196, S. 166; vgl. auch Sibylle Peters: Der Vortrag als Performance, Bielefeld 2011, S. 122-129.

42 Vgl. E. Goffman: Interaktion im öffentlichen Raum [1963], Frankfurt am Main 2009, S. 168, 173.

der Soziologie. Die Autorität des Gesagten beruht damit vornehmlich auf der Argumentation, auf dem im Vortrag realisierten Konzept. Der Forschungsaspekt existiert, führt aber in mehr oder weniger bekannte Regionen des theoretischen Wissens und der disziplinären Recherche – Habermas ist ein belesener Denker. Es findet – in diesem hypothetischen und abstrakten Gegenbeispiel – kein Medienwechsel statt wie bei Foucault, der nicht nur die Argumentation, sondern auch das Archiv seiner eigenen Forschung zur Ansprache zusammenzwingt.

So öffnet Foucault mit seiner Untersuchung über die Strafsysteme einen Denkraum und bezieht in den Vorlesungen der frühen 1970er Jahre andere Institutionen der sozialen Exklusion ein. Die Untersuchung der Macht als etwas, das überall existiert, führt zu Aussagen, die sowohl die Arbeitsweise des Forschers bezeichnen wie eine Definition der untersuchten Sache:

> »Die Macht ist nicht monolithisch. Sie wird niemals ganz unter einem bestimmten Gesichtspunkt von einer bestimmten Anzahl von Leuten kontrolliert. Sie spielt sich in jedem Moment in einzelnen kleinen Partien ab, mit lokalen Umstürzen, regionalen Niederlagen und Siegen, vorübergehenden Revanchen.« (1973: 311)

Foucault trägt in den Vorlesungen seine Machtanalyse nicht als Lehre vor, sondern führt sie als Forschung aus. Gemeinsamkeit und Unterschiede der Redepraxis von der Schreibpraxis kann man im Vergleich zwischen den Vorlesungen Foucaults und seinen Publikationen deutlich machen, etwa zwischen den vor 1975 gehaltenen Vorlesungen zum Strafsystem, zur Disziplinierung und zur gesellschaftlichen Produktion von Anomalie und der Buchveröffentlichung *Überwachen und Strafen* aus dem Jahr 1975.

Die Quellenapparate der Vorlesungen zum Strafsystem und der Monographie *Überwachen und Strafen* sind erkennbar heterogen, wenn auch viele Stellen thematisch verwandt sind. Zeugenschaften sind manchmal gleichstimmig, manchmal nicht. So ergibt eine stichprobenartige Prüfung, dass die Autoren Rémusat, Rossi und Serpillion zwar unterschiedlich ausführlich zur Sprache kommen, dass es aber für jeden eine Stelle gibt, bei denen sie mit denselben Aussagen in Vorlesung wie Monographie auftauchen. Charles de Rémusat war Politiker und verfasste 1831 eine Schrift zur Reform des Strafwesens für die französische Abgeordnetenkammer; er wird von Foucault mit der Feststellung zitiert, Zwangsarbeit sei eine Form der Inhaftierung (1973: 96; ÜS: 148). Dem Juristen Pellegrino Rossi und seiner Schrift zum Strafrecht, die in Paris 1829 erschien, entnimmt Foucault die Aussage, die Gefängnisstrafe sei »in den zivilisierten Gesellschaften die Strafe schlechthin«. (1973: 346; vgl. ÜS: 296) François Serpillon war Militär und Autor eines Kommentarwerks zum *Code criminel*, Lyon 1767, das den alten Stand der Dinge festhielt und die Gefängnisstrafe abtat: »Die gewöhnliche Justiz bedient sich dieser Art von Strafe nicht.« (1973: 338; ÜS: 153) Drei Zeitzeugen, drei Zitate, drei Punkte der argumentativen Konvergenz von Vorlesung und publiziertem Buch: Hier haben wir zweifellos ein Indiz für die Wiederverwendung der einschlägigen Dossiers bei Foucault.

Jenseits solcher Gleichstimmigkeit sind jedoch die Unterschiede auffälliger, etwa die zahlreichen Zeugenaussagen aus *Überwachen und Strafen*, denen gar nichts oder sehr wenig in den Vorlesungen entspricht. Da ließe sich einschlägig die im Buch anfangs fulminant geschilderte Hinrichtung des Königsattentäter Damien anführen, die in der Vorlesung lediglich mit einem Satz erwähnt wird. Im Buch muss diese Szene die Aufmerksamkeit der Leser fesseln, in der Vorlesung ist das gewissermaßen unnötig. Dort heißt es nur: »Man kann sich eine der ungeheuerlichsten Szenen des Todes durch Brandmarkung in Erinnerung rufen: die Tötung Damiens 1757.« (1973: 25) Auch im letzten Teil des Buches kann man ein Missverhältnis konstatieren, wenn der Publizist Léon Faucher angeführt wird, der das Gefängnissystem als »eine Schlussfolgerung aus dem gesellschaftlichen Zustand« und die Gefängnisse als »Kasernen des Verbrechens« bezeichnet. (ÜS: 319, 344) Faucher dient schon zur Kontrastierung der eingangs des Buches geschilderten Hinrichtung, wenn aus dessen »Gefängnisreform« (*De la Réforme des prisons*) von 1838 zitiert wird, um den erschreckend durchgeplanten Tagesablauf eines Inhaftierten vor Augen zu führen. (ÜS: 12-14) Ebenfalls nur im Buch ist Charles Lucas präsent, französischer Generalinspekteur der Gefängnisse, der zur Inhaftierung und ebenfalls über *La réforme des prisons* publizierte. Foucaults Buch privilegiert ihn wie Faucher als Diskussionspartner, zitiert insbesondere Lucas oft und lange und merkt zu Beginn seines Kapitels »Das Kerkersystem« an, die Bücher von Faucher und Lucas markierten die Epoche der Ausbildung einer »intensiven Zuchtform«. (ÜS: 379)

Diese in *Überwachen zu Strafen* auftretenden Kronzeugen für die Strafe als ökonomisch-moralischer Zwang sind in den Vorlesungen explizit abwesend. Das bedeutet freilich nicht, dass das Thema nicht herausgearbeitet wird – im Gegenteil. Die Vorlesungen überbieten das Buch an vielen Stellen, zwei Hinweise mögen genügen: Guillaume-François Le Trosne (Staatsanwalt in Orléans und Autor) wird in der Monographie nur kurz zitiert (ÜS: 98), in den Vorlesungen jedoch ausführlich (1973: 76), wenn es gegen die Landstreicher als Kriminelle inmitten der Gesellschaft geht. Der Arzt und Hygieniker Louis-René Villermé wird mit seinem Gefängnistraktat von 1820 im Buch lediglich erwähnt – als einer von vielen Autoren über diese Straftechnologie (ÜS: 299) – während er in den Vorlesungen zusätzlich und ausführlich mit einer Textsammlung von 1840 präsent ist, woraus beispielsweise eine Verordnung der Stadt Amiens zitiert wird, nach der Jungen und Mädchen zum Zweck der höheren Produktivität beim Arbeiten getrennt werden sollen. (1973: 293) Die größere Ausführlichkeit der Vorlesungen, die man an solchen Stellen beobachten kann, wo beide Male gleiche Quellen oder Autoren angeführt werden, mag man den unterschiedlichen Aufführungsbedingungen beider Medien zuschreiben und also dem Umstand, dass der Zeugenstand im Hörsaal größer ist als der einer Buchseite.

Es wundert darum nicht, wenn eine große Zahl an Texten und Dokumenten, die in den Vorlesungen behandelt werden, es gar nicht in die thematisch verwandten Veröffentlichungen Foucaults geschafft haben. Auch dafür nur wenige Hinweise aus dem Kontext der Strafpraxis. So verweist Foucault in den Vorlesungen auf Ann Radcliffes Schauerromane:

»Damals änderte die Kriminalität Form und Aussehen: Sie ist nichts Beständiges, Gestaffeltes, Doppeldeutiges mehr; sie ist keine Virtualität mehr, die jeder mit sich herumträgt; sie ist den sozialen Beziehungen nicht mehr inhärent: sie ist eingegrenzt und außergesellschaftlich. Man findet das Verbrechen nicht länger inmitten der Gesellschaft, sondern an Orten außerhalb der Gesellschaft: Klöstern, Schlössern, Kellern, einem ausgehöhlten Berg als Festung.« (1973: 84)

An späterer Stelle zitiert Foucault den Ökonomen Michel Chevalier, der 1840 für das Proletariat eine ebenso effektive Vorsorge fordert wie für die Armee (1973: 261), oder den Journalisten und Politiker Louis Reybaud, der verschiedene Anstalten besuchte und »die Institutionalisierung des Fabrik-Kaserne-Klosters« als »arbeitgeberisches Ikarien« imaginierte. (1973: 279) Im selben thematischen Zusammenhang der Arbeiterfürsorge wird Émile Muller mit einem Text von 1856 zitiert, der »dem Arbeiter vom ersten Tag seiner Kindheit bis zu den entsetzlichen Jahren im Alter, wenn die Natur seine Arme bis zur Ohnmacht schwächt«, folgt (1973: 282), was zu einer Überlegung über Arbeiterbehausungen hinleitet. Diese und andere Texte und Autoren tauchen im Buch *Überwachen und Strafen* nicht auf.

Was die Vorlesungen der ersten Hälfte der 1970er Jahre den Argumenten des Buches voraus haben, ist die Rückkoppelung all dessen, was gesagt wird, an die Forschung in den Archiven und Bibliotheken. Wo das Buch die Disziplinargesellschaft gewissermaßen in der Entstehung und Entwicklung zeigt, besteht die Ansprache der Vorlesungen darin, das Publikum in einen Prozess des Nachdenkens mitzunehmen und das Spiel der historischen Belege lebendig zu erhalten. »Was ist dann diese disziplinarische Macht? Darüber möchte ich heute Abend zu Ihnen sprechen. Es ist recht schwierig, das zu untersuchen.« (1974: 70) Foucault zögert, gesteht sein Zögern ein, ist regelrecht demütig vor seinem Publikum: »Ich hätte gerne, dass mehr oder weniger klar wird, worum es in diesen Vorlesungen geht.« (1976: 13) oder so: »Ich möchte den Titel der Vorlesung begründen und über den

Begriff der Strafe sprechen.« (1973: 19) Und so wird Foucault es fortsetzen, etwa 1978, wenn er sagt:

> »In diesem Jahr möchte ich die Untersuchung von etwas beginnen, was ich ein wenig leichtfertig die Bio-Macht genannt habe [...] Zunächst also, wenn Sie einverstanden sind, einige Vorschläge, Vorschläge im Sinne von Vorannahmen; es handelt sich dabei weder um Prinzipien noch um Regeln oder Theoreme.« (1978: 13)

Nirgends wird deutlicher als in den Vorlesungen, dass Foucault mit dem Material, das er heranzieht, wirklich arbeitet, dass es sich für ihn nicht »ergibt« oder »erledigt wird« und daher sein Vortrag auch nicht abgeschlossen sein kann. Typisch für die in der Vorlesung nur kurze Erwähnung des Attentäters Damiens ist die Bemerkung, die Foucault direkt anschließt: Es gebe »eine Ebene, die es zu erforschen gilt: die der Straftaktiken«. (1973: 26) Die Anekdote eröffnet ein Thema. Vorlesungen sind Arbeit, Archivbesuch, Forschungsprogramm, unredigiertes Nachdenken in einem Raum voller Mitdenkender.

Im Buch wird der Entstehungsprozess des Textes in und durch diesen selbst verborgen, ist in der Komposition aufgehoben. Die Zeit des Autors ist stillgestellt, das Gefüge der Referenzen fixiert. In der Vorlesung dagegen arbeiten alle, Zuhörerschaft wie Redner, im Bewusstsein der verfließenden Zeit, mobilisieren Erinnerungen und Erwartungen in gespannter Aufmerksamkeit. Reden und Verstehen sind dynamischer an die Zeit und den Ort der Äußerung gebunden. So wie wir heute nachlesen können, hatten die Zuhörer Foucaults direkt die Gelegenheit, das Ineinanderschieben der drei Tische zu beobachten und zu bewerten. Was sagt der Redner? Wie argumentiert er? Worauf verweist er? Das zu beantworten, setzt Fragen in Gang, die jeden philosophisch Interessierten umtreiben, nämlich wo wir sprechen, was wir sagen und worauf wir dabei zeigen.

Michel de Certeau hat Foucault eine »Praxis des Staunenmachens« attestiert, immer bemüht, die andere Seite des Diskurses zu erhellen. Foucaults Arbeit in den Archiven werde von diesem selbst oft wie ein »Western« präsentiert; er baue im Publikum Spannung auf.[43] Tatsächlich ist die ausgedehnte Kunst des Zeugenzitats in den Vorlesungen getragen von der Verwunderung über das, was und wie es gesagt wird, in welchen Kontexten und Milieus Aussagen platziert werden. Was die Zuhörer im Hörsaal an Überraschung erfahren, hat Foucault gesprächsweise einmal als eigene Faszination bekannt, als er seinen Gesprächspartner 1975 fragte: »Haben Sie irgendwann einmal kriminologische Texte gelesen? Das haut Sie um.« (DE II, 925)

7. ZEUGENSCHAFT UND ZUHÖRERSCHAFT

Im Collège de France ist Foucault nicht nur im Hörsaal aufgetreten, er hat neben Vorlesungen auch Seminare angeboten, insgesamt neun Mal bis ins Frühjahr 1980; später hat er die Vorlesungen ausgebaut und auf mehr als eine Stunde verlängert, mit dem ausdrücklichen Interesse, dort seminarähnliche Textlektüren einzubauen. Darin eben bestand seit dem 19. Jahrhundert der Unterschied zwischen Vorlesungen und Seminaren: Die Vorlesungen dienten der Entwicklung von Zusammenhängen, die Seminare den Einzelstudien, hauptsächlich dem »close reading«, d. h. der Analyse von Texten und Dokumenten.

Diese zuerst in Deutschland entwickelte didaktische Aufteilung findet sich in englischen oder französischen Universitätssystemen nicht genauso abgebildet und kennt auch andere Bezeichnungen. Den Unterschied in der Form des Unterrichtens praktizieren jedoch alle Einrichtungen der höheren Bildung. Performativ ist das Verhältnis zwischen Dozent und Student in einer Veranstaltung vom Typ Seminar gegenüber dem Typ Vorlesung grundverschieden. Eine Gruppe von Seminaristen – hier als Idealtyp verstanden – braucht keinen Hörsaal mit Podium, sie erfordert keine Distanz des Dozierenden von den Studierenden. Die geteilte Aufgabe der gemeinsam fokussierten Aufmerksamkeit und die Herausforderungen der Problemdiskussion

[43] Michel de Certeau: Le rire de Michel Foucault, in: Le Débat Nr. 41 (1986), S. 140-152, hier S. 142.

unter Gleichberechtigten bilden einen Gesprächsraum ganz anderer Art als ein Hörsaal, eine »lecture hall« oder ein »amphithéâtre«.

Was Foucault für die Seminare der 1970er Jahre vorsieht und in den 1980er Jahren in seine Vorlesungen integriert, sind Fallstudien und Textanalysen. Über die montäglichen Seminare ist im Grunde wenig bekannt. Die in den Jahresberichten des Collège de France veröffentlichten »Zusammenfassungen« verraten, dass Foucault auf die Mitwirkung der Studierenden als Referenten setzt – ein typischer Zug der Lehrveranstaltung vom Typ Seminar. Die Themenfolge ist laut Titelankündigungen diese: 1971 »Das französische Strafsystem des 19. Jahrhunderts«, 1972 »Untersuchung rechtsmedizinischer Praktiken und Konzepte im 19. Jahrhundert«, 1973 »Vorbereitung der Publikation des Dossiers zum Fall Pierre Rivière«, 1974 zwei Themen: »Geschichte der Institution und der Architektur des Spitals im 18. Jahrhundert« und »Erforschung des medizinisch-juristischen Fachwissens im Bereich der Psychiatrie seit 1820«, 1975 »Analyse der Veränderungen des psychiatrischen Gutachtens in Strafrechtssachen«, 1976 »Untersuchung der Kategorie ›gefährliches Individuum‹ in der Kriminalpsychiatrie«, 1978 »Aspekte der im Deutschland des 18. Jahrhunderts so genannten ›Polizeiwissenschaft‹«, 1979 »Krise der Rechtsauffassung in den letzten Jahren des 19. Jahrhunderts«, 1980 »Aspekte des liberalen Denkens im 19. Jahrhundert«. 1977 unterrichtet Foucault nicht, und ab Dezember 1980 bietet er keine Seminare mehr an.[44]

Die tatsächlich in den Seminaren erbrachte Arbeit scheint von den Ankündigungstiteln nicht immer gut abgedeckt worden zu sein, denn – laut der veröffentlichten Berichte – behandeln die Seminare Foucaults von 1970 bis 1976 in der Hauptsache psychiatrische Gutachten. In diesem Zusammenhang ist als bemerkenswertes Ergebnis aus der Seminararbeit eine kollektive Veröffentlichung erwachsen,

---

[44] DE II, S. 299, 489, 585, 843, 1031; DE III, 173, 905, 1028; DE IV, S. 159, 258-264, 423-438. Die Originalberichte sind als »Résumés annuels« auf der Website des Collège de France nachgewiesen, siehe http://www.college-de-france.fr/site/michel-foucault/Resumes-annuels.htm; vgl. Michel Foucault: *Oeuvres*, 2 Bände, Paris 2015, Bd. II, S. XXXII.

zum Fall Pierre Rivière, der 1835 als 20-jähriger Bauernsohn seine Mutter, seine Schwester und seinen Bruder ermordete, sich dann versteckte, schließlich entdeckt und verurteilt, dann aber begnadigt wurde. Er nahm sich 1840, mit 25 Jahren, selbst das Leben. Was diese Geschichte außergewöhnlich macht, ist das Gedächtnisprotokoll, das Pierre Rivière im Gefängnis niederschrieb und das ihn, den vermeintlichen Dorfdeppen, im Vollbesitz geistiger Kräfte zeigt und überdies mit beachtlicher Formulierungsfähigkeit ausgestattet. Er reflektiert, was er getan hat, begründet und plausibilisiert sein Verbrechen, das dazu dienen sollte, die Ehre des Vaters wiederherzustellen. Die Studierenden in Foucaults Seminaren haben diesen Text sowie andere zum Gerichtsverfahren gehörige Unterlagen mit Einführung und Kommentaren 1973 publiziert.[45] Es ist 1975 sogar ein Film dazu entstanden. Dieses Seminar war außergewöhnlich produktiv.[46]

Nach der Unterrichtspause im Jahr 1977 wechseln Foucaults Seminare den Charakter und wandeln sich in der Ausrichtung von einem Team mit gemeinsamem Themen (Delinquenz, Anormalität) und ähnlichen Quellentexten (Gutachten, Gerichtsprotokolle) zu einer Forschergruppe mit individuellen Beiträgen, die in den »Zusammenfassungen« nun auch mit Namen genannt werden: 1978 wird die »Polizeiwissenschaft« untersucht, die Form der Durchsetzung von Staatsmacht. Foucault nutzt hier die »Zusammenfassung« zu einer auführlichen Wiedergabe des Themenbereichs und benennt am Ende vier Referenten. 1979 geht es um eine Diskussion der »Rechtsauffassung« im 19. Jahrhundert, wozu acht Referenten beitragen. (1979: 444) 1980 nennt Foucault zum Thema Liberalismus sieben Referenten, darunter Pasquale Pasquino und François Ewald (1980: 430), die in den zwei vorhergehenden Veranstaltungen ebenfalls vorgetragen hatten. (Aus beiden wurden publizistisch und akademisch bedeutende politische Denker.)

---

45 Der Fall Rivière. Materialien zum Verhältnis von Psychiatrie und Strafjustiz [1973], Frankfurt a. M. 1975.

46 Der Herausgeber der Vorlesung *Die Strafgesellschaft*, Bernard E. Harcourt, führt eine weitere Publikation aus dem Seminarzusammenhang an (1973: 63).

Was die sechs Seminare der ersten Phase und die drei Seminare der zweiten gemein haben, ist die kollaborative Arbeitsform und die Abwesenheit des »Redners« Foucault. Da aus den Interaktionen in den Seminaren kaum etwas bekannt ist und wohl auch keine Tonbandaufnahmen existieren, bleibt unklar, ob sie die Hoffnungen Foucaults auf eine gesprächsförmige Arbeit an Themen und Texten jemals erfüllen konnten. 1971 äußerte er sich in einem Gespräch reserviert gegenüber der Form der kleinen Unterrichtsgruppe, was den Mehrwert an Partizipation angeht: »Natürlich sind Seminare und Arbeitsgruppen notwendig, aber ich denke, eher zur Überprüfung der Methoden als zur Ausübung von Freiheit.« (DE II: 233) Im Jahr 1982 werden Seminarsitzungen mit Foucault an der Universität in Toronto per Tonband aufgenommen und transkribiert veröffentlicht: Das einigermaßen lebhafte Spiel von Fragen und Antworten scheint für Foucault eine neue Erfahrung zu sein. (Toronto 1982: 155-188) Im Gespräch zehn Jahre zuvor zeigt er sich zweifelnder und sagt: »Ich will die Vorlesung nicht um jeden Preis verteidigen, aber ich frage mich, ob die Vorlesung nicht doch ehrlicher ist, sofern sie deutlich sagt, worum es ihr geht: nicht um die Verkündung einer Wahrheit, sondern um die Darstellung einer Arbeit, die sich mit ihren Hypothesen und Methoden noch in der Versuchsphase befindet und daher offen für Kritik und Einwände ist.« (DE II: 232-233)

In jedem Falle trifft es zu, dass die Arbeit an Textvorlagen und die Konstruktion historischer Dossiers bei Foucault nicht auf die Seminare beschränkt bleibt, sondern wesentlich auch die Vorlesungen belebt. Vielleicht lässt sich sagen, dass die Seminare so etwas wie die Hintergrundarbeit zu Themen der Vorlesungen übernehmen. (Ob und in wieweit Foucault selbst davon abhängig war oder davon profitierte, wäre eine eigene Untersuchung wert.) Die in den Seminaren behandelten rechtsmedizinischen Praktiken und Konzepte finden jedenfalls auch Eingang in den Vorlesungsstoff:

> »Ich möchte die Vorlesung in diesem Jahr damit beginnen, Ihnen zwei Berichte psychiatrischer Gutachten zu Straftatbeständen vorzulesen. Ich lese sie Ihnen direkt vor. Der erste stammt von 1955,

von vor genau zwanzig Jahren. Er ist zumindest von einem der großen Namen der Strafpsychiatrie der damaligen Zeit unterzeichnet.« (1975: 13)

Foucault greift hier als Dozent direkt auf dasjenige Archiv zurück, in dem er die Gutachten, die er vorliest, gefunden hat – die französische Nationalbibliothek. Das Zitat nimmt in der Transkription fast fünf Druckseiten ein (1975: 13-18); das zweite, etwas spätere Gutachten wird dagegen nur kurz angeführt. (1975: 37-38) Das ist Foucaults typisches Vorgehen in den Vorlesungen: Textquellen werden exponiert, Zeugnisse aus den Archiven in die Hörsaalsituation gezogen. Zugleich kann man diese Textquellen genauer bezeichnen: Es sind Diskurse der (fachmedizinischen) Beurteilung, die im juristischen Zusammenhang durchaus zu solchen der Verurteilung werden können. Foucault exponiert das, was für die Anwälte von Normalität und Disziplin »Fälle« darstellen, d. h. Instanzen des Widerstands und der Anormalität. In Foucaults Vorlesungen werden daraus Ansatzpunkte der Machtanalyse, hochsensible Knoten für das Wissen um Herrschaft, Subjektivität und beider Verhältnis.

Die Erfahrung der Zuhörerschaft in Foucaults Vorlesungen ist geprägt von einer Spannung zwischen den Zeugnissen – herangeholt aus zeitlicher und sachlicher Ferne – und deren Diskussion. Foucault knüpft das, was er zu sagen hat, vorzugsweise an Fallbeispiele. Bei ihm teilen Vorlesungen wie Seminare das Anliegen der konkreten Analyse. Dabei bleiben die performativen Unterschiede bestehen, denn in der privilegierten Position des alleinigen Sprechers im Hörsaal konnte Foucault – gewissermaßen um der eingeschränkten direkten Kommunikation mit der Zuhörerschaft abzuhelfen – größere Linien ziehen und Zusammenhänge vor Augen stellen. Auf diesem Weg hat er die Intensität einer Schritt für Schritt nachvollziehbaren Lektüre in den Hörsaal geholt, den Monolog seines Vortrags durch einen Dialog mit den heranzitierten Texten bereichert und seine Ansprache dadurch intensiviert.

Wenn Foucaults machtanalytische Detailarbeit sich durch regelmäßigen Bezug auf »Fälle« auszeichnet, dann ist das nicht nur Didaktik; er macht damit auch philosophisch einen Punkt. Denn vor allem über die Präsentation und Analyse von Fällen kann Foucault das Machtgeschehen spezifiziert und aus der Perspektive der Betroffenen beschreiben. Den Zuhörern wird deutlich, dass jede philosophisch-begriffliche Bestimmung ganz und gar abhängig ist von der Beschreibung eines Sachverhalts, eines Dokuments, das als Zeugnis verstanden wird und auf einen Prozess der Subjektivierung verweist:

> »Wie kommt es, dass in einer Gesellschaft wie der unseren die Macht nicht ausgeübt werden kann, ohne dass sich die Wahrheit manifestieren muss, in Form der Subjektivität manifestieren muss, und dass man andererseits von dieser Wahrheitsmanifestation in Form der Subjektivität Effekte erwartet, die über den Erkenntnisauftrag hinausgehen und das Heil betreffen, die Erlösung eines jeden und aller?« (1980: 110)

Die Bezugnahme auf Dokumente und Studien aus Archiven, Zeitschriften und Buchveröffentlichungen verstärkt den Eindruck, dass der Gedankengang Foucaults von Fällen lebt und dadurch angeregt wird. Foucault spricht öfter vom Glück, etwas gefunden zu haben. Er unterstreicht, dass Material an unvermuteten Stellen auftaucht oder regelrecht entdeckt wird; in einem Gespräch 1975 bekennt er, erst die Durchsicht von Zeitschriften des 19. und 20. Jahrhunderts habe ihn auf die Geschichte von Pierre Rivière gestoßen. (DE II: 926) Wenn nun Foucault dieser Geschichte einen Rahmen gibt, indem er die »Figur« des »Monsters« einführt (1975: 105, 357), dann ist das sein eigens konstruierter Kontext dafür, was er an einschlägigen Fällen von sexuell und anders Ausgeschlossenen anführt: Kriminalfälle wie den der Mörderin Henriette Cornier oder eben den von Pierre Rivière. Beide behandelt er in seinen Seminaren und greift sie in den Vorlesungen auf, bezieht sich dort auch später darauf. (1974: 396; 1975: 161, 195; 1979: 339-340)

Die »Geschichte der Monster«, die Foucault vorstellt, beginnt im 19. Jahrhundert, als Menschen aus der Vergeltungsmaschinerie der Strafgerichtsbarkeit herausdefiniert werden. Diese Unterbrechung oder Aufweichung der Bestrafung geschah durch das psychiatrische Gutachten. Foucault hatte schon in früheren Vorlesungen zum Gefängnis und zur Strafgesellschaft darauf verwiesen, dass im 19. Jahrhundert nicht mehr der Körper, sondern vor allem die Seele getroffen werden sollten, dass die Strafe im weitesten Sinne erzieherischen Charakter hatte. Die Psychiatrie entstehe »als spezialisierte Branche der öffentlichen Hygiene«, noch bevor sie ein Bereich der Medizin werde. (1975: 155) Sie hilft bei unerklärlichen Verbrechen, bei denen man kein Interesse, kein Motiv und auch sonst keine Erklärung beibringen kann, bei denen auch die Befragung der Angeklagten nichts erbringt.

Für seine Zuhörerschaft mag Foucault bei solchen Ausführungen durchaus als linker, staatskritischer und machtanalytischer Denker erscheinen, solange er an den Strafen das Technologisch-Disziplinarische und an der Psychiatrie des Verurteilend-Ausgrenzende aufweist. Und auch wenn er die Normalisierungsmacht als neuen Machttyp des 19. Jahrhunderts beschreibt, der im Kern darüber entscheidet, wer als normal gelten kann und wer als »anormal«, wird Macht als eine hierarchische Gewalt in den Blick genommen. Hört man jedoch genauer zu, erfährt man, dass Macht vielmehr etwas Relationales sei. Macht, die verurteilt, identifiziert etwas, und ist erst dadurch mächtig:

> »Der Psychiater wird tatsächlich zum Richter [...]. Denn ab dem Moment, da er tatsächlich sein Urteil, das heißt die Entscheidung über die Verurteilung ergehen lässt, und zwar nicht so sehr bezüglich eines Rechtssubjekts, das ein vom Gesetz erfasstes Vergehen begangen hat, sondern hinsichtlich eines Individuums, das Träger der solchermaßen definierten Charakterzüge ist [...] wird der Richter mit der Strafe nicht das Vergehen bestrafen. Er wird sich den Luxus, die Kultiviertheit oder die Ausflucht gestatten, ganz wie Sie wollen, einem Individuum eine Serie von Korrektur-, Anpassungs- und Wiedereingliederungsmaßnahmen aufzuerlegen.« (1975: 42-43)

Foucaults Vorlesung lädt sein Publikum ein, zwischen die angeführten Texte und deren Autoren zu treten. Er sieht Macht gerade in diesem

Zwischen entstehen, wo die Abstufungen des Normalen zum Anormalen diskutiert und festgelegt werden. (1975: 60-62) Macht zeigt sich nicht als Verfügungsgewalt, sondern als Herrschaftsform, die Wissen mobilisiert und eben dadurch der Strafmacht eine neue Ökonomie ermöglicht. Foucault bemerkt einmal, dass beim Vorlesen der Gutachten im Publikum gelacht wird. (1975: 20) Er fordert daraufhin seine Zuhörer auf, selber ein Urteil zu bilden. Denn während bis zum Ende des 18. Jahrhunderts die Natur des Verbrechens niemals erfragt wurde, es auch keine Rolle spielte, welche Geschichte, welche Psyche, welchen Charakter oder welches Leben der Verbrecher hatte, ändert sich das im 19. Jahrhundert ganz entscheidend:

> »Dank des Spiels der neuen Ökonomie der Strafmacht bürdet man dem Verbrechen etwas auf, was ihm noch nie zuteil geworden ist und was ihm in der alten Ökonomie der Strafmacht nie zuteil werden konnte; jetzt wird es mit einer Natur ausgestattet. Das Verbrechen hat eine Natur und der Verbrecher ist ein natürliches Wesen, das aufgrund seiner Natur durch seine Kriminalität charakterisiert ist. Und Sie sehen mit einem Mal, dass in dieser Machtökonomie ein absolut neues Wissen, ein in gewisser Weise naturalistisches Wissen der Kriminalität verlangt wird.« (1975: 119)

Die unterstellte Natur des Verbrechens und des Verbrechers, das positive Wissen um die Kriminalität als etwas, das in einer persönlichen, individuellen Anlage verankert ist, diese begrifflichen Festlegungen sind es, welche die Strafmacht neu definieren. Kriminalität wird auf den Horizont der Krankheit bezogen, und es erscheinen eine ganze Reihe von Figuren in den Grenzbereichen zwischen Psychiatrie und Strafgerichtsbarkeit, die vorher gewissermaßen nicht existierten. Foucault nimmt Texte, die im Zusammenhang einer Verurteilung entstanden sind, und fragt, was sie an Unterstellungen beinhalten: Die Genealogie der Psychiatrie ist hier ganz aus der Diskursanalyse einer bestimmten Textsorte heraus entwickelt. Die Konsequenzen sind durchaus weitreichend, wie Foucault in einem Gespräch 1975 kundtut: »Die Richter selbst sind, ohne es zu wollen und ohne sich dessen überhaupt klar zu werden, Schritt für Schritt von einem Urteil, das noch Strafkonnotationen enthielt, zu einem Urteil übergegangen, das sie in ihrem eigenen Vokabular nur unter der Bedingung rechtfertigen können, dass es eine Verwandlung des Individuums bewirke.« (DE II: 925)

Ab etwa der Mitte des 19. Jahrhunderts, so beschreibt Foucault die Entwicklung der Psychiatrie, werde diese zu einer Teildisziplin der Medizin. Im Prozess einer Verwissenschaftlichung, die immer noch die ursprüngliche Unterscheidung des Normalen und des Anormalen mitschleppt, erkennt man nun eine große Reihe unterschiedlicher Motivationen, welche ein Individuum zur verbrecherischen Tat bringen. Es gibt Impulse, Triebe, Tendenzen und Neigungen (1975: 172): Damit wird ein ganzer psychiatrischer Diskurs erfunden und noch der Wahnsinn pathologisiert, somatisiert, also auf das Individuum rückbezogen.

Foucaults Fälle sind die des von ihm rekonstruierten Diskurses, er wiederholt vor Publikum im Hörsaal die Gesten der Definition, des Ausschlusses, der Stigmatisierung. Da ist der Mann, der zwei Kinder tötet unter dem Vorwand, es seien Königssöhne. Da ist die Frau, welche die Tochter der Nachbarin entführt und sie kaltblütig ermordet, ohne einen Grund dafür angeben zu können. Da ist der Soldat, der Leichen auf dem Friedhof ausweidet und deren Gedärme als Girlanden über die Gräber spannt (1975: 138): Eine Horrorgalerie bizarrer Verbrechen öffnen der Psychiatrie die Möglichkeit, über verschiedene Triebe die grundsätzlich verbrecherische Natur des Menschen plausibel zu machen und sie in solchen Einzelfällen gewissermaßen realisiert zu sehen. Was in vielen Fällen vorliegt, ist eine »grundlose Tat«, ein Verbrechen ohne Motiv, das irgendwie qualifiziert werden muss, um strafpraktisch bewertet zu werden. (1975: 161)

Die Fälle, die den Vorlesenden beschäftigen, verlangen vom Publikum eine Aufmerksamkeit auf das, was in den Diskursen sowohl eingebaut wie zugleich überspielt wird. Im Ausgang von den psychiatrischen Gutachten folgt Foucault einerseits machtanalytisch der Dynamik, die zur Verurteilung führt, zur Feststellung von Anomalie und Anormalität. Andererseits stellt er die »Fälle« nochmals aus, nutzt die Texte der Gutachten, ein Geschehen zu rekonstruieren, das zugleich ein Leiden unter Schmerzen, ein fassungsloses Gefühl des Ausgestoßenseins näherbringt. Foucault bietet im Hörsaal sowohl eine Genealogie der psychiatrischen Diskursmacht wie auch eine Ahnung vom Sein der Exklusion im Innern der Gesellschaft, vom kleinen und alltäglichen Tod der Asozialität, der Krankheit, der Delinquenz.

Foucaults Einlassungen auf die Textsorte des psychiatrischen Gutachtens stellen in den Vorlesungen nicht nur Räume der Vertiefung dar, des Nachvollzugs durch Fallstudien. Zahlreiche Fälle seiner Vorlesungen bis 1976 verklammert Foucault mit dem Begriff der Disziplin. Disziplin lässt sich am besten über Fälle darstellen, kann jedenfalls daran auffällig gemacht werden. Was Foucault Disziplin nennt, enthält die sprachliche Dimension sozusagen eingefaltet in die Praxis, macht den Diskurs zum Geschehen, das nicht aus Bedeutungen verstanden werden kann, sondern aus Wirkungen erklärt werden muss. Foucault öffnet im Hörsaal seinen Zuhörern einen weiten Horizont und markiert den Übergang wie folgt:

> »Die Disziplinartechnik [...] richtet sich auf den Körper, sie produziert individualisierende Wirkungen, sie manipuliert den Körper als Zentrum von Kräften, die zugleich nützlich und gelehrig zu machen sind. Und auf der anderen Seite haben wir eine Technologie, die sich nicht an den Körper, sondern an das Leben wendet; eine Technologie, die die einer Bevölkerung eigenen Masseneffekte zusammenfasst und die Serie der Zufallsereignisse, die in einer lebendigen Masse auftauchen können, zu kontrollieren sucht.« (1976: 293-294)

Foucault führt Geschichten der psychiatrischen Heilung als Disziplinierung aus dem 19. Jahrhundert an und versucht daraus »die allgemeine Form der psychiatrischen Macht« zu erkennen und zu zeigen, »wie das, was ganz von Beginn des 19. Jahrhunderts an gewissermaßen offen, im nackten Zustand, in der psychiatrischen Praxis auftauchte, eine Macht in der allgemeinen Gestalt dessen war, was ich Disziplin nenne.« (1974: 113) Als weitere Beispiele dafür werden die religiösen Orden angesprochen und die Schulen; diese werden als »Kolonisierung der Jugend im Innern« der »Kolonisierung der kolonisierten Völker« parallelisiert. (1974: 106) Foucault findet ein Bild für den Apparat der Unterdrückung durch allseitige Kontrolle: das Panopticon, eine Bauwerk-Idee des englischen Philosophen Jeremy Bentham. Foucault bündelt alle Aspekte der Disziplinierung, auf die es ihm ankommt. Denn Foucault sieht im Bild der allseitigen Überwachung nicht ein abstraktes Diagramm der Machtverhältnisse, vielmehr eine Chiffre für vielfältig ineinandergreifende Produktionen von Macht, von Wissen, von Individualität:

> »Jedenfalls ist das Panoptische, wie Sie sehen, ein formales Schema für die Bildung einer individualisierenden Macht und eines Wissens über die Individuen. Ich glaube, dass Sie das panoptische Schema, dass Sie die Hauptmechanismen, die im *Panopticon* Benthams ins Werk gesetzt sind, letztlich in der Mehrzahl jener Institutionen wiederfinden, die als Schulen, als Kasernen, als Krankenhäuser, als Gefängnisse, als Erziehungsheime usw. zugleich der Ausübungsort einer Macht und der Formierungsort eines bestimmten Wissens über den Menschen sind« (1974: 120-121)

Foucaults Vorlesungen üben sich durchweg in der Praxis der Veranschaulichung durch exemplarische Beschreibungen der Disziplinarmacht. Zu den Operationen Foucaults im Hörsaal gehört es aber auch, Begriffe als Instrumente des Begreifens vorzustellen und damit den Bestand des Begreifbaren zu erweitern. »Disziplin« wird entwickelt anhand der Strafform des Gefängnisses, getestet an den Bewältigungsstrategien von Anomalie und übertragen auf andere Formen wie die Kontrolle und Beherrschung der Bevölkerung. Die philosophische Perspektive ist dabei von grundsätzlichem Interesse, wie man aus der Feststellung ableiten kann, dass »Disziplin« als leitender Begriff die Vorlesungen von 1973 bis 1979 prägt:

> »Die Hypothese, die ich vorbringen möchte, lautet, dass in unserer Gesellschaft etwas wie eine Disziplinarmacht existiert. Ich verstehe darunter nichts anderes, als eine bestimmte, gewissermaßen

kapillare Endgestalt der Macht, ein letztes Relais, eine bestimmte Modalität, durch welche die politische Macht, die Mächte im Allgemeinen, auf oberster Ebene die Körper berühren, sie angreifen, die Gesten, die Verhaltensweisen, die Gewohnheiten, die Redeweisen berücksichtigen.« (1974: 68)

Die Machtanalyse selbst verändert sich und führt vom Strafsystem weg zu Biomacht (1978) und Biopolitik (1979), die als eigene Untersuchungsschwerpunkte dann schließlich auch den Begriff der Disziplin entbehrlich machen und zum Komplex der Regierungstechniken überleiten bzw. zum Sicherheitsdispositiv, das vom Strafdispositiv abgesetzt wird. (1978: 19, 73-74) Foucaults Fallanalysen generieren ihre eigenen Weiterungen und Veränderungen, und der manchmal frappant erscheinende Themenwechsel in den Vorlesungen kann als dieses Spiel zwischen Begriffen und Geschichten verstanden werden. Foucault erklärt das wie folgt:

> »Die Souveränität richtet sich auf die Grenzen eines Territoriums, die Disziplin richtet sich auf die Körper der Individuen, und die Sicherheit schließlich richtet sich auf die Gesamtheit einer Bevölkerung.« (1978: 27)

Mit dem Konzept der Disziplin etabliert Foucault Analysen, die sowohl historisch wie philosophisch die körperliche Einschreibung der Macht nicht nur in die Gesellschaft, sondern auch in die Individuen betreffen. Disziplin lässt sich beobachten und beschreiben, sie ist soziale Wirklichkeit. Disziplin muss aber auch rekonstruiert und anerkannt werden, da sie nur durch Mitwirkung der Individuen funktioniert, d. h. dadurch, dass sich Individuen konstituieren. Dieser Aspekt ist wichtig: Das Leben aller Einzelnen ist betroffen.

»Ich habe Ihnen diesen Fall vorgeführt.« (1975: 197) Diese Wendung hat man oft nur als Hinweis auf ein Beispiel verstanden und die Machtanalyse jenseits von einzelnen Fällen zu verstehen gesucht. Für den Richter oder Psychiater aber sind Beispielfälle genau das, was sie für Foucault auch sind: Ausgangspunkte für Therapien und Diskurse, Anstoßungen des Nachdenkens über das, was es gibt und was nicht. Ohne »Fälle« keine Welt, kein Verhalten, keine Wirkung. Wenn Foucault in seinen Vorlesungen den »Beschreibungs-, Analyse- und Disqualifizierungstyp« der Psychiatrie (1975: 204) bespricht, dann geht er nicht nur didaktisch auf Fälle ein, er begibt sich selbst auf diese Ebene von Beschreibung, Analyse und Qualifizierung. Man kann es in den Vorlesungen so wenig überhören wie heute in den gedruckten Transkriptionen überlesen: Beispiele sind für Foucault nichts, was sich in den Analysen hinweghebt, sondern bleibende Tatsachen, Ereignisse und Schicksale einzelner Individuen.

Das Beispiel des kranken englischen Königs George III. führt paradigmatisch die analytische Perspektive vor und die Beleuchtung dessen, was durch die Disziplinarmacht bewirkt wird, was »als ihre erste Wirkung« erscheint: das Individuum. George III. wurde 1788 wegen des Verdachts auf Wahnsinn behandelt. Der König war damals 50 Jahre alt und regierte seit 28 Jahren; er sollte weitere 22 Jahre regieren, bis er 1810 durch seinen Sohn als Regent abgelöst wurde, der nach dem Tod des Vaters 1820 und bis 1830 als George IV. regierte. Foucault zitiert aus einem zeitgenössischen Dokument, das die – schließlich erfolgreiche – Behandlung schildert und darin wiedergibt, wie der in einem kargen Raum eingeschlossene und einfach gekleidete König gegen den Arzt tobt und mit seinem eigenen Kot um sich wirft. Er wird von einem Pfleger überwältigt, ruhiggestellt, gewaschen und weiter beobachtet. (1974: 42) Foucault kommentiert das wie folgt:

> »Während sich die souveräne Macht im Wesentlichen durch die Symbole der gleißenden Stärke jenes Individuums, das sie innehat, manifestiert, ist die disziplinarische Macht eine diskrete, aufge-

teilte Macht; es handelt sich um eine Macht, die ihre Funktion im Geflecht erfüllt und die nur in der Folgsamkeit und im Gehorsam derjenigen sichtbar wird, auf die sie ausgeübt wird. Und das ist, wie ich glaube, das Wesentliche dieser Szene: die Konfrontation einer souveränen Macht mit einer disziplinarischen Macht, ihre Unterwerfung, ihre Verknüpfung.« (1974: 42-43)

Neben dem englischen König gibt es in Foucaults Vorlesungen andere Beispiele für den Gegensatz von Souveränitätsmacht und Disziplinarmacht. Foucault bespricht die unter Einbildungen leidenden Mary Barnes (1974: 56) und Mason Cox (1974: 189-190), die Hermaphroditen Antide Collas (1975: 93) und Marie Lemarcis (1975: 95-96), sowie den Fall der Anne Grandjean (1975: 100-105) samt Problematisierung ihrer »Geschlechtermischung«. Das sind Fälle, die in Foucaults Vorlesungen vor den Augen und Ohren der Zuhörerschaft aufgeführt, analysiert und zu einer philosophischen Argumentation entwickelt werden.

Weitere Beispielfälle entnimmt Foucault dem »Kreuzzug gegen die Masturbation«, einer vornehmlich diskursiv ins Werk gesetzten Institution, die vom frühen 18. Jahrhundert an die bürgerliche Familie neu definiert. (1975: 300-350) Hier stammen die angeführten Einzelfälle aus dem Argumentationsarsenal der Verurteiler, die möglichst plastisch die Verderbtheit durch Selbstbefriedigung herausstellen. Foucault lässt vor seinem Publikum die einschlägigen Schriften des späten 18. und frühen 19. Jahrhunderts Revue passieren und plädiert zunächst im Sinne des Vernichtungsurteils. Dann aber wechselt er die Seiten und zitiert Beschreibungen aus medizinischen Lexika von 1820, Zeitschriften von 1833 und aus Quellen, die zur »Autobiographie von Onanisten« gehören, Bekenntnisschriften hypochondrischer Selbstverliebtheit. (1975: 311-315) Foucault nutzt die Fallbeschreibungen aus Sammelwerken von Abbé Rozier und Léopold Deslandes aus den Jahren 1830 und 1835, um die Sprache der zeitgenössischen Verurteilung zu brechen. Für die ausführliche Schilderung eines Ratschlags, wie Eltern ihre Kinder überwachen sollten, damit sie »sichere Beweise für Onanie« finden, entschuldigt sich Foucault bei seinem Publikum (1975: 325), nur um wenig später die Sprache der Krieger gegen die Masturbation in freien Ansprachen an die Eltern als erfundene Szene vorzuführen. (1975: 341-342) Damit beendet er sein Referat, um anschließend über die Gleichsetzung von Krankheit und Sexualität die neue Rolle der Psychiatrie für die Familie zu betonen. (1975: 354-360)

Ein Seitenblick auf die Verwendung bestimmter Dossiers durch Foucault ist hier aufschlussreich, denn er nimmt oft genug Rekurs auf den wegen seiner Standardtherapie der kalten Duschen bekannten und berüchtigten Arzt François Leuret. Das Dossier muss umfangreich sein, denn Foucault zitiert ihn vergleichsweise oft, und das in seiner gesamten Schaffensphase: zweimal in seinem ersten großen Buch von 1961, *Wahnsinn und Gesellschaft,* danach in einem Aufsatz 1963. Nach der Erwähnung in der Vorlesung 1973 taucht Leuret in zwei weiteren Aufsätzen sowie 1980 in Vorträgen in den USA und 1981 in einer Vorlesung in Belgien auf. Foucault bezieht sich an allen Stellen auf Leurets Werk von 1840 über die Behandlung der Geisteskrankheiten.[47] Das starke Interesse Foucaults verdankt sich vermutlich insbesondere den bei Leuret überlieferten Dialogen zwischen Arzt und Patient, die durch kalte Duschen unterbrochen werden. Es sind jedoch immer wieder andere Dialoge, andere »Szenen« aus den Berichten Leurets, die Foucault anführt: Er pflegt keine Standardbeispiele; er variiert die Quellen, wenn sie es erlauben.

Bei Leuret sind die Dialoge zwischen Arzt und Patient Teil der Therapie. Was Leuret protokolliert, stellt aber keine reine Beobachtung dar, sondern gilt als Beweis seiner ärztlichen Kunst. Wenn Foucault auf die Ebene der Dialoge zurückgeht und diese als Beispiele in seine Vorlesungen einbaut, dann hebt er nicht nur den Arzt in seiner diskursiven Selbstsicherheit heraus, er findet beim jeweils behandelten Individuum immer auch einen Fall vor. Fälle zeigen, was sich nicht

---

[47] Leuret wird hier zitiert: WG: 331, 547-548; DE I: 368-369; DE III: 433; Dartmouth 1980: 31-32; Löwen 1981: 1-2; DE IV: 207-208; DE IV: 810. Das meistzitierte Werk von F. Leuret erschien in Paris 1840 als Du traitement moral de la folie.

anders zeigen kann, nämlich das Individuum als Ausgangspunkt und Zentrum aller Maßnahmen.

> »Man darf das Individuum, denke ich, also nicht als eine Art elementaren Kern, primitives Atom, vielfältige und träge Materie begreifen, auf die die Macht angewendet wird, gegen welche sie sich richtet und die die Individuen unterwerfen oder brechen würde. In Wirklichkeit ist das, was bewirkt, dass Körper, Gesten, Diskurse, Wünsche als Individuen identifiziert und konstituiert werden, eine der ersten Wirkungen der Macht. Das Individuum ist also nicht das Gegenüber der Macht; es ist eine ihrer ersten Wirkungen. Das Individuum ist ein Machteffekt und gleichzeitig, in genau dem Maße, wie es eine ihrer Wirkungen ist, verbindendes Element: Die Macht geht durch das Individuum, welches von ihr konstituiert wurde, durch.« (1976: 45)[48]

Das Individuum wird – hier spricht Foucault über Straftechnologien – als »Gefahr für die Gesellschaft« dargestellt und gehört daher zum Aufgabenbereich der Kriminologie. Ein Rechtsbruch muss dazu nicht vorliegen, weil es »psychologisch oder medizinisch definierte Merkmale« gibt, die Gefahr signalisieren. (1973: 246) Ein kriminologischer Fall ist, wenn man so will, konstruiert, wird diskursiv erschaffen. Der Verbrecher ist als abweichend von der Norm keine abstrakte, sondern immer eine konkrete, eben individuelle Größe. An den Fällen der Kriminologie zeigt Foucault, wie gesellschaftliches Verhalten durch die Markierung der Ausnahmen definiert wird, ohne dass diese Definition ausgesprochen zu werden braucht. Sie realisiert sich in Vorschriften, Urteilbegründungen und polizeilichen Handlungen:

> »Das System der permanenten Kontrolle der Individuen ist jedoch weder eine Probe noch eine Untersuchung. Oder vielmehr ist es eine ständige Probe, ohne Schlusspunkt. Es ist eine Untersuchung,

---

[48] Übersetzung leicht geändert, weil frz. »par l'individu« missverständlich durch »dank des Individuums« übersetzt wurde.

> aber vor jeglichem Vergehen, außerhalb jeglichen Verbrechens. Es ist eine Untersuchung, bei der das Individuum *a priori* unter Generalverdacht steht. Man kann diese ununterbrochene, stufenförmige, akkumulierte Untersuchung als eine *Prüfung* (*examen*) bezeichnen, die eine fortwährende Kontrolle und einen ständigen Druck gestattet, die erlaubt, dem Individuum in all seinen Bemühungen zu folgen, zu sehen, ob es geregelt oder ungeregelt, solide oder disziplinlos, normal oder anormal ist. Indem sie diese fortwährende Teilung vornimmt, erlaubt diese Prüfung eine stufenförmige Aufteilung der Individuen bis zur Grenze der Justiziablen.« (1973: 270-271)

Foucault, der sich gegen den vorausgesetzten Begriff des Individuums – wie er soziologisch, aber auch philosophisch seit der Zeit um 1800 gedacht wird – wehrt, setzt nun nicht die Machtanalyse ein, um daraus den Begriff des Individuums als variable Größe zu abstrahieren. Wenn die Arbeit in den Vorlesungen etwas zeigt, dann die Mühe, die es Foucault kostet, den großen Gedanken – Macht als Strategie und Verfahren, als Technologie und Manöver – ebenso dynamisch und flexibel zu halten wie die vielen kleinen Geschichten der Anormalen, Kranken und Delinquenten:

> »Das Individuum ist, so scheint mir, der Effekt der Macht lediglich insoweit, als die Macht ein Verfahren der Individualisierung ist. Und genau auf dem Punkt dieses Machtgeflechts, das in seinen unterschiedlichen Potentialen, in seinen Spielräumen funktioniert, tritt etwas wie das Individuum, die Gruppe, das Kollektiv, die Institution in Erscheinung.« (1974: 32)

Man kann mitverfolgen, wie Foucaults Argument aus dem Hin und Her der verschiedenen Zeugnisse, aus den unterschiedlichen Archiven heraus das Individuum als eine eigentlich schwache Figur zeichnet, die vor allem dort auftaucht, wo man nicht hinschaut, am Rand des Normalen. Stark und kräftig erscheint das Individuum nur denen, die als Agenten der disziplinären Macht von ihm provoziert werden. Das

Individuum tritt zutage, sagt Foucault einmal, in der Erscheinung einer somatischen Singularität. (1974: 74) Das kann man den Fällen von Henriette Cornier und Pierre Rivière abnehmen und ablesen, sowohl ihren mörderischen Taten wie ihren Rechtfertigungen dazu. Das ist eine ganz andere Genealogie des Individuums als in der Geistesgeschichte, die es mit Sensibilität und Innerlichkeit ausgestattet sieht, der Prüfung in gesellschaftlichen Nöten ausgesetzt. Wäre Foucault daran interessiert gewesen, seinem Publikum das Leiden der Individuen in der Gesellschaft nahezubringen, hätte er sich vielleicht an der Auslegung der Romanfiguren von Jane Austen versucht. Wäre er sozialkritischer gesonnen und scheute den Unterton der Tragik nicht, hätte er an den Soziologen Georg Simmel anschließen können.

All diese affirmativen Diskurse über das Individuum verwirft Foucault, legt einen großen Schleier der Nichtbeachtung um sie und spricht umso deutlicher von der Notwendigkeit, niemals das Individuum mit einer »widerstandsfähigen Form« ausgestattet zu denken (1974: 93), weder literarisch noch soziologisch. Diesen letzten Zusatz muss man sich im Hörsaal hinzudenken; Foucault spricht nicht nur hier nicht aus, was auf der Hand liegt und jedem im Publikum klar sein muss. Diese Zurückweisung der Tradition des philosophischen, psychologischen und soziologischen Denkens rund um das Individuum wäre in anderen philosophischen Hörsälen unwahrscheinlich, ungewöhnlich und für gebildete Akademiker vielleicht sogar empörend gewesen. Bei Foucault erweist sich der Charakter der Vorlesungen als öffentlich vorgetragene Untersuchung eben darin, dass zum Individuum alles aus Fällen heraus rekonstruiert wird, nicht aus Theorien.

Man muss Foucault gut zuhören, um zu verstehen, dass er mit dem Wort »Individuum« keine Kategorie, nicht einmal einen Begriff aussagt, sondern tatsächlich eine Figur inmitten einer Schlacht der Mächte, eines Zugriffs der Disziplinen, eines ganzen Dispositivs des Sagens und Handelns – und dass er eben darum das Individuum nicht für passiv, ohnmächtig und schwach ansieht. Es ist eine Figur, die nur aus dem Blickwinkel gesellschaftlicher Normalisierungsansprüche erscheint. Es ist eine Figur in Bewegung, nicht identisches Selbst, kaum »Subjekt-Funktion«, wohl aber »somatische Singularität«. (1974: 74)

Deren Zirkulation nachzuzeichnen, taucht Foucault tief in die Logik der Disziplinarmacht ein und behandelt Individualisierung als einen inneren Vorgang moderner, auf Nützlichkeit ausgerichteter Gesellschaften:

> »Die Disziplinarsysteme haben eine Hauptfunktion, eine massive und globale Funktion, die man deutlich im 18. Jahrhundert aufkommen sieht: nämlich die Vielfältigkeit der Individuen an die Produktionsapparate oder an die Staatsapparate anzupassen, die sie kontrollieren, oder auch das Prinzip der Kumulation von Menschen an die Akkumulation des Kapitals anzupassen.« (1974: 165)

Zwischen der Herausstellung individueller Singularität und der Produktivität der Disziplinarsysteme aber findet – bezeichnend für die Gedankenentwicklung der Vorlesungen Foucaults – eine kurze und heftige Erweiterung des Themas statt. Foucaults Blick geht erwartbar nicht auf ältere Philosophien und Theorien der Individualität ein, sondern sucht Modelle für die Praktiken der Individualisierung. Wir sind in der vierten Vorlesungsstunde von *Die Macht der Psychiatrie*, wenn Foucault am 28. November 1973 so einsetzt: »Ich beginne mit einigen Bemerkungen zur Geschichte der Disziplinardispositive.« (1974: 99) Er fährt fort, dass er von der eher abstrakten Schilderung wegkommen wolle – »ich hatte Ihnen eine Art Apparat, eine Art Maschinerie beschrieben« – und der Frage »Wo haben diese Disziplinardispositive existiert?« nachgehen will, um so zu antworten: »Man findet sie im Wesentlichen in den religiösen Gemeinschaften«. (1974: 99)

Wer den Eindruck haben konnte, dass Foucault die Disziplinarmacht lediglich als Gegenmodell zur Souveränitätsmacht aufbauen und dieser kontrastieren wollte, sieht sich getäuscht und muss erkennen, dass mit den Stichwörtern »Individuum« und »Individualisierung« keine bloße Untertanenkonstitution angesprochen wird, sondern durchaus mehr gemeint ist, was klarer wird, wenn Foucault von der »Subjekt-Funktion« des Individuums spricht. (1974: 91) Damit taucht, gleichsam als Rückgriff auf die erste Vorlesung und zugleich als Vorgriff auf die spätere Thematisierung der »Sorge um sich«, mitten in Foucaults Vorlesung zur Disziplinargesellschaft das sich ändernde Individuum auf: Gegenstand der Pädagogik und eines durchaus gesellschaftlichen Zwangs, selbst zu werden, was man ist. Foucault lässt im Hörsaal den moralisierenden Ton der Züchtiger ertönen und präsentiert seiner Zuhörerschaft das zur »Besserung« genötigte Individuum. Mit einem genealogischen Sprung über die Jahrhunderte verbiegt Foucault sozusagen die Hälse seines Publikums, wenn er auf das Mittelalter zurückgeht und auf die Mystik des 14. Jahrhunderts:

> »Hier, in dieser Praxis einer Übung des Individuums an sich selbst, in diesem Versuch, das Individuum zu verändern, in dieser Suche nach einer fortschreitenden Entwicklung des Individuums bis zum Punkt des Heils, hier, in dieser asketischen Arbeit des Individuums an sich selbst für sein Heil findet man die Matrix, das Ausgangsmodell der pädagogischen Kolonisierung der Jugend. Von da ausgehend und in der kollektiven Form dieser Askese findet man, sieht man bei den Brüdern vom gemeinsamen Leben, wie sich die großen Schemata der Pädagogik abzeichnen, nämlich die Idee, dass man die Dinge nur erlernen kann, indem man eine bestimmte Anzahl von obligatorischen und notwendigen Stadien durchläuft, dass diese Stadien in der Zeit aufeinanderfolgen und dass sie, in der gleichen Bewegung, die sie durch die Zeit führt, genausoviel Fortschritt anzeigen, wie es Etappen gibt. Die Koppelung Zeit-Fortschritt ist charakteristisch für die asketische Übung und wird ebenso für die pädagogische Praxis kennzeichnend sein.« (1974: 104)

Dass man so spricht und die asketische Übung (hohes Ziel der Selbstvergewisserung) mit der pädagogischen Praxis (problematische Technik der Fremdbestimmung) in Verbindung bringt, zeigt Foucaults Offenheit für verschiedene Fälle und seine eigene Beweglichkeit in der Methodologie. Indirekt wird durch den Hinweis auf die christlichen Ordensgemeinschaften auch die Vielfalt der im Hintergrund verfügbaren historischen Dossiers deutlich. Man bemerke: Foucault spricht bei der Parallelisierung von Pädagogik und Askese nicht vom Widerspruch, nicht von Dialektik und auch nicht von der Gleichzeitigkeit des Ungleichzeitigen. Er sagt, Zeit und Fortschritt seien beide Male eng aneinander gekoppelt, das sei charakteristisch hier wie dort. An anderer Stelle der Vorlesung verortet er das Phänomen des zu bessernden – und des sich bessernden – Individuums stärker in den Machtkomplexen der bürgerlichen Gesellschaft:

> »Das zu bessernde Individuum ist […] die Familie selbst in der Ausübung ihrer internen Macht oder in ihrer ökonomischen Leitung; oder sogar die Familie in ihrer Beziehung zu den Institutionen, die sie flankieren oder stützen. Das zu bessernde Individuum taucht in diesem Spiel, in diesem Konflikt, in diesem System wechselseitiger Unterstützung zwischen Familie und Schule, Werkstatt, Straße, Stadtviertel, Pfarrei, Kirche, Polizei usw. auf. Sie bilden daher den Rahmen, in dem sich das zu bessernde Individuum zeigen wird.« (1975: 79)

Eine wechselseitige Bezogenheit von Individuum und Gesellschaft – trivialer Ansatzpunkt jeder Soziologie und eben darum bei Foucault unerwähnt – wird auch in ökonomischer Hinsicht eingeräumt. Man kann, sagt Foucault 1979, das Verhalten eines Individuums unter dem Gesichtspunkt des *Homo oeconomicus* in den Blick nehmen, was bedeute,

> »dass das, wodurch das Individuum gouvernementalisierbar wird, das, wodurch man einen Einfluss auf es nehmen können wird, nur insofern der Fall ist, als es ein *Homo oeconomicus* ist. Das heißt, dass die Kontaktfläche zwischen dem Individuum und der Macht, die auf es ausgeübt wird, und folglich das Prinzip der Regelung der Macht auf das Individuum nur dieses Raster des *Homo oeconomicus* sein wird. Der *Homo oeconomicus* ist die Schnittstelle zwischen der Regierung und dem Individuum. Und das bedeutet keineswegs, dass jedes Individuum, jedes Subjekt ein ökonomischer Mensch ist.« (1979: 349)

Wie stark auch immer die Rede von der ökonomischen Dimension des Individuums und seiner Beziehung zu dem, was ihm an Macht gegenüber steht, bei Foucault als Anregung für weitergehende Studien zum *homo oeconomicus* gedient hat, für ihn selbst ist dies nur eine Wahrheit des Individuums. Dessen andere liegt in seiner Veränderlichkeit. Das eine Problem ist das Sein des Individuellen, das andere sein Werden. Foucault hatte das Problem der Erziehung und der Veränderung durch Wissen schon in seiner allerersten Vorlesungsreihe expliziert, gewissermaßen als Signatur seines Philosophierens. Später modelliert er entsprechend eine Kontextualisierung des Individuums in der philosophischen Antike: »Wie wird man ein anderer? Wie hört man auf zu sein, was man ist?« (1980: 218)

Die Veränderung durch Wissen ist eine praktische Veränderung der Lebensweise: Aber wer stößt das an? Es handelt sich nicht um ein Herausgehen aus dem einen und ein Hineingelangen in einen anderen Zustand, auch wenn eine Reihe von Regeln aus dem hellenistischen Kontext der Spätantike darauf hindeuten und Foucault 1982 die bekannten Arbeiten Pierre Hadots über antike Weisheitslehren anführt. Foucault findet dann seine Beispielfiguren nicht in Bildungsromanen oder Heldengeschichten, sondern im Drama. Veränderung sieht er dramatisch, und wenn es nicht die Tragödien selbst sind, die Foucault anführt, dann sind es dramatische Szenen, von denen etwa der Chronist Diogenes Laertius aus dem ersten Jahrhundert berichtet. »Geh mir aus der Sonne, Herr«, kolportiert dieser Diogenes den anderen, den von Sinope, im Streit mit Alexander dem Großen, der ihm das Sitzen verschattet. Solche Szenen sucht derjenige Foucault, der sich fragt,

> »wie das Wahrsprechen, die Verpflichtung und die Möglichkeit des Wahrsprechens in den Verfahren der Regierung zeigen können, wie das Individuum sich in seinem Verhältnis zu sich selbst und zu den anderen als Subjekt konstituiert.« (1983: 64)

Denn Veränderung geschieht nicht von allein, auch hier gibt es eine Relation und damit etwas, dem gegenüber man sich ändert, das die

Veränderung auslöst, erlebt oder erleidet. Das beschäftigt Foucault in seinen letzten Vorlesungszyklen, die auf eine vertrackte und nicht leicht erkennbare Weise philosophisch sind: Er nimmt Wahrheit nicht als Spiel, nicht als erzeugt, sondern als ausgesprochen, als in Situationen wirklich. Wahrheit ist damit keine Frage, die man an einen Diskurs stellen kann, der sie prätendiert. Eher muss man denjenigen fragen, der »wahr spricht« und die Effekte dessen ermessen:

> »Die Frage lautet vielmehr: Auf welche Weise konstituiert sich das Individuum selbst in seinem Akt des Wahrsprechens, und wie wird es von den anderen als Subjekt konstituiert, das einen wahren Diskurs hält, auf welche Weise stellt sich derjenige, der die Wahrheit sagt, in seinen eigenen Augen und in den Augen der Anderen die Form des Subjekts vor, das die Wahrheit sagt.« (1984: 15)

So führt die philosophische Frage nach der Wahrheit zur Untersuchung von Fällen: Wahrsprechende sind Handelnde, die das Sagen auf die letzte, äußerste Probe stellen und sprechen, als ob damit alle Verhältnisse im Augenblick bezeichnet werden könnten. Wahrsprechen ist ein in sich kollabierender Akt der Kommunikation, der in der Geste des Nichtkommunizierens – durch Beleidigung, Provokation, Drohung – sich selbst in diesem Sprechen selbst erschafft. Der Kyniker Diogenes schert sich nicht um die Bedeutung des Bedeutens, er stellt im Sprechen ein Verhältnis her, das durch eben die im Sprechen bewirkte Veränderung ihn selbst den sein lässt, der er ist.

Im Vortrag handeln

9. »WENN IHR KÄMPFEN WOLLT«

Das Foto zeigt einen Redner, der nicht in ein Mikrophon spricht, sondern in ein Megaphon. Die Szene spielt nicht im Hörsaal, sondern auf der Straße. Zahlreiche Demonstranten haben sich versammelt und hören dem Redner zu, in unterschiedlichen Graden der Aufmerksamkeit. Welchen Moment der Fotograf einfängt, ist ohne den Ton der Szene nicht zu erahnen. Auch andere haben, wie der Redner, den Mund geöffnet und rufen vielleicht etwas. Mit großer Wahrscheinlichkeit befinden sich viele Personen rundherum, die der Linse des Fotografen entgehen, auf einer Tonbandaufnahme aber Spuren hinterlassen hätten. Originaltöne von Demonstrationen wurden zu allen Zeiten und Orten selten eingefangen. Auch hier werden wir zu Betrachtern eines stummen Bildes.

Das Megaphon in der Hand des Redners ist leicht gesenkt, vermutlich spricht er nicht sehr laut. Er zieht kaum Blicke auf sich. Die Augenpaare rund um ihn herum gehen in viele Richtungen. Keine Figur in dieser dramatischen Szene aufgewühlter Seelen ist ganz im Zuhören befangen. Nicht zwei Gesichter scheinen in dieselbe Richtung zu schauen. Würde man Blickachsen einzeichnen, käme ein Kreuz und Quer heraus, das die Gruppe auf dem Bild mit den Geschehnissen verbindet, die wohl vor allem außerhalb des vom Fotografen gewählten Ausschnitts liegen.

Gewiss gibt es in der Bildkomposition Hauptfiguren, nicht nur den Mann hinter dem Megaphon, sondern auch den Studenten mit erhobenem Arm direkt vor ihm. Aktiv scheinen hier die meisten anderen Gestalten zu sein, ernst blicken sie vor sich hin und eine starke innere Bewegung will man ihnen nicht absprechen. Vielleicht hat der Fotograf sie in einem Moment des Nachdenkens erwischt über das, was durch das Megaphon gesagt oder anderswo auf der Straße geschrien wird. Man stellt sich die Szene kaum anders als tumulthaft vor und ahnt beim Betrachten der im Augenblick stillgestellten Figuren das Chaos, das in ihnen selbst stattgefunden haben muss.

Die Gestalten sind arrangiert wie auf einer Bühne. Sie stehen nicht so isoliert gegeneinander wie in manchen Gruppenporträts der Malerei. Dennoch scheinen die versammelten Individuen einzeln begriffen und willkürlich zusammengestellt, nicht unähnlich einem Tableau junger Künstler und Intellektueller von James Tissot gut einhundert Jahre zuvor.[49] An allen im Bild anzutreffenden Personen sind Bewegungen auffällig, ihre Körper sind angespannt, die Arme im Schwung, die Mienen unruhig. Es gibt einen Mittelgrund von Sitzenden, dahinter beginnt die Gruppe der Stehenden, offenbar leicht erhöht, vielleicht zwei Treppenstufen. Zu ihr gehört der Mann mit dem Megaphon. Über den Köpfen die schwach belaubten Baumkronen des frühen Mai. Im Vordergrund verrät eine unscharf mitfotografierte Krücke, dass das Bild wohl im Stehen geschossen wurde. So sehen wir den Redner mit seinen Zuhörern und sehen zugleich, wie alle im Bild sich in einem öffentlichen Raum bewegen.

Das Foto stammt von Serge Hambourg, damals Fotograf der Zeitschrift *Le Nouvel Observateur*, der Ort ist die Place de la Sorbonne in Paris, das Datum der 9. Mai 1968, die heiße Anfangsphase der Demonstrationen, kurz bevor die Universitätsgebäude der Sorbonne durch Studierende besetzt und die Studentenrevolte durch Arbeiterbeteiligung verstärkt wurden. Die Eskalation von diesem Donnerstag an wird ihren Höhepunkt im Generalstreik am darauffolgenden Montag haben. Zu sehen ist mit Megaphon der Schriftsteller Louis Aragon, von der Kommunistischen Partei Frankreichs auf die Straße und ins Getümmel geschickt, um den jungen Menschen eine politische Perspektive zu geben. Aragon hat aber, nach mehrfach überlieferten Erzählungen, die Studierenden nicht erreicht. Links neben Aragon (rechts von ihm) steht der Lehrer und Gewerkschaftler Alain Geis-

---

[49] James Tissot: Le Cercle de la rue Royale, 1866, in: Musée d'Orsay; vgl. https://fr.wikipedia.org/wiki/Le_Cercle_de_la_rue_Royale; https://www.youtube.com/watch?v=0J_eHP-h-NA.

mar und verrät mit seinem Gesichtsausdruck keinen teilnehmenden Enthusiasmus. Im Mittelgrund erhebt Studentenführer Daniel Cohn-Bendit den Arm, und auch sein Gesicht verrät, dass er Aragon ignoriert und ignorieren will.

Place de la Sorbonne 1968
Foto: Serge Hambourg, © Collection Hambourg

Den Fotografien Serge Hambourgs hat man anlässlich einer Ausstellung 2006 die Frage gestellt, wie weit seine Motive arrangiert seien, denn es zeigen viele eine künstliche Schönheit.[50] Aus den Umständen des hoch dynamischen Geschehens auf den Straßen von Paris zu jener Zeit weiß man jedoch, dass hier ein Glücksfall der Momentaufnahme vorliegt. In einem Gespräch 2018 haben sich Geismar und Cohn-Bendit an die Vorgänge erinnert und bekannt, dass sie sich vor dem 9. Mai erst einige Tage kannten. Einig waren sie sich darin, dass eine irgendwie gesteuerte kommunistische oder übergreifende marxistische Vision

---

50 Protest in Paris 1968, Photographs by Serge Hambourg, hg. v. Thomas E. Crow, Anne Sa'adah [Ausstellungskatalog Hood Museum], Hanover 2006.

nicht erwünscht ist. Für beide spricht Aragon auf verlorenem Posten und kann seine Popularität als Dichter politisch nicht ummünzen. Cohn-Bendit im Rückblick über seine Mitdemonstranten: »Viele wurden über Nacht Maoisten, Anarchisten oder Trotzkisten«. Und selbstkritisch über sich: »Wir haben unsere Wünsche mit der Realität verwechselt.«[51]

Es könnte die Szene auf der Straße dem Hörsaal ähneln, wenn das Megaphon das Mikrophon ersetzte und man das Reden wie das Zuhören als gewissermaßen ins Freie ausgewildert verstünde: Im Lärm der Straße fände dann doch so etwas wie ein Kampf um den klaren Kopf statt, die Suche nach der wegweisenden Ansage, die Bereitschaft zu prüfendem Nachdenken. Offenbar aber ist die Situation anders und erscheint auch so, denn das Megaphon und sein Redner organisieren die Szene nicht. Der Schriftsteller Aragon ist zentral im Foto, und doch wirkt er müde und sein Blick leer. Alle anderen Gesichter weisen deutlich mehr Spannung auf; die vielen gedrehten Körper fügen sich zu einem Ensemble der angehaltenen Bewegungen wie in manchen Gemälden der italienischen Renaissance. Das Ringen um den klaren Kopf, die richtige Aussage und das erreichbare Ziel ist augenfällig, die Situation jedoch offen.

Das Foto zeigt mit fast tragischem Ausdruck ein in sich zersplittertes Zusammensein, eine körperliche Verlorenheit im Augenblick. Sobald man weiß, dass Aragon ins Leere spricht, lässt sich aus der Perspektive der Jüngeren auch deren Ungläubigkeit gegenüber älteren Schicksalserzählungen in das Bild hineinlesen, das Misstrauen gegenüber den starken Mythen der politischen Linken vom Kampf gegen Faschismus und Kapitalismus.

Der Kampf der Studierenden begann in Paris und anderswo schon vor 1968 in ihrer eigenen Lebenswelt und richtete sich gegen die Rituale und Autoritäten des universitären Unterrichts. Gerade darin liegt die kulturelle Bedeutung des Mai 1968: Wenn die Bedingungen des

---

[51] Daniel Cohn-Bendit: Le mouvement dévoré par des idéologies militantes. Débat entre Daniel Cohn-Bendit et Alain Geismar, in: Socio 10 (2018): Dossier 1968-2018, Nr. 35, 70.

Lernens und die Konditionierungen des Wissens unmittelbar Auslöser und Gegenstände des Protests sind, dann vor allem, weil sie konkrete Erfahrungen konnotieren. Politik wird im Mai 1968 an vielen Orten der Welt zum Teil des Alltags und damit ganz neu definiert, jenseits der politischen Politik, anfangend mit der Forderung, die Studenten sollten Subjekte werden.[52] Die jungen Leute sind nicht aus Loyalität zu einer Sache, einer Partei oder eines schon vorher bestimmten Kampfes motiviert. Vielmehr werden sie aktiv auf Grund der eigenen Erfahrung ungenügend und falsch legitimierter Autorität – Erfahrungen an Orten, an denen das Reden zählt und sich in Aufmerksamkeit auszahlen muss: in den Universitäten, in den Parlamenten, in den Medien, eigentlich überall.

Foucaults Stimme erhebt sich ab 1970 – zweieinhalb Jahre nach diesen Ereignissen – an zwei unterschiedlichen und von ihm gleichwohl gleichwertig behandelten Orten: im Hörsaal und auf der Straße. Foucault spricht zu einem ausgewählten, interessierten und von ihm begeisterten Publikum im Collège de France, und er spricht zu einem anonymen, zufälligen und je nach Anlass wechselnden Publikum in der Öffentlichkeit. Foucault ist Professor und Intellektueller, beides mit Energie und Leidenschaft. Der Historiker Emmanuel Le Roy Ladurie soll einmal von zwei Foucaults gesprochen haben und meinte den Demonstranten einerseits und den Akademiker andererseits.[53] Dafür gibt es eine Reihe von Anhaltspunkten.

Am 24. November 1971 beginnt Foucault seine zweite Vorlesungsreihe am Collège de France, angekündigt unter dem Titel *Theo-*

---

[52] Vietnam-Resolution des Studentenkonvents vom Mai 1967, zitiert nach Gerhard Fels: Der Aufruhr der 68er. Zu den geistigen Grundlagen der Studentenbewegung und der RAF, Bonn 1998, S. 141. Zum französischen Kontext siehe die Wortmeldungen von Jacques Sauvageot und Alain Geismar in: Aufstand in Paris oder ist in Frankreich eine Revolution möglich? hg. v. Hervé Bourges, Reinbek 1968; vgl. auch Gabriel und Daniel Cohn-Bendit: Linksradikalismus – Gewaltkur gegen die Alterskrankheit des Kommunismus, Reinbek 1968 (im gleichen Jahr auf Französisch als »Le gauchisme« und Englisch als »Obsolete communism« erschienen).

[53] Emmanuel Le Roy Ladurie wie zitiert in der Biographie von Eribon [FN 18], S. 365.

rien und Institutionen der Strafe. Es geht um die Ausbildung des juristischen Apparats in den modernen Gesellschaften und die Rolle des Richters bei der Bestrafung nach gesetztem Recht. Foucault eröffnet mit der (rhetorischen) Frage nach dem Motiv für seine Vorlesung und beantwortet sie selbst: »Der Grund für die Vorlesung? – Es genügt, die Augen aufzumachen.« (1972: 17) Er meint damit wohl die Präsenz der Polizei vor dem Eingang des Collège de France, ein gewohnter Anblick seit den Unruhen von 1968.[54] Der 24. November 1971 ist ein Mittwoch.

Am Samstag darauf, den 27. November, protestiert Foucault mit anderen Intellektuellen, darunter Jean-Paul Sartre, gegen die Haftbedingungen in französischen Gefängnissen.[55] Foucault spricht – ein Foto zeigt ihn mit Megaphon in der Hand – ohne Manuskript, ohne das Zeitvolumen einer Vorlesung, also kurz. Und er spricht nicht vor Menschen, die gekommen sind, ihn zu hören, sondern vor solchen, bei denen er Gehör überhaupt erst finden will.

Es gibt weitere Koinzidenzen zwischen dem Vortrag im Hörsaal und dem Protest auf der Straße: Foucault hat am 15. Dezember 1971 seine dritte Vorlesungsstunde, spricht dort über »das Repressionssystem« seit der Mitte des 19. Jahrhunderts. (1972: 72) Am nächsten Tag bestreitet er eine Pressekonferenz in Toul, vier Autostunden östlich von Paris, aus Anlass der Niederschlagung von Aufständen im dortigen Gefängnis. Nachdem er Silvester 1971 vor dem Gefängnis von Fresnes (bei Paris) mitdemonstriert hatte, wo es zu heftigen Unruhen gekommen war, und am 5. Januar 1972 einen Aufruf gegen Justizminister René Pleven unterzeichnet hatte, mischt er sich zwei Wochen später, am 18. Januar 1972, unter Demonstranten, die zum Justizministerium zogen[56], um am Tag darauf seine sechste Vorlesungsstunde zu halten, in der er ausführt, dass »eine gleichermaßen spezifizierte wie allgemeine Repressionsinstanz nicht notwendig ist. Die Entschei-

[54] Pierre Daix: Michel Foucault am Collège de France. In: Denken und Existenz bei Michel Foucault [FN 30], S. 67-70.

[55] Bericht von Mauriac in der Biographie von Eribon [FN 18] S. 339-340.

[56] Vgl. die Biographie von Eribon [FN 18], S. 326-330; David Macey: The Lives of Michel Foucault, London 1993, S. 257-279.

dung der Justiz hat an sich eine Führungs- und Repressionsfunktion«. (1972: 126) Im aktuellen politischen Protest gegen die Gefängniszustände, öffentlich gemacht von einer couragierten Gefängnismitarbeiterin, fragt sich Foucault, was sich »hinter den bloßen Fakten, die sie offenlegt«, verberge, und ob es das ehrlose und regelwidrige Verhalten Einzelner sei, um zu antworten: »Kaum. Wohl aber der Gewaltcharakter der Machtverhältnisse. Die Gesellschaft schreibt uns vor, immer dann wegzuschauen, wenn die wahren Machtverhältnisse sichtbar werden.« (DE II: 290)

Drei Wochen später verliest Foucault am 8. Februar 1971 auf einer Pressekonferenz in der Kapelle Saint-Bernard am Pariser Bahnhof Montparnasse das Manifest der G.I.P., der »Gruppe Gefängnisinformation« (*Groupe d'information sur les prisons*), um am Folgetag wieder Vorlesung zu halten.[57] Im Hörsaal sagt er mit Blick auf das Mittelalter und die Rolle des Richters:

> »All das zeigt gut, dass der Justizakt in seinem Ablauf weiterhin den Charakter des Krieges beibehielt. Das Problem war zu wissen, wer unter den Augen eines Richters, der vor allem den Ablauf des ›Kampfes‹ beglaubigen sollte, siegen würde (bei der Herausforderung der Eide, bei dem Spiel der Probe oder beim Zweikampf). Es ging nicht darum, dass der Richter selbst und mit seinen eigenen Mitteln ermittelt, wo die Wahrheit war.« (1972: 177)

Foucault untersucht im europäischen Mittelalter die Ermittlung der Wahrheit ohne Ermittlung, allein durch einen Akt der Entscheidung, der keiner Idee und keinem Gesetz folgt, sondern Machtausübung ist, und sagt in Bezug auf die später entwickelte Strafgerichtsbarkeit:

> »Die Strafpraxis ist nicht einfach das Resultat einer juristischen Konzeption des Staates oder einer religiösen Konzeption der Verfehlung. Sie ist nicht (oder auf jeden Fall *nicht nur*) Teil des Über-

[57] Vgl. die Biographie von Eribon [FN 18], S. 321, 328-329, 330.

baus. Sie ist die ganz direkte Folge eines Spiels von Aneignungsverhältnissen und Kräfteverhältnissen.« (1972: 181)

Foucault konstatiert eine Dynamik und konfiguriert entsprechend den Raum der Straße, den Raum der politischen Auseinandersetzungen neu. Aus den biografischen Nachrichten über Foucaults Leben kann man die schnelle Abwechslung der Auftritte mit und ohne Megaphon rekonstruieren.[58] Dabei koinzidiert um den Jahreswechsel 1971/72 thematisch das Problem der Strafjustiz als Thema der Vorlesungen und als Problem der zeitgenössischen Gesellschaft.

In diese Chronologie des Intellektuellen gehören noch viel mehr als die hier genannten Daten, darunter ein Verhör durch die Polizei am 1. Mai 1971 und zwei Jahre später Foucaults Teilnahme, mit dem Schriftsteller Claude Mauriac, an der Spitze eines Zugs Tausender Demonstranten, die eine Erleichterung von Aufenthalts- und Arbeitsgenehmigungen fordern.[59] Foucault hatte drei Tage vor diesem Marsch, am 28. März 1973, seine Vorlesung mit einer Analyse der »Disziplinarmacht« abgeschlossen. Dort stellt er fest:

> »Das Disziplinarsystem ist die allgemeine Form, in der die Macht sich abspielt, sei sie nun im Staatsapparat lokalisiert oder diffus in einem allgemeinen System.« (1973: 313-314)

Man erkennt den Unterschied zwischen der Rede des Professors und dem Einsatz des Aktivisten. Wenn der Professor abschließend seinen Zuhörern sagt: »Worauf wollte ich hinaus? Ich wollte ein bestimmtes Machtsystem analysieren: die Disziplinarmacht« (1973: 322), dann folgt daraus nicht genau diejenige Form der Aktivität, die Foucault mit anderen Protestierenden auf der Straße teilt. Die Frage liegt dennoch

---

[58] Hauptquellen für Foucaults Leben sind neben den Biographien von Eribon [FN 18] und David Macey [FN 56] die Informationen von Daniel Defert in zwei Versionen einer Chronologie, einmal in DE I: 15-105; zum anderen in Michel Foucault: Oeuvres, Paris 2015, Bd. I, S. XXXV–LIV; Bd. II, S. IX–XXXIX.

[59] Vgl. die Biographie von Eribon [FN 18], S. 342.

nahe: Gibt es eine Übertragung der Vorlesung in die politische Aktivität oder umgekehrt? Ein Zusammenhang ist unübersehbar, Foucault hielt jedoch seine Rollen getrennt. Es gibt von ihm, der bereit ist, in der Öffentlichkeit aufzutreten und Interviews zu geben, kein Programm, das eine enge Verbindung stiften würde zwischen der Rede im Hörsaal und der Partizipation auf der Straße. Der amerikanische Schriftsteller Edmund White berichtet, dass Foucault noch in den 1980er Jahren in New York auf die Frage eines Hörers nach der Anwendbarkeit seiner Forschung wütend aus dem Raum stürmte.[60]

So kann man auch eine Begebenheit in Paris verstehen, über die Claude Mauriac berichtet. Er schildert die Anfang der 1970er Jahre heftigen Auseinandersetzungen und Parteibildungen im Straßenkampf und erwähnt dabei Foucault. Bei einer Demonstration vom November 1971, nachdem Sartre schon gegangen war und plötzlich die Nachricht von der Verhaftung junger Algerier aufkam, geriet Foucault mit einer Journalistin vom Magazin *Le Nouvel Observateur* in Streit darüber, wer über wen berichten soll, und habe ihr schroff gesagt: »Also gut, ich erwähne es am Mittwoch nicht im Collège de France, obgleich mein Vorlesungsthema die Strafjustiz ist, und Sie erwähnen es am Montag nicht im *Nouvel Observateur.*«[61] Es gab mithin die Versuchung, der Koinzidenz philosophischer und politischer Aktionen Rechnung zu tragen und die Vorlesung mit tagespolitischen Bemerkungen zu bereichern. Überliefert ist in dieser Richtung nichts.[62]

Man weiß, dass Foucault schwer für Unterschriften auf Petitionen zu gewinnen war, wenn dort zu viel Text stand oder der Text so abgefasst war, dass er gleichsam wie eine Fahne die Unterschreibenden verbünden wollte. Foucault schätzt den Sinn gemeinschaftlicher Aktionen vor allem dann, wenn er nicht vereinnahmend ist. Dafür stellt er auch seine Wohnung zur Verfügung, dafür reist er nach Spa-

---

60 Edmund White: My lives. A memoir, New York 2005, S. 196.

61 Claude Mauriac: Die Rue de la Goutte-d´Or, in: Denken und Existenz bei Michel Foucault [FN 30], S. 93.

62 Es kann sein, dass Foucault aktualisierende Bemerkungen in den ersten drei Vorlesungen machte, da für diese aber keine Tonbänder aufgetaucht sind, bleibt man auf die Manuskripte angewiesen.

nien, um gegen die Todesstrafe zu protestieren, dafür wird er in der G.I.P. aktiv.[63]

Die beiden von Foucault praktizierten Weisen des Sprechens im Hörsaal und außerhalb davon zeigen an, dass er die Intervention sucht und es nicht aufgibt, sein Sprechen zur Ansprache zu formen. Foucault hält im Hörsaal und auf der Straße Reden im eigentlichen Sinn: Er adressiert seine Gedanken. Diese doppelte Ansprache Foucaults zieht sich durch die ganzen letzten Jahre seines Wirkens. Man nehme das Jahr 1979, wenn er ab Januar im Hörsaal die »Kunst des Regierens« thematisiert, zum Auftakt seiner Vorlesungen über »Biopolitik«. Zuvor schon und zeitgleich veröffentlicht Foucault Zeitungsartikel zur Revolution im Iran, wo im selben Monat Januar der Schah zur Abdankung gezwungen wurde.[64] Hier gibt es keine enge inhaltliche Berührung wie beim Themenkomplex der Strafjustiz Anfang der 1970er Jahre, aber gerade die Parallelität beider Rollen – als Professor, als Intellektueller – bestärken und bestätigen die Modalitäten der zielgerichteten Ansprache, die Foucault übt und ausübt, sowohl in Richtung auf die Gemeinschaft der Studierenden – nach dem lateinischen Wortsinn: der Suchenden, Strebenden – wie auf die Gesellschaft der Zeitgenossen überhaupt. Das sind zwei Modi des »sprechenden Subjekts«, deren Unterschiedlichkeit die Notwendigkeit anzeigt, überhaupt zu sprechen – und nicht zu verkünden, zu deklarieren oder auch nur dem künftigen Lesen zuzuarbeiten.

Als Intellektueller fand sich Foucault oft unvermittelter herausgefordert denn als Professor, der Unterlagen im Schrank hatte und sich einige Tage Vorbereitung geben konnte. Dagegen kam die Verhaftung des deutschen Anwalts Klaus Croissant 1977 nicht weniger überraschend als die iranische Revolution 1979 oder die Unruhen in Polen 1981/82; Foucaults Interventionen zeigen gleichwohl ein ungemindertes und spontanes Engagement, diese Zeichen der Zeit ernstzu-

---

63 Vgl. die Biographie von Eribon [FN 18], S. 318-333.

64 Vgl. Behrooz Ghamari-Tabrizi: Foucault in Iran. Islamic Revolution after the Enlightenment, Minneapolis 2016.

nehmen.[65] Man kann dem Intellektuellen Foucault also immer wieder begegnen, und nicht selten im Abstand von nur wenigen Tagen zum Professor Foucault.

Foucault realisiert mit seiner Doppelfunktion eine philosophische Figur der Diskontinuität, die für andere politische Denker in den Traditionen kritischen Denkens unbegreiflich sein muss. Als studentische Aktivisten 1969 den Frankfurter Philosophieprofessor Adorno im Vortrag unterbrachen und vorschlugen, man solle eher über die von der Regierung eingeführten Notstandsgesetze diskutieren, kann man das verstehen als Versuch, die »Innerlichkeit« der akademischen Philosophie aufzubrechen und ihr etwas von außen aufzuzwingen, sie dadurch zu ändern. Politik und Philosophie sah man als bedauerlicherweise getrennt. Adorno kommentierte das Ansinnen mit dem Hinweis, man wisse doch, dass er gegen diese Gesetze sei, wozu also Diskussion?[66] 1969 bekennt er allgemeiner und provokativ: »Ich habe niemals irgendetwas gesagt, das unmittelbar auf praktische Aktionen abgezielt hätte.«[67] Das kann man verstehen im Rahmen einer Konzeption des politischen Engagements, das auf die Etablierung von Positionen und feste Meinungen abzielt. Anders bei Foucault, dessen Vorlesungen nicht einmal im Ansatz mit solchen Positionierungen gespielt haben. Aber auch in Gesprächen galt für Foucault: Politik ist nie mit Partei oder Programm assoziiert.

Den Gegenentwurf zu Adornos bürgerlicher Zurückhaltung in der Praxis, aber auch zur Abkehr Foucaults von jeglichem Modell einer Theorie-Praxis-Verkoppelung als Aufgabe der Philosophie stellt Herbert Marcuse dar. Er ist in den 1970er Jahren ein vielgesuchter

---

65 DE 211 vom 18.11.1977; DE 261 vom 13.2.1979; DE 309 vom 17.1.1982. Vgl. auch die Herausgeberbemerkungen in 1978: 533-535 bzw. 1979: 451-453.

66 Dirk Braunstein: Lehrveranstaltungs-Protokolle als Daten der Soziologiegeschichte, in: Handbuch Geschichte der deutschsprachigen Soziologie, Band 3, Wiesbaden 2017, S. 179-185, hier S. 182.

67 Aus dem Gespräch mit dem SPIEGEL 19 (1969), S. 204; vgl. dazu Ingrid Gilcher-Holtey: Kritische Theorie und neue Linke, in: dies. (Hg.): 1968. Vom Ereignis zum Mythos, Frankfurt am Main 2008, S. 223-248.

Redner vor studentischen Foren in den USA, wo er lebte und wirkte, und in Europa, vorzugsweise Deutschland. Marcuses Schrift *Versuch über die Befreiung* erschien 1969 (auf Französisch etwas später als *Vers la libération*) und erläutert aufs Schönste das, was man eine Anwendung der Philosophie in den gesellschaftlichen Kämpfen nennen könnte. »Die Entwicklung eines wahren Bewusstseins« sei Hauptaufgabe der Universitäten, weswegen die »organisierte Arbeiterschaft« dafür schwer zu gewinnen sei. Der »Kampf für eine freie und kritische Bildung« werde gleichwohl »zum lebenswichtigen Bestandteil des größeren Kampfes für eine Änderung der Dinge«. Marcuse folgert und fordert: »Was als äußerliche ›Politisierung‹ der Universität durch die ›zersetzenden‹ Radikalen erscheint, ist heute (wie so oft in der Vergangenheit) die ›logische‹, innere Dynamik der Erziehung: ein Übersetzen von Wissen in die Realität, von humanistischen Werten in humane Existenzbedingungen.«[68]

Das Modell der Erziehung soll bei Marcuse für gesellschaftliche Veränderung maßgeblich sein; Wissen soll in Realität übersetzt werden: Das sind Vorstellungen, die Veränderungen in der Welt an die Aufklärung der in ihr Lebenden und Handelnden bindet. Das läuft in operative Schwierigkeiten bei der Realisierung von Ideen oder Wissen, das stanzt lediglich universale Begriffe: Welt, Existenz und Dinge sind hier in größter Abstraktion angesprochen. Marcuse hat sich bewusst in die Kämpfe seiner Zeit gestellt und sein eigenes Reden durchaus strategisch verstanden, so wenn er 1979 seine Haltung als reformistisch – nicht revolutionär – kennzeichnet: »Dieser Reformismus ist seinem Wesen nach eine historisch ›notwendige‹ Phase, in der das emanzipatorische Bewusstsein die Kluft zwischen der Intelligenz und den Massen schrittweise abbauen könnte.«[69] Hier wird neben der (rätselhaften) Transmission des gesellschaftlichen Bewusstseins durch ein (nicht weniger rätselhaftes) schrittweises Vorgehen auch die

[68] Herbert Marcuse: Versuch über die Befreiung, Frankfurt am Main 1969, S. 93.

[69] Herbert Marcuse: Die Studentenbewegung und ihre Folgen, hg. v. Peter-Erwin Jansen, Springe 2004, S. 138 (aus dem Manuskript einer Rede, die Marcuse als Krankheitsgründen im Mai 1979 nicht hielt.)

»Notwendigkeit« angesprochen, die alles im Griff habe und eine über Klassen hinweg gemeinsame Aufgabe, eben die Not zu wenden, als selbstverständlich ausweise. Man mag solche und andere Voraussetzungen dieses Denkens für gerechtfertigt halten oder zumindest verstehen, wenn man auf die damals weltweite Prominenz und Diskussion der marxistischen Philosophie blickt, oder wenn man überhaupt ein eingreifendes Philosophieren für geboten hält. Nur wären aus der Perspektive dessen, was Foucault in seinen Vorlesungen adressiert, die uneinlösbaren – weil pauschalen – Voraussetzungen und die Abstraktion der verwendeten Begriffe zu groß, gerade weil sie allein in philosophischen Sprachspielen zu präzisieren sind.

Es gab den Dialog zwischen Foucault und der Frankfurter Schule nicht und es konnte ihn nicht geben, weil die Türen der Hörsäle mit ganz anderem Schwung in Frankfurt und in Paris geöffnet und geschlossen wurden.[70] Man lasse dahingestellt sein, ob die protestierende Existenz auf der Straße bei französischen Professoren mehr Zeiten und Orte aufweist als bei deutschen, generell und besonders in den 1970er Jahren. Man kann auch offenlassen, ob die Anwesenheit philosophischer Stimmen in den öffentlichen Räumen und in den Medien größer oder kleiner war. Man möge selbst gelten lassen, dass der Lobpreis des Biografen Eribon, bei Foucault gingen Forschung und politisches Handeln (»la recherche et l'action«) Hand in Hand[71], durchaus auf Vertreter der Frankfurter Schule übertragbar ist. Es sei sogar geschenkt, dass Foucault im Gespräch mit Gilles Deleuze den Unterschied zwischen Theorie und Praxis eingezogen hat und das eine für das andere hat gelten lassen wollen. (DE II: 384; vgl. DE III: 145-152, 203-212) Es bleibt dann immer noch die einfache Beobachtung unwiderlegbar, dass bei den meisten westlichen Philosophen Themen existieren und existierten, die nicht oder nur entfernt politisch genannt werden können bzw. so ausgewiesen werden und wurden.

---

70 Vgl. auch Thomas Schäfer: Reflektierte Vernunft. Michel Foucaults philosophisches Projekt einer antitotalitären Macht- und Wahrheitskritik, Frankfurt am Main 1995, S. 187-198.

71 Vgl. die Biographie von Eribon [FN 18], S. 322.

Anders gesagt: Für nicht wenige europäische und amerikanische Akademiker sind die Demonstrationen der 1960er Jahre erstmals Anlass, sich »politisch« zu äußern. Sie kannten daneben durchaus philosophische Probleme, die mit Politik nichts zu tun hatten. Im Gegensatz dazu liefern die Vorlesungen Foucaults einen einzigen großen Beweis dafür, dass es sich hier nicht so verhält: Foucault spricht in allen dreizehn Zyklen von wenigem expliziter als von dem, was »politisch« ist.

Früh schon rekonstruiert Foucault beispielsweise die »Neuorganisation der politischen Macht« (1971: 231), untersucht die »ökonomisch-politische Praktik des Wuchers« (1972: 203) und unterscheidet »die Formen des Kampfes zwischen der politischen Macht, so wie sie in einer Gesellschaft ausgeübt wird, und denjenigen – Individuen oder Gruppen –, die dieser Macht zu entkommen versuchen«. (1973: 27) Er will nicht »irgendeine politische Macht« thematisieren, sondern konkreter »die Makrophysik der Souveränität, wie sie zum Beispiel in einer postfeudalen, vorindustriellen Regierungsform funktionieren konnte, und dann die Mikrophysik der disziplinarischen Macht«. (1974: 49) Er macht deutlich:

> »Die Geschichte ist zu einem Wissen um Kämpfe geworden und entfaltet sich und funktioniert in einem Kampffeld: Politischer Kampf und historisches Wissens sind von nun an nicht mehr voneinander zu trennen.« (1976: 204)

In der zweiten Hälfte der 1970er Jahre interessiert Foucault die »Einführung der Ökonomie in die Ausübung der Politik« als »der Haupteinsatz des Regierens«, weil dort »die Kreuzung der pastoralen Macht und der politischen Macht tatsächlich eine historische Realität quer durch das Abendland« aufbaut. (1978: 143) Gleichzeitig gilt, dass die pastorale Macht »bis ins 18. Jahrhundert vollkommen spezifisch und verschieden bleibt von der politischen Macht«. (1978: 227) Was wirklich politische Bedeutung hat, umschreibt Foucault 1979 so: »Es ist nicht die Geschichte des Wahren und nicht die Geschichte des Falschen, sondern die Geschichte der Veridiktion, die politische Bedeutung hat.« (1979: 62) Man sieht an diesen Momentaufnahmen der Vorlesungen, an diesen auf Tonband bewahrten Fragmenten von Sätzen, dass Foucault sich niemals scheute, seine Forschungsgegenstände als politisch zu qualifizieren. Die Vorlesungen besetzen allerdings, wie ebenfalls deutlich wird, dieses Adjektiv dauerhaft neu, sie definieren es im Sinne eines neuen Substantivs, des »Politischen«.

Foucaults Zuhörer mögen mit unterschiedlichen Vorbegriffen in den Hörsaal gekommen sein, was »die Politik« angeht. Umdefiniert und erweitert in »das Politische«, bietet Foucault eine breite, offene und zum Anschluss bereite Rede an, die das Begreifen insgesamt umfasst, sowohl als historisches Phänomen (was lässt sich der Sphäre der Politik zurechnen?) als auch im Gestus der eigenen Rede (was verstehen wir als politisch?). Die Zuhörerschaft kann jedoch »die Politik« im Hörsaal Foucaults nicht einfach in »das Politische« umtauschen. Das führt Foucault 1983 im Zusammenhang mit Platons politischem Engagement vor, woran ihn die Distanz interessiert, die Platon gegenüber einem befreundeten Herrscher aufbaut. Foucault sieht darin das, was »ein Vorbild für die philosophische Einstellung gegenüber der Macht sein wird: der individuelle Widerstand des Philosophen«. (1983: 275) In diesem Zusammenhang der Diskussion einer engen Beziehung zwischen Philosophie und Politik in der Antike wirft Foucault ein,

> »dass das Philosophieren, das in seiner Beziehung zur Politik seine Wirklichkeit findet, der Politik nicht vorschreiben darf, was sie zu tun hat«. (1983: 372)

Wenn Philosophie in der Beziehung auf Politik ihre Wirklichkeit findet, dann ist sie immer schon politisch und kann dem, was man Politik nennt, nicht gegenübertreten; sie muss es an sich selber untersuchen. Man kann daraus einen neuen Sinn für das Philosophieren gewinnen, durch den sich so ziemlich alle Substantive des traditionellen politischen Denkens verflüchtigen. Man kann dann mit François Ewald sagen: »Foucault ist ›Intellektueller‹: er greift in das politische Zeitgeschehen mit einem Programm ein, dem keine politische Ideologie zugrunde liegt und von dem er allein die Logik durchdringt. Schriftsteller, Lehrender,

Intellektueller, drei Formen der Aktivität, in denen der Philosoph sich jedes Mal riskiert, weil zunächst auch nach ihm selbst gefragt ist, nach seiner eigenen Subjektivität, die er aufbauen muss, indem er sich ›von sich selbst löst‹. Foucault praktiziert Philosophie als ›Versuch‹.«[72]

Diese Beschreibung identifiziert in dem, was Foucault tut, eine Dynamik und ist damit offen für verschiedene Versuche, bewegende Aktivitäten auszumachen, etwa durch den Nachvollzug dessen, was Foucault in seinen Vorlesungen ›versucht‹. Bescheidener hat die Foucault-Kritikerin Nancy Fraser ihren eigenen Auftrag als »kritische öffentliche Intellektuelle« definiert: »Entscheidend ist, dass wir unsere Funktion in mehreren, unterschiedlich institutionalisierten Öffentlichkeiten ausüben. Deshalb sprechen wir zwangsläufig mit mehreren Stimmen. Insofern wir uns sowohl mit Experten als auch mit Aktivisten im Gespräch befinden, stehen wir *zwischen* Protestbewegung und Profession.«[73] Diese Selbstsoziologisierung der Berufsphilosophin ist ehrlich und anschlussfähig, aber weit entfernt von dem, was Foucault in seinen Schriften, Gesprächen und Vorlesungen tut: Dort geht es ihm nicht darum, die Rollen zu wechseln, vielmehr den Anspruch zu bewahren und jeweils in ein besonderes Verhältnis zu seinem Gegenüber oder seinem Miteinander zu treten.

Einmal wird offensichtlich – und das in medial verstärkter Öffentlichkeit –, was Foucault von den Intellektuellen seiner Generation hauptsächlich unterscheidet. Es ist ein Gespräch von 1971 mit Noam Chomsky, prominenter kritischer Denker aus den USA. Dieser mündliche Schlagabtausch fand im niederländischen Fernsehen statt. Im Video sehen wir Chomsky vor laufender Kamera laut darüber nachdenken, wie eine »gerechtere Gesellschaft« zu erreichen sei, woraufhin Foucault diabolisch lacht[74] und in solcher Begründung alterna-

---

72 François Ewald: Michel Foucaults Aktualitäten, in: Die Abwesenheit des Werkes. Nach Foucault, hg. v. Klaus-Michael Bogdal und Achim Geisenhanslüke, Heidelberg 2006, S. 67-72, hier S. 68.

73 Nancy Fraser: Widerspenstige Praktiken. Macht, Diskurs, Geschlecht, Frankfurt am Main 1994, S. 24.

74 Über Foucaults Lachen vgl. Roger-Pol Droit: Michel Foucault [FN 7], S. 10.

tiver Herrschaft nur etwas Komparatives, etwas Vergleichendes sieht. Foucault bekennt, dass er kein »ideales gesellschaftliches Leben« vorschlagen könne, vielmehr »alle Beziehungen der politischen Macht angeben und aufzeigen« wolle. Mit machtanalytischer Kälte sagt er gegen Chomsky, dass man Krieg führe, »um zu gewinnen, und nicht, weil er gerecht ist«. (Rio 1973: 616, 625) Für die Herbeiführung politischer Veränderungen tauge ein an die herrschenden Verhältnisse sich bindender Diskurs nicht.

Vielleicht erklärt sich Foucaults Erfolg als Dozent auch daraus, dass er auf die Erwartungen seines Publikums reagiert, ihm zubilligt, Erwartungen zu haben und an ihn heranzutragen. Gerade indem er die akademischen Diskursregeln beugt und Forschung nicht vermittelt, sondern vorführt, richtet er sich an mitdenkende Zuhörer, nicht treue Protokollanten. Das Publikum folgt ihm auf ungebahnte Wege und lernt auch nicht unwillig eine neue philosophische Ausdrucksweise, die der Preis dafür ist. Foucault nimmt in einen Vorlesungen auf entsprechende Erwartungen Bezug und kümmert sich darum, dass alle mitkommen, auch wenn er selber das Ziel nicht kennt: »Sie wissen, dass ich von einer Woche zur anderen nie genau weiß, was ich tun werde.« (1984: 53) Für Rückgriffe entschuldigt er sich: »Zunächst jedoch eine kurze Erinnerung. Entschuldigen Sie, dass diese Ausführungen schematisch und wiederholend für diejenigen sind, die letztes Jahr da waren, aber vielleicht sind sie unverzichtbar, um die Dinge zu klären und das Problem erneut zu vergegenwärtigen.« (1984: 54) Wenn er länger braucht als vorgesehen, bittet er ebenfalls um Nachsicht: »Entschuldigung, dass ich Sie so lange aufgehalten habe.« (1984: 155)

Diese übertrieben anmutenden Demutsgesten sind im letzten Vorlesungszyklus besonders häufig. Foucault ist im Januar 1984 krank, beginnt mit der Vorlesung ungewöhnlich spät im Februar und endet wie üblich Ende März. Ende Juni ist er tot. Körperliche Schwäche mag die Verbeugung vor seinem Publikum verstärkt haben. In solchen Entschuldigungsfloskeln wird zugleich eine gewisse Anhänglichkeit des Dozenten an sein Auditorium merkbar und seine eigene Bindung an dessen Treue artikuliert. Es gibt eine Art Pakt zwischen Foucault und seiner Zuhörerschaft, was im Hörsaal tatsächlich so etwas wie eine gemeinsame Augenhöhe bedeuten kann. Dabei spielt die seitens des Publikums in den philosophischen Hörsaal mitgebrachte Hoffnung mit: die Sehnsucht danach, in einem großen Bogen das Begreifen unendlich und zugleich konkret sein zu lassen, intersubjektiv gültig und zugleich jede und jeden betreffend. Foucaults rhetorische Operationen der Annäherung an das Publikum sind die eine Seite jenes Paktes. Auf der anderen Seite, derjenigen des Publikums, verändert sich im Laufe der Vorlesungen der Pakt, wird merklich von einer immer größer werdenden Erwartung überformt.

Zeugnis für die Mitte der 1970er Jahre erstarkte Rezeption Foucaults als politischer Denker sind neben den bald nicht nur in Paris rezipierten Vorlesungen auch die beiden Buchveröffentlichungen von 1975 (*Überwachen und Strafen*) und 1976 (*Der Wille zum Wissen*). Die meisten deutschen Leser dieser Bücher haben, von der Frankfurter Schule her kommend, in der Lektüre wohl »die Terminologie, nicht aber den Horizont ihrer Ausdruckweise gewechselt«. Die Machtanalyse blieb den meisten Zeitgenossen als Macht-Theorie bedeutungsstiftendes Moment[75], auch wenn bei Foucault die Macht ein Grenzbegriff bleibt und funktional gedacht wird: »Sie erklärt nichts«, stellt Petra Gehring fest, und Paul Veyne insistiert schon 1978, dass Foucault grundsätzlich nicht an der Herausarbeitung von etwas historisch Invariantem interessiert sei.[76] Dagegen steht etwa Joseph Rouse, der für den englischsprachigen Rezeptionsraum noch 2003 resümiert, dass *Überwachen und Strafen* im Wesentlichen eine Machtphilosophie (»a more general conception of power«) enthalte, ohne dass Foucault sie als solche und unabhängig von historischen Analysen expli-

---

[75] Klaus Hülbrock: Die Macht, die Rede, Foucault und ich, in: Anschlüsse. Versuche nach Foucault, hg. v. Gesa Dane, Wolfgang Eßbach, Christa Karpenstein-Eßbach, Michael Makropoulos, Tübingen 1985, S. 130-138, hier S. 136.

[76] Petra Gehring: Innen des Außen – Außen des Innen. Foucault, Derrida, Lyotard, München 1994, S. 69; Paul Veyne: Foucault – Die Revolutionierung der Geschichte, Frankfurt am Main 1992, S. 63.

ziere.[77] Die Buchveröffentlichungen haben das Theoriebegehren also nicht gestillt, eher im Gegenteil.

Foucaults Machtanalyse las man insbesondere aus dem im November 1976 veröffentlichten Band *Der Wille zum Wissen* heraus. Ohne Weiteres ist hier ein Schwerpunkt machtanalytischer Fragen und Probleme auszumachen. Selbst wenn das Buch weitgehend ohne Fußnoten auskommt und frei über einen nur angerissenen Quellenbestand hinweg erzählt, tritt das Thema der Macht klar hervor, die als »Vielfältigkeit von Kräfteverhältnissen« verstanden wird, als Name einer »komplexen strategischen Situation in einer Gesellschaft«, und nicht als Institution. (WW: 113, 114) Widerstand gegen die Macht ist nicht durch große Fronten markiert, vielmehr gilt: »weit häufiger hat man es mit mobilen und transitorischen Widerstandspunkten zu tun«, d. h. Machtbeziehungen sind lokal. (WW: 117, 119) Das wird im Zusammenhang des Sexualitätsdispositivs gesagt, gemeint aber ist der »gesamte Gesellschaftskörper«, wo die wirkenden Kräfte genauer bestimmen, was Foucault die »Bio-Macht« nennt. (WW: 153, 168) Damit wirkt der Staat auf die Individuen ein (er will deren Leben garantieren) und dagegen regt sich Widerstand (man will sein Leben selbst bestimmen). In diesem Sinne ist die »Politik des Sexes« die Politik schlechthin, deren Schlachtfelder nun Körperdisziplin und Bevölkerungsregulierung heißen. (WW: 174)

Was so im Buch steht, wurde zuvor schon in einer Vorlesungsstunde gesagt. Gleichwohl trifft es nicht zu, dass die Buchpublikation *Der Wille zum Wissen* aus Vorlesungsvorträgen entstanden ist, wie ein kurzer Blick auf zitierte Quellen zeigt. Schon in der Vorlesung von 1975, *Die Anormalen*, wird ein italienischer Autor aus dem 18. Jahrhundert, Alfonso di Liguori, zitiert, wie später im Buch (1975: 288, 301; WW: 29, 32) ebenso ein deutscher Autor aus dem 19. Jahrhundert, J.-C. Westphal. (1975: 217, 408; WW: 58) Das Buch holt allerdings die meisten Texte, die in den Vorlesungen der vorhergehenden Jahre eine wichtige Rollen spielen, nicht ein. Es behandelt sie nicht

[77] Joseph Rouse: Power/Knowledge, in: The Cambridge Companion to Foucault, hg. v. Gary Gutting, zweite Auflage, Cambridge 2006, S. 95-122.

nur kürzer als die Vorlesungen, seine Aufgabe scheint eine andere und vor allem die zu sein, thesenartig zu formulieren, quer über die Themenbereiche Sex und Sexualität, Kritik der Psychoanalyse, Kritik der sexuellen Befreiung und Bio-Politik hinweg. Die größte Schnittmenge an Sätzen und Zitaten besitzt *Der Wille zum Wissen* hinsichtlich von Foucaults Ausführungen zur »Macht« in der Vorlesung von 1976. Dort sagt Foucault, er wolle die »Schlacht der Wissen gegen die Machteffekte des wissenschaftlichen Diskurses« setzen. (1976: 28) Dort finden sich Aussagen wie »Macht ist Krieg« (1976: 32) oder »Die Macht funktioniert«. (1976: 44)

Sätze wie diese wollte das weltweite Lesepublikum Foucaults aus der Flüchtigkeit seines mündlichen Vorlesungsvortrags befreien und damit Foucaults Machtanalyse als Theorie darstellen. Die Erschaffung eines von den Vorlesungen unabhängigen, jedoch daraus abgelösten Foucault begann in Italien mit der Übersetzung von Transkriptionen zweier Vorlesungsstunden vom Januar 1976, die auch auf Deutsch erschienen.[78] Foucaults Rede wird vom Publikum aus dem Hörsaal in Paris heraus zirkuliert, und weil dieses Publikum international ist, kann man bald an vielen Stellen der Welt lesen, was zuvor nur der Zuhörerschaft vor Ort möglich war. Je weiter weg von Paris man sich

[78] Auf Deutsch erschienen zwei Vorlesungsstunden vom 7. und 14. Januar 1976 (1976: 13-57, dort übersetzt von Michaela Ott), in: Dispositive der Macht. Michel Foucault über Sexualität, Wissen und Wahrheit, Berlin 1978, S. 55-95, aus dem Italienischen von Elke Wehr. Dieselben Vorlesungen auch in: DE II, S. 213-250, übersetzt von Hans-Dieter Gondek. Auszugsweise übersetzt wurden die Vorlesungsstunden vom 21. und 28. Januar 1976 (1976: 58-104, dort übersetzt von Michaela Ott), in: Michel Foucault: Vom Licht des Krieges zur Geburt der Geschichte, Berlin 1986, S. 7-60, dort aus Tonbandaufzeichnungen übersetzt und erläutert von Walter Seitter. Zuvor war bereits ein Protokoll der Vorlesung vom 28.3.1973 (1973: 307-326, dort übersetzt von Andrea Hemminger) auf Deutsch erschienen, aus dem Französischen von Ulrich Raulff, in: Mikrophysik der Macht. Michel Foucault über Strafjustiz, Psychiatrie und Medizin, Berlin 1976, S. 114-123. In den *Schriften* befinden sich weitere separat veröffentlichte Vorlesungsstunden auf Italienisch und Französisch, vgl. DE III: 796-823 zur VL 1978 und DE IV: 837-848 zur VL 1983.

befindet, umso dringender scheint das Bedürfnis, an den Gedankengängen der Vorlesungen zu partizipieren.[79] So entsteht langsam das, was Bibliothekare als graue Literatur bezeichnen: nicht autorisierte – wenn auch gebilligte, jedenfalls nicht verhinderte – Veröffentlichungen. Foucault ist großzügig, was seinen eigenen Widerhall angeht:

> »Es sind ja immer kleine Mikros da, Aufnahmeapparate, so dass das anschließend zirkulieren kann – in bestimmten Fällen bleibt es im Stadium des [Ton-]Bandes, in anderen Fällen taucht es als Abschrift wieder auf, manchmal sogar in Buchhandlungen – daher habe ich mir gesagt: Es wird sowieso zirkulieren.« (1976: 15)

Aus demjenigen Foucault, der im Hörsaal beeindruckt, jedoch selbst nichts unternimmt, diesen Eindrücken Dauer zu verleihen, ediert sich das Publikum eine eigene und gewissermaßen fixierte Gestalt. Dieses Einklagen von Stellungnahmen philosophischer Art tritt zu anderen Zeiten und an anderen Orten ebenfalls auf. Als deutsche Studierende die Autoren der *Dialektik der Aufklärung* – die Frankfurter Professoren Adorno und Horkheimer – unter Druck setzten, eine neue Auflage des 1947 zuerst veröffentlichten, später aber vergriffenen Büchleins zuzulassen, war das ein Akt der Affirmation, der Rekonstruktion, der Rettung von Sätzen, die aus dem öffentlichen Gespräch verloren zu gehen drohten: »vielfaches Drängen« nennen es die Autoren in der endlich 1969 realisierten Neuausgabe. Ähnlich erging es dem berühmten Aufsatz Horkheimers über »traditionelle und kritische Theorie« von

---

[79] Michael Fisch: Michel Foucault. Bibliographie der deutschsprachigen Veröffentlichungen in chronologischer Folge (1954-1988), Bielefeld 2008: dort sind vier Vorab-Veröffentlichungen von einzelnen Vorlesungsstunden aufgelistet, 3 davon aus der VL 1976, eine aus der VL 1978 (siehe die Nummern bei Fisch 234, 266, 423 und 424). Nach der Biografie von David Macey [FN 56] sind eine Reihe von Vorträgen und Vorlesungen Foucault vorab, oft als Typoskript, in Umlauf oder veröffentlicht worden, vgl. dort ab S. 553 die Nummern 188, 189, 201, 253, 304, 362 für italienische und französische Texte. Vgl. auch Michel Foucault: *Oeuvres*, 2 Bände, Paris 2015, Bd. II, S. XXXIX zur Ermunterung Foucaults. Kassettentonbandaufnahmen zu machen und zirkulieren zu lassen.

1937, bei dem der Autor im Abstand von dreißig Jahren zögert, »die alten Gedanken ... wieder auszusprechen«, dem öffentlichen Verlangen aber ebenfalls nachgab.[80] Bei Foucault ist das anders, hier will eine internationale – insofern teilweise virtuelle – Zuhörerschaft flüchtige Worte so arretieren, dass man sie in Ruhe nachlesen kann. Bei Foucault hat die vom Publikum orchestrierte Zirkulation und Publikation also keine älteren Gedanken revitalisiert, keine Tradition eingeholt und affirmiert wie im Fall der Kritischen Theorie, sondern einen brandaktuellen Denker vervielfältigt. Wo dieser selber beim Vortragen bleibt und seine eigene Publizität auf den Hörsaal beschränkt, verhält sich sein Publikum wie eine Fangemeinde und holte das Gehörte aus den eigenen Ohren heraus, um es zu Texten zu machen, die man sich überall vor Augen führen kann.

Der Effekt ist – aus dem Nachhinein gesprochen – stark. Indem man den medialen Unterschied, den Foucault zwischen Vortragen und Publizieren gedruckter Werke macht, durch Raubdrucke (teilweise) auslöscht, erhebt sich über das, was Foucault in Paris sagt, in dem Moment, in dem er es sagt, und im Rhythmus, in dem er es sagt, ein Schatten dessen, was er sagt, ein gedruckter Diskurs ohne Bewegung und Veränderung, etwas Massives und Fixes. Die 1970er Jahre sind auch anderswo die Hochzeit des Raubdrucks und eines Verlangens nach Lehre. Das betrifft nicht nur kleinere Schriften, sondern beispielsweise die Gesamtausgabe der Werke Sigmund Freuds. Man will sich selber unterrichten. Preiswerte Verfahren der maschinellen Papierkopie machen es möglich. Man sucht Philosophie. Man fragt nach der Politik. Bei Foucault ist es kein Zufall, dass die Reihe der publizierten Transkriptionen mit dem Vorlesungszyklus des Jahres 1976 beginnt, denn es war – nicht nur im Konsens der Herausgeber – früh schon ausgemacht, dass *In Verteidigung der Gesellschaft* »die

[80] Die *Dialektik der Aufklärung* wurde zuvor 1962 und 1966 auf Italienisch publiziert; vgl. Max Horkheimer: Gesammelte Schriften, Bd. 4, Frankfurt am Main 1988, S. 446; Bd. 5, Frankfurt am Main 1987, S. 13.

vielleicht politischste Vorlesungsreihe« Foucaults gewesen sei, mit »aktuellen und drängenden« Themen.[81]

Was in der Rezeption dieser Vorlesung – in den vorab veröffentlichten Fragmenten und nach der Gesamtpublikation 1997 – lange Zeit kaum eine Rolle spielte und noch heute oft überlesen wird, ist die Wendung, mit der Foucault von der Machtanalytik zur Problematik von Krieg und Schlacht überleitet. Während beim Publikum der Eindruck vorherrschen mag, Foucault nehme – mit allen Eigenwilligkeiten seiner Begriffe und Methoden – an einer allgemeinen politiktheoretischen Diskussion teil, lenkt er selbst auf das Problem des »sprechendes Subjekts« über, das im Krieg oder in einer Schlacht keinen neutralen Grund für die Beobachtung und Beurteilung finden kann. Damit kippt Foucault die Position des theoretischen Schauens, erschüttert die objektive Bewertung sozialer Verhältnisse.

Fortsetzen als Weiterentwickeln: Das bleibt den Zuhörern Foucaults nicht verborgen. Man kommt im Hörsaal und noch beim Nachlesen aus dem Staunen über immer wieder neue Thesen und Probleme nicht heraus. Jenseits davon macht man sich davon keinen rechten Begriff, jedenfalls dort, wo man die Machtanalytik Foucaults im Streit mit der zeitgenössischen politischen Philosophie sieht. Später wird ein »Foucault-Effekt« diagnostiziert, was vor allem den Einfluss seines machtanalytischen Philosophierens meint. (s. 1978: 569 bzw. 1979: 487) Zeitgenössisch betrachtet, ist es ein Foucault-Verlangen, das eine Machttheorie begehrt, die nicht aus dem Souveränitätsparadigma abgeleitet ist. Dazu kommt die Tatsache, dass die schrittweise Entwicklung von Foucaults Denken über das Medium der Vorlesung vielen lang und verzweigt vorkommt.

Ablenkung vom theoretischen Modell, Reflexion der Sprecherposition, Relativierung jedweder Totalität und Neutralität – der Vor-

---

[81] Mauro Bertani äußert sich entsprechend; siehe Christian del Vento, Jean-Louis Fournel: L'édition des cours et les ›pistes‹ de Michel Foucault, Entretiens avec Mauro Bertani, Alessandro Fontana, Michel Senellart, in: Laboratoire Italien 7 (2007), S. 173-198, hier Nr. 9. Vgl. auch das Nachwort zur Vorlesung (»Situation du cours«, nicht auf Deutsch übersetzt: 1976 frz.: 245-263) mit dem Hinweis auf die Aktualität S. 260.

leser Foucault setzt sich weiterhin mit seinen Quellen auseinander. Er formuliert den »individuellen Widerstand des Philosophen« nicht aus der Warte eines enthobenen Fluchtpunkts, sondern – wie in dem von ihm angeführten Fall Platons – als Intervention, als Handeln. Sprechen ist ein Akt; jede Verschriftlichung läuft Gefahr, diesem Akt den Charakter des spontanen Dagegenredens zu nehmen. Einer Machtanalytik, die zum Text erstarrt, fehlt das Moment der Beteiligung an denjenigen Beziehungen, die für real gelten, das Moment der Einmischung in Verhältnisse, die dort nicht enden, wo man über sie nachdenkt:

> »Infolgedessen ist der Imperativ, der die theoretische Analyse, die wir gerade zu machen versuchen, unterlegt – denn es muss ja wohl einen Imperativ geben –, nun dieser Imperativ, ich behaupte, dass er einfach ein bedingter Imperativ dieser Art ist: Wenn ihr kämpfen wollt, hier sind einige Schlüsselstellen, hier einige Kraftlinien, hier einige Riegel und einige Sperren. Anders gesagt, ich behaupte, dass diese Imperative nichts anderes sind als taktische Hinweise. Ich muss wissen, sicherlich, und jene, die in der gleichen Richtung arbeiten, also wir müssen wissen, auf welchen Feldern wirklicher Kräfte man sich zurechtfindet, um eine Analyse zu machen, die in taktischen Begriffen wirksam wäre. Doch schließlich ist dies der Zirkel des Kampfes und der Wahrheit, das heißt gerade der philosophischen Praxis.« (1978: 16)

10. ENTWICKLUNG DER GEDANKEN IM REDEN

1976 verdoppelt sich Foucaults Publikum aus dem Hörsaal heraus, weil eine zunächst unmerkliche, aber nachhaltige Veränderung in der Rezeption dessen beginnt, was er sagt. Es entsteht neben der Zuhörerschaft – und zugleich mit ihr – eine Leserschaft; damit verlangsamt sich die Aufmerksamkeit für das, was im Hörsaal gesagt wird. Es ist nun möglich, sich von den Sitzungen im Collège de France zu entkoppeln und an einer durch gedruckte Texte weltweit und in mehreren Sprachen zusammengehaltenen Gemeinschaft derjenigen teilzunehmen, die Foucault studieren. Diese Interessengemeinschaft bezieht sich hauptsächlich auf die Buchveröffentlichungen von 1975 (*Überwachen und Strafen*) und 1976 (*Der Wille zum Wissen*) sowie auf zirkulierende Vorlesungsmitschriften. Geeint in der Bewunderung für die Abweichungen Foucaults von den traditionellen Wegen des Philosophierens oder zumindest im Erstaunen darüber vereint, machen sie die Macht zu ihrem Thema und diskutieren intensiv Foucaults Ansätze einer nicht allein theoretischen Machtanalytik.

Als Zuhörer Foucaults kennt man einige Thesen: Macht ist produktiv, nicht repressiv: So jedenfalls analysiert Foucault 1975 in seinen Vorlesungen die Disziplinarmacht im Zusammenhang mit Bestrafung und psychiatrischem Urteil. 1976 geht er weiter und bestimmt Macht als Krieg, als Strategie, als etwas, das durch den Körper geht. Seinen Zuhörern im Hörsaal versichert Foucault, dass eben dies sein Thema sei:

> »Das allgemeine Vorhaben der vergangenen Jahre und dieses Jahres wird darin bestehen, die Analyse der Macht von der einfachen Voraussetzung des Unterworfenen (sujet), der Einheit und des Gesetzes zu lösen oder zu befreien und anstelle des grundlegenden Elements der Souveränität das hervortreten zu lassen, was ich die Herrschaftsbeziehung oder -träger nennen würde. Anstatt die Mächte der Souveränität abzuleiten, geht es nun viel eher darum, historisch und empirisch aus den Machtbeziehungen die Herrschaftsträger herauszulösen.« (1976: 59-60)

Bis hierhin haben Zuhörerschaft und Leserschaft einen ähnlichen Stand, denn dieser Teil der Vorlesung von 1976 – die ersten beiden Sitzungen – lag in zirkulierenden und bald auch gedruckten Nachschriften vor. Dass Foucault ab der dritten Sitzung die Geschichtsschreibung thematisiert und die historische Arbeit der Genealogie vorstellt, gehörte schon nicht mehr zu denjenigen Texten, über die man sich in den 1970er und 1980er Jahren lesend beugt. Auch die Vorlesung von 1978 bietet in ihrem ersten Teil, der das Thema der Macht aufgreift, beiden Rezeptionsgruppen etwas Gemeinsames, jedoch im Teil danach, der die Regierung betrifft, schon weniger. Wenn zuletzt Foucault vom Pastorat spricht, ist im Hörsaal das Thema der Macht vollständig transformiert und nicht mehr unter diesem Begriff gefasst. Gleiches gilt für die Vorlesung von 1979 und ihre lange Auseinandersetzung mit dem Liberalismus. Das alles gehört zu »dem Politischen«, mit dem sich Foucault beschäftigt, was aber erst Jahrzehnte später sichtbar wird, wenn diese Vorlesungen veröffentlicht werden.

Kurz gesagt, setzt Foucault in seinen Vorlesungen ein forschendes Philosophieren fort und zeigt keinerlei Neigung, an Begriffen wie Macht oder Gouvernementalität etwas (im wörtlichen Sinne) festzustellen. Sein Vorgehen stützt nirgendwo die Konzentration auf etwas Festzuhaltendes oder die Reduktion auf das Wesentliche – was gleichwohl viele derjenigen, die darin Ansätze einer neuen politischen Philosophie entdecken, nötig zu haben glauben.

Foucault als empirisch-historischer Forscher, der die Analyse der Macht von traditionellen Voraussetzungen befreit, ist zugleich Demontierer des Staates als Inbegriff souveräner Macht, und – in den Vorlesungen prominent – Kritiker einer Geschichtsschreibung, die diese Konzeption stützt. Denn dem Staat wurde lange Zeit und bis in die Gegenwart eine Realität verliehen, die ihm als Institution gar nicht zukommt. Das führt Foucault vor, das zeigt er aus Quellenmaterial, das für die Vorlesungen selber und die dort im Reden entwickelten Gedanken den eigentlichen Motor darstellt.

In der Vorlesung 1976 ist es eine ganz spezielle Gruppe von Dokumenten, die Foucault sechs Vorlesungsstunden (im Druck gut einhundert Seiten) lang beschäftigt. Foucault intensiviert die Ansprache an sein Publikum durch die Wiederaufführung einer Rede aus dem frühen 18. Jahrhundert, die ein Adliger hält, und zwar gegen den König. Bei Foucault wird daraus ein Schlüsseldokument für eine neue Machtanalyse. Foucault leitet mit einem Rückblick ein:

> »Bis dahin war die Geschichte nie nur die Geschichte gewesen, die sich die Macht über sich selber erzählte, oder die Geschichte, wel-

che die Macht über sich erzählen ließ: Es war die Geschichte der Macht durch die Macht. Die Geschichte, die der Adel nun gegen den Diskurs des Staates über den Staat, der Macht über die Macht zu erzählen beginnt, ist ein Diskurs, der, wie ich denke, das Funktionieren des historischen Wissens selbst zum Einsturz bringt. Hier löst sich, wie ich denke – und die Sache ist wichtig –, das Zusammenspiel der historischen Erzählung mit der Ausübung der Macht, ihrer rituellen Bestätigung und ihrer imaginierten Formulierung des öffentlichen Rechts auf. Mit Boulainvilliers, mit diesem Diskurs des reaktionären Adels des ausgehenden 17. Jahrhunderts, taucht ein neues Subjekt der Geschichte auf. Ein neues Subjekt, das spricht: Jemand anderer übernimmt das Wort in der Geschichte und wird die Geschichte erzählen; jemand anderer wird ›ich‹ und ›wir‹ sagen, wenn er die Geschichte erzählt.« (1976: 162-163)

Henri de Boulainvilliers ist Adliger, Historiker, Philosoph, der zu Anfang des 18. Jahrhunderts mehrere Schriften über die Regierung veröffentlichte. Er wird für Foucault zum Kronzeugen der Staatskritik – Zeuge einer vollständig anderen Auffassung von Macht, die nicht als Institution verstanden werden kann und eher als Krieg begriffen werden muss. Die historische Situation ist einfach: Boulainvilliers macht im Namen der französischen Adligen dem König die Souveränität streitig. Foucault wird im Hörsaal zum Nachsprecher dieser Rede, welche die »gallische Kriegeraristokratie« zur Revolte gegen die Zentralmacht aufruft und dies vermittels einer »Zurückgewinnung des Wissens« zu tun verspricht – was Foucault so erläutert: »zur Wiederentdeckung seiner eigenen Erinnerung, zur Bewusstmachung und Wiederaneignung der Kenntnisse und des Wissens.« (1976: 185-186) Es geht historisch um den Adel in einer bestimmten Phase der französischen Geschichte, es geht philosophisch um die Frage, wer die Macht ausübt und wie:

»Wenn der Adel sich seiner selbst wieder bewusst würde und sich in den Wissensstand hineinbegäbe, könnte er erneut zu einer Kraft werden und sich als Subjekt der Geschichte behaupten.« (1976: 186)

Foucault nimmt Boulainvilliers als Strategen und sieht bei ihm den Krieg verallgemeinert, im Recht, als Schlacht und in Bezug auf die Revolte. Er fordert Freiheit, nicht Gleichheit, und sieht politische Konflikte dem »Gesetz der Geschichte« unterworfen. Boulainvillers ist, mit anderen Worten, kein Anwalt des Naturrechts, denn »das egalitäre Gesetz der Natur ist zu schwach gegenüber dem ungleichen Gesetz der Geschichte«. (1976: 189) Darum »verallgemeinert« Boulainvilliers den Krieg, und zwar als einen »Krieg diesseits und jenseits der Schlacht«. (1976: 191) Daraus folgt unmittelbar das Interesse des Adligen an den Verhältnissen von Stärke und Schwäche, und das gibt ihm Anlass, Geschichte als »Kräftekalkül« zu schreiben, sie zur umfassenden Agentur vieler Wissensarten zu machen. Foucault resümiert seine Lektüre wie folgt:

> »Ausgehend von der Tatsache des Krieges und der Analyse, die man in Begriffen des Krieges anstellt, kann die Geschichte alles zueinander in Beziehung setzen: Krieg, Religion, Politik, Sitten und Charaktere, und wird somit zum Erkenntnisprinzip von Gesellschaft.« (1976: 195)

Mit Boulainvilliers kann man die Geschichtsschreibung verändert sehen – Foucault liest – und den relationalen Charakter der Macht erkennen – Foucault spricht. Geschichte legitimiert nicht mehr, sie setzt alles zueinander ins Verhältnis, politischer Kampf und historisches Wissen sind eins. (1976: 204) Damit aber beendet Foucault seine Lektüre nicht, vielmehr ist das der Startpunkt für eine eingehende Befragung des Zeugen Boulainvilliers in Bezug auf dessen eigenen Diskurs.

Denn Foucault führt seinen Zuhörern Boulainvilliers nicht nur als jemanden vor, der Geschichte in der Sprache von Krieg und Schlacht beschreibt, sondern zeichnet ihn als jemanden aus, der sein eigenes Schreiben als einen Akt dieser Geschichte versteht. Boulainvilliers nimmt sich nicht aus dem Kampf aus, den er hervorhebt als etwas, das überall und durchgängig existiert, er stellt sein historisches Argument in die politische Perspektive, die er selbst entwickelt. Auf dem von ihm konstituierten »historisch-politischen Feld« erzählt Boulainvilliers Geschichte, ergreift das Wort und führt damit selber Krieg. (1976: 204) Foucault wird explizit:

> »Der Krieg wird durch die Geschichte, durch die ihn erzählende Geschichte hindurch geführt. Und die Geschichte kann ihrerseits immer nur den Krieg, den sie selbst führt oder der durch sie hindurchgeht, entziffern.« (1976: 206)

Damit hat Foucault in Boulainvilliers einen Vorgänger seiner selbst gefunden und verweist im Hörsaal auf ihn als jemand, dem von außen – Jahrhunderte später und in anderen gesellschaftlichen Verhältnissen – genau diejenige Auflösung von Institutionen in Strategien attestiert werden kann, die Foucault für sich selbst als Aufgabe definiert. Die lesende Einlassung auf einen Redeakt der Feudalzeit wird im Hörsaal zur Chiffre für das aktuelle machtanalytische Philosophieren. Dazu gehört die bis in die Gegenwart offene Frage, wie weit die »taktische Verallgemeinerung des historischen Wissens« reicht. (1976: 225) Foucault skizziert in den Vorlesungen der Epoche nach 1976 – genauer nach der Vorlesungspause von 1977 – drei Dimensionen oder Weiterungen der Machtanalyse. Seine Zuhörer erfahren im Pariser Hörsaal, dass er sich weiterbewegt, und das in drei Richtungen.

(1) Zum einen analysiert Foucault Machtverhältnisse in den Gesellschaften des 18. und 19. Jahrhunderts ähnlich wie er zuvor Kliniken und Heilanstalten analysiert hat. Macht wird nicht als einfacher Druck von oben ausgeübt, sie existiert als Komplex von Verhältnisbeziehungen aktiver Art: Manöver, Strategien, Technologien. So wird die Bio-Macht als ein Zusammenwirken disziplinierender und regulierender Machtmechanismen aufgewiesen, wozu Beispiele aus der Sozialpolitik dienen, etwa die Anlage von Arbeitersiedlungen oder die Alterssicherung. (1976: 296) Dieser Machttyp widerspricht nicht der Macht der Souveränität, ergänzt sie vielmehr und ermöglicht ihr eine »Bio-Politik«:

> »Und ich denke, dass eine der nachhaltigsten Transformationen des politischen Rechts im 19. Jahrhundert darin bestand, dieses

alte Recht der Souveränität – sterben zu machen oder leben zu lassen – zwar nicht unbedingt zu ersetzen, aber durch ein anderes, neues Recht zu ergänzen, durch ein Recht, das ersteres nicht beseitigt, sondern in es eindringt, es durchdringt, verändert und das ein Recht oder vielmehr eine genau umgekehrte Macht ist: die Macht, leben zu ›machen‹ und sterben zu ›lassen‹.« (1976: 284; s. a. WW: 165)

Foucault markiert diese erste Weiterung der Machtanalyse durch einen zunächst befremdlich erscheinenden Begriff, wenn er von einem »Krieg der Rassen« gegen die biologisch Anderen spricht. Es geht ihm um die Feststellung einer Infektion des politischen Denkens und der Machtausübung mit der Norm, dem Ausschluss und der Anomalie. Es gibt eine Art Rassismus, der konstitutiv für den modernen Staat ist, der ausgrenzt und abwertet. Darunter fällt auch der Sozialismus und der sowjetische »Staatsrassismus«. (1976: 103, 308) Vor seinem Publikum vollzieht Foucault eine bemerkenswerte Umbesetzung der Begriffe: Klassenkämpfe – als Kategorie der marxistischen Gesellschaftsanalyse – sind in seinem Hörsaal nun abgeleitete Rassenkämpfe. (1976: 80) Solche Thesen können vor allem diejenigen erschrecken, denen die strategische Funktion von Geschichte fremd ist: Rassen wie Klassen sind beides historische Konstrukte der modernen, durchregierenden Souveränitätsmacht, der Staatsgewalt als Biomacht.

Foucault erläutert den Begriff des Rassenkampfes bzw. des Rassenkriegs (1976: 79-105, 282-305) aus zwei Perspektiven, die erklären, warum ihm die Einführung eines so ungewöhnlichen und in die Quellen eher hineingelesenen als daraus herauslesbaren Begriffs wichtig ist. Einmal vermag der Begriff »Rasse«, mit den in den historischen Quellen verborgenen Abgrenzungen und Absetzungsbewegungen einzelner Bevölkerungsteile gegen andere oder ganzer Bevölkerungen gegen andere Nationen gewissermaßen immanent arbeitend ein kriegerisches Potential offenzulegen. Zum anderen kann er traditionell gängige Begriffe der Beschreibung sozialer Konflikte ersetzen bzw. unterlaufen. Genau das ist der Punkt der These, dass der Klassenkampf, von dem die sozialen Theorien des 19. Jahrhunderts sprechen, aus dem Rassenkampf entwickelt wurde. (1976: 80, 100) Es ist bezeichnend, dass Foucaults Kritik an marxistischen Begriffen – wie dem Klassenkampf – hier mit der Einführung von Neologismen einhergeht und er in unerwarteter oder provokanter Weise von Rassen, Rassenkrieg und sogar Rassismus spricht. (1976: 100, 282, 305)

Foucaults Auseinandersetzung mit den Schriften des Grafen von Boulainvilliers könnte man eine Analyse der Methodologie der Geschichtsschreibung nennen, insofern Foucault an dem weitgehend vergessenen Vertreter des französischen Adels aus der Zeit um 1700 eine Art und Weise der antagonistischen Auffassung gesellschaftlicher Konflikte freilegt, die ihn restlos fasziniert. Da ist zunächst der Konflikt, die Konfrontation oder die Schlacht, kurz: das Kriegsgeschehen innerhalb der Gesellschaft. Dass es in ein und demselben Land eine rechtmäßige und eine erschlichene Staatsgewalt geben könne, rekonstruiert Foucault als das bessere Modell der Machtanalyse im Gegensatz zu derjenigen – auf Souveränität fixierten – von Hobbes und der gesamten Tradition des Naturrechts. Bei Hobbes geht es um philosophisch-juristische Rechtfertigungen bestehender Gewaltmonopole und um die Legitimierung des Staates. Dagegen stützt Foucault in seinen Vorlesungen mit Material aus der Zeit nach Boulainvilliers (etwa regierungskritische Schriften aus England) eine dichte historisch-politische Erzählung von Gegnerschaften, die über lange Zeiträume gesellschaftliche Koexistenz prägten. Das historische Wissen, wenn es im Rahmen einer politischen Argumentation mobilisiert wird, öffnet den ganzen Reichtum der Verhältnisse, der sozialen Relationen, es macht die Macht zu einem relationalen Phänomen, von dem sich viel erzählen lässt.

(2) Es gibt eine zweite Weiterung der in den Vorlesungen Foucaults vorgetragenen Machtanalyse, die nicht den Staat als solchen betrifft, wohl aber das Verhältnis zwischen Herr und Untertan. Darauf kommt Foucault in der Vorlesung von 1978 zu sprechen, in welcher er den Begriff der Gouvernementalität ausprobiert, womit er eine Staatsmacht bezeichnet, die ganz in der Regierungstechnik aufgeht. In Kenntnis einer gängigen historisch-politischen Kritik, die die Verstaat-

lichung der europäischen Gesellschaften im 20. Jahrhundert beklagt, wechselt Foucault die Perspektive:

> »Wenn ich der Vorlesung, die ich dieses Jahr in Angriff genommen habe, einen genaueren Titel hätte geben wollen, so hätte ich im Grunde genommen bestimmt nicht ›Sicherheit, Territorium, Bevölkerung‹ gewählt. Was ich jetzt tun würde, wenn ich es wirklich tun wollte, das wäre etwas, das ich eine Geschichte der ›Gouvernementalität‹ nennen würde. Mit diesem Wort ›Gouvernementalität‹ möchte ich drei Dinge sagen. Ich verstehe unter ›Gouvernementalität‹ die aus den Institutionen, den Vorgängen, Analysen und Reflexionen, den Berechnungen und den Taktiken gebildete Gesamtheit, welche es erlauben, diese recht spezifische, wenn auch sehr komplexe Form der Macht auszuüben, die als Hauptzielscheibe die Bevölkerung, als wichtigste Wissensform die politische Ökonomie und als wesentliches technisches Instrument die Sicherheitsdispositive hat.« (1978: 162)

Auch bei dieser Weiterung wird die Zuhörerschaft in Paris durch eine unerwartbare Wendung überrascht, insofern das Stichwort für die nähere Präzisierung der Gouvernementalität nun »Pastorat« lautet. Foucault untersucht das in seiner Vorlesung von 1978 über mehrere Stunden ausführlich und lässt sich von den Quellentexten in die Antike, das Mittelalter und die Frühmoderne führen, um abschließend die Staatsräson und die Funktion der Polizei als Regierungskunst zu thematisieren. Pastorat ist eine Form der Machtausübung durch fürsorgliche Herrschaft, bei der der Hirte (lat. *pastor*) seine Gemeinde durch Führung lenkt, Gehorsam fordert und nur indirekt mit Zwang regiert. Die wesentlichen Quellen findet Foucault dafür im antiken Christentum sowie in der Fürstenspiegelliteratur des frühmodernen Europa. Regierung ist für Foucault vor allem deswegen eine wichtige Form der Ausübung von Macht, weil sie die Fähigkeit einschließt, Widerstand auszuhalten und damit umzugehen:

> »Anders gesagt, ich möchte wissen, ob der historischen Singularität des Pastorats nicht die Spezifizität von Verweigerungen, Revolten, Widerständen des Verhaltens entsprochen hat. Und gab es, ganz wie es Widerstandsformen gegen die Macht gab, insofern sie eine politische Souveränität ausübt, genauso wie es andere, gleichermaßen gezielte Widerstandsformen gab, oder Verweigerungen, die sich gegen die Macht richten, insofern sie ökonomisch ausbeutet, gab es nicht Widerstandsformen gegen die Macht als Verhaltensführung?« (1978: 282)

Foucault führt redend seine Machtanalyse fort – und weiter weg von jeder legitimatorischen Absicht, wie sie die politische Theorie interessiert –, indem er Verhaltensrevolten und Phänomene wie Ungehorsam und Dissidententum bespricht. (1978: 284, 290)

Foucaults Zuhörerschaft, die 1976 sich in die Machtanalyse als ein System von Technologien und Strategien hineindenkt, erfährt also zwei Jahre später, dass man Machtausübung als Regierungskunst weiterentwickeln kann. Das Pastorat ist dabei – wie alt auch immer die Texte sind, die Foucaults Verständnis stützen – als Machttyp der Moderne prominent. Was in den Satzgefügen und Analysestrecken der Vorlesungen auf keinen Fall zur Sprache kommt, ist ein Allgemeinbegriff von Macht, der typisiert oder historisch und systematisch anwendbar wäre. Vielmehr geht es um die Verortung und Einkreisung von Macht in der europäischen Geschichte bis zur Gegenwart:

> »Schließlich wollte ich darauf bestehen, um Ihnen versuchsweise zu zeigen, dass, wenn ich den Gesichtspunkt der pastoralen Macht gewählt habe, dann sicherlich darum, zu versuchen, die entlegensten Teile und die Hintergründe jener Gouvernementalität wiederzufinden, die sich vom 16. Jahrhundert an entwickeln wird.« (1978: 312)

Bei Foucault stehen historischer Aufweis der pastoralen Macht und das Bemühen einer nachhaltigen Distanz zur Souveränitätstheorie seit Thomas Hobbes nebeneinander, werden zusammengedacht und als

Alternative in das zeitgenössische politische Denken eingeführt. Es geht in den Vorlesungen gegen die Theorie, welche die Figur eines selbst sich als unpolitisch verstehenden, objektiven Begreifens der Geschichte bewegungslos macht:

> »Der Gesichtspunkt dieser gesamten Analyse der Machtstrukturen erlaubt, denke ich, die Dinge nicht mehr in Form von Abbildung und Übertragung, sondern in Form von Strategien und Taktiken wiederaufzunehmen und sie zu analysieren.« (1978: 313)

Foucault entlässt sein Vorlesungspublikum 1978 mit dem Hinweis, er habe in der Auseinandersetzung mit verschiedenen Quellendokumente zeigen wollen, dass es

> »möglich war, an die allgemeinen Probleme des Staates anzuknüpfen, und zwar unter der Bedingung, dass man den Staat gerade nicht zu einer transzendenten Wirklichkeit erhebt, deren Geschichte man allein mit Bezug auf sie selbst schreiben könnte. Die Geschichte des Staates soll auf der Grundlage der Praxis der Menschen geschrieben werden können, auf der Grundlage ihres Tuns und der Art und Weise ihres Denkens.« (1978: 513)

Während Foucault zunächst mit dem Stichwort der Biomacht eine Forschungsrichtung einschlug, der er selber bald nicht mehr folgte, beschäftigt ihn die zweite Weiterung eine weitere Reihe von Jahren. In den Vorlesungen zur Gouvernementalität 1978 und 1979 nimmt Foucault die anfangs scharfe Kontrastierung von Macht und Herrschaft zurück. Gegen die Überzeugung, Macht könne besessen und delegiert werden, hatte er anfangs ein Denken von Oben und Unten, etwa in der Vorstellung von Unterdrückung, ersetzt durch ein Denken in dynamischen Formen der Produktion und der Technologie von Macht. Nun geht er mit dem Stichwort der Regierung in das Verhältnis der in Machtbeziehung Stehenden hinein und analysiert im Detail die Verhältnisse, die von Individuen als zwanghaft erfahren werden, und in denen sie sich gleichwohl neu definieren können.

(3) Schließlich gibt es in den Vorlesungen eine dritte Weiterung der Machtanalyse, neben der Exploration der Biomacht und neben der Rekonstruktion des Pastorats als Form der modernen Regierungskunst. Diese dritte Weiterung knüpft an die selbstbezügliche Art der Rede an, die bei Boulainvilliers beobachtbar ist und die dessen historische Arbeit nicht als neutrale Schilderung von Kämpfen, sondern als genuinen Teil davon ausweist. Diesen Gedanken der kämpferischen Verfassung historischer Erkenntnis verknüpft Foucault mit dem, was er das »sprechende Subjekt« nennt. Das sprechende Subjekt des Kriegsdiskurses steht selbst in der Schlacht:

> »Zwar stimmt es, dass dieser Diskurs über den allgemeinen Krieg, dieser Diskurs, der den Krieg unterhalb des Friedens zu entziffern sucht, dass dieser Diskurs so, wie er ist, die gesamte Schlacht zu versprachlichen und den globalen Verlauf des Krieges einzuholen sucht. Gleichwohl ist er kein Diskurs der Totalität oder Neutralität; er ist immer ein Diskurs der Perspektive. Er zielt auf die Totalität nur insofern, als er sie von seinem eigenen Blickwinkel aus anpeilt, durchquert und durchstößt, d. h., dass die Wahrheit eine ist, die sich nur von ihrer Kampfposition und vom anvisierten Sieg aus entfalten kann, in gewisser Weise also an der Überlebensgrenze des sprechenden Subjekts.« (1976: 69)

Die Praxis der Menschen lässt sich philosophisch nicht beschreiben, ohne Bezug auf das eigene Sprechen zu nehmen. Foucaults Vorlesungen sprechen nicht vergangene Texte nach, um in der Distanz etwas zu verstehen und daraus Analogien für die eigene Zeit zu gewinnen. Eher lässt sich sagen, dass Foucault Geschichte aus den Zeugnissen der Vergangenheit heraus aktualisiert, Dossiers öffnet und Problemfälle als seine eigenen annimmt, weil so aus ihnen hier und jetzt etwas folgen kann, beginnend bei der Veränderung der eigenen Sprache.

Die in der Vorlesung 1976 ansatzweise konzipierte Machtanalyse bestimmt bei Foucault mit den drei Weiterungen – Rassediskurs, Pastorat und Einsatz des sprechenden Subjekts – die weiteren Vorlesungen. Für Foucault ist – aus den Vorlesungen selbst ersichtlich

– nicht so sehr das Ausformulieren der Machtanalyse wichtig, wie ihre weitere Ausgestaltung. So steht der Themenschwerpunkt Pastorat dafür, komplexe Machtverhältnisse konkret aufzugreifen und zur Regierungskunst überzugehen. Jede Regierung lebt von einer Mitwirkung der Regierten, vom Gehorsam. Und schließlich wird die Rolle des sprechenden Subjekts in den letzten beiden Vorlesungszyklen Thema sein, wenn es um das Wahrsprechen geht, dasjenige Aussagen also, das praktische Folgen hat.

Foucaults Vorlesungen sind ein im laufenden Reden entwickeltes Forschungsprogramm der Philosophie, ein Denken in Bewegung. Der Vortrag würde sofort enden, würde er sich jemals wiederholen, wenn er das, was gesagt ist, von allen anderen Reden isolieren und für alleine aussagbar vorstellte. Foucaults Vorlesungen sind außergewöhnlich darin, dass während des Vortragens dessen Beziehungsreichtum wächst, dass es mehr und mehr Bezüge gibt, wozu sich der Vortragende ins Verhältnis setzt, was er mit seinem Publikum und dessen Erwartungen aushandelt. Diese Dynamik der Entwicklung des Redens und zugleich der Entwicklung der Themen teilt Foucault mit phänomenologischen Philosophen wie Edmund Husserl oder Maurice Merleau-Ponty, mit hermeneutischen Denkern wie Hans-Georg Gadamer oder Paul Ricoeur – mit der entscheidenden Differenz, dass es bei Foucault niemals etwas zu lernen gibt, keine Essenz ausgewiesen und keine Begriffe festgehalten werden. Das Publikum in Foucaults Hörsaal genießt nicht allein das Privileg, in immer neue Auseinandersetzungen mit immer neuen Texten und historischen Sachverhalten gezogen zu werden. Es erfährt im Fortgang des Vortrags zudem die Differenz des explorativen Vorgehens zu jeder möglichen schriftlichen Darstellung davon. Wie die beiden in den 1970er Jahren veröffentlichten Bücher Foucaults deutlich zeigen, folgen sie im Aufbau und Argumentation dem, was man einmal den synthetischen Weg der Darstellung genannt hat, in Unterscheidung vom analytischen Vorgehen Schritt für Schritt. Wie als Beleg dafür lässt sich die »Zusammenfassung« des gesamten Vorlesungszyklus von 1978 auf 40 Seiten heranziehen: Dieser Extrakt kann einem heftig kurzgreifenden Theorieverlangen genügen, aber nicht als Zusammenfassung des gut 400 Seiten von Band transkribierten Vortrags gelten.[82]

Es bleibt bemerkenswert, dass Foucault 1976 seine Arbeit in die Zukunft projektiert: »Mein Traum wäre ein Arbeiten mit langem Atem« (WW: 7), liest man im Vorwort desjenigen Buches, dem acht Jahre lang keine weiteren folgen. Und wenn dann 1984 das Projekt einer »Geschichte der Sexualität« (frz. »Histoire de la sexualité«; auf Deutsch als »Sexualität und Wahrheit« betitelt[83]) fortgesetzt wird und zwei weitere Bände erscheinen, sieht das – trotz thematischer Nähe – nur auf den ersten Blick wie eine weitere Frucht der Vorlesungstätigkeit aus. Spätestens seit Veröffentlichung eines vierten Bandes aus dem Nachlass 2018 ist klar, dass die Buchreihe insgesamt eher wenige Anschlüsse an die gehaltenen Vorlesungen besitzt, davon jedenfalls nur Teile aufgreift und weit hinter dem zurückbleibt, was an Themen und Problemen im Hörsaal zur Sprache kommen.

Bleibt die Hoffnung auf Festschreibbares. Der Zugriff des Publikums auf die Vorlesungen und sein Wille, daraus etwas für sich selbst herzustellen, ist dessen ureigenste Freiheit, sein philosophisches und philologisches Recht. Erfreulich unverblümt stellt Sabine Gross in ähnlichem Zusammenhang fest: »Literarische Texte fordern keinen Gehorsam. Ihre Lektüre erfolgt auf Einladung statt durch Zwang.«[84] Für die Philosophie gilt das Gleiche, und Vorträge dürfen mit derselben Freiheit angenommen werden. So kann man sagen, dass Foucault ab der Mitte der 1970er Jahre sozusagen ein doppeltes Ereignis wird: einmal durch die weite Verbreitung und nachhaltige Wirkung seiner Buchveröffentlichungen, gestützt durch einzelne, zunächst inof-

---

[82] Die VL 1978 erschien als stark zusammenfassende Übersetzung einer Mitschrift auf Deutsch unter dem Titel »Vorlesungen zur Analyse der Machtmechanismen« in: Michel Foucault: Der Staub und die Wolke, Bremen 1982, S.1-44, aus dem Französischen von Andreas Pribersky.

[83] Stuart Elden: Foucault's last Decade, Cambridge 2016, S. 62-71, 79-81, 164-170; vgl. die Biographie von Macey [FN 56], S. 353-354.

[84] Sabine Gross: Fremd schreiben. Situative und mediale Aspekte des Diktats, in: Das Diktat. Phono-Graphische Verfahren der Aufschreibung, hg. v. Natalie Binczek, Cornelia Epping-Jäger, München 2015, S. 73-93. S. 89.

fiziell und dann auch gedruckt vorliegende Vorlesungsstunden, zum anderen durch die im Hörsaal ohne Repetition vorangetriebene Forschungsarbeit. Deren Wirkung ist zunächst lokal und kann erst nach Abschluss der Veröffentlichungen der Vorlesungsbände als kontinuierliche Denk- und Textarbeit gewürdigt werden. Nach einer Strategie von Foucaults Vortrag kann man jetzt erst fragen, wo die sukzessive Lektüre und damit die Rekonstruktion des nachfolgenden Hörens möglich sind. Es wird dabei deutlich, wie eigenwillig Foucault seine Zuhörer führt und fesselt, welche Literatur er anführt und welche er auslässt.

Zwei Momente hat die Strategie des Vortragenden Foucault, deren erstes die Einsparung traditioneller Bezugspunkte ist. Foucault lässt bekannte Referenzen aus. Seine Vorlesungen übergehen die Rituale herkömmlicher Merkbarkeit, verschweigen vertraute Wegmarken. Wenn Foucault 1976 Boulainvilliers zitiert und auslegt, geht er tief in den Text, aber nicht zugleich auf die im 18. Jahrhundert vielerorts lebhafte Diskussion um die Geschichtsschreibung und darum ein, ob Objektivität überhaupt möglich sei. Martin Chladenius wäre ein guter Zeuge aus Deutschland gewesen, dessen Theorie des »Sehepunktes« neben Boulainvilliers gestellt hätte werden können. Die philosophisch geltend gemachte Skepsis des schottischen Historikers und Philosophen David Hume wird bei Foucault ebenso wenig angesprochen wie zahlreiche andere geschichtstheoretische und quellenkritische Denker der Aufklärungszeit, zu schweigen von den Philosophen des historischen Wissens aus dem frühen 20. Jahrhundert wie etwa Wilhelm Dilthey oder Ernst Troeltsch.

Das andere Moment geht über die akzentuierte Auslassung weit hinaus und muss im weiten Sinn als diskursanalytisch qualifiziert werden, wenn damit Themen eher aus Quellenschriften geholt werden statt aus den disziplinären Zitationskartellen akademischer Fächer. Beim Rückgriff Foucaults auf Boulainvilliers hat beispielsweise diese Bevorzugung einer unbekannten Quelle den Effekt, dass das Publikum ohne voraussetzungsreiche Zusatzkenntnisse gut folgen kann. Dazu kommt der Effekt, dass die Auslegung eines Textes für Foucault mehr als eine geisteswissenschaftliche Übung des Verstehens und der

Sinnermittlung ist und eher eine historische Arbeit der Analyse darstellt, hier gemeint als Scheidung des Gesagten und des Getanen. Darauf kommt er in verschiedenen Vorlesungen zu sprechen.

Wenn für Foucault die Quellendokumente nicht als Texte zählen, die man lesen muss, um sie einzuordnen, sondern als Diskurse, dann stellt das eine Herausforderung für jeden Kopf des späten 20. Jahrhunderts dar. Denn worin besteht das Verhältnis zwischen »einem Diskursereignis und einem sprechenden Subjekt«? (1971: 91) Was meint, der Diskurs sei »der Ort, an dem freiwillig oder unfreiwillig die Wahrheit gesagt wird«? (1972: 268) Was ist das Verhältnis zwischen Diskurs und »Diskursivität«? (1973: 297) Wie genau muss man das Diskursive am Diskurs nehmen? Formal ist klar: »Der Diskurs ist jenes regelmäßige Ensemble, das auf einer Ebene aus sprachlichen Phänomenen und auf einer anderen aus Polemik und Strategien besteht.« (Rio 1973: 671) In der Vorlesung von 1976 sagt Foucault vom Diskurs in diesem Sinne, dass er nicht nur Wörter organisiere:

> »Je regelhafter das Wissen gestaltet ist, desto leichter ist es für die darin sprechenden Subjekte, sich entlang der harten Konfrontationslinien zu verteilen, und umso leichter fällt es ihnen, die solchermaßen aufeinandertreffenden Diskurse als verschiedene taktische Gefüge in den allgemeinen Strategien zum Austrag zu bringen (wo es nicht nur um Diskurs und Wahrheit, sondern auch um Macht, Status, ökonomische Interessen geht).« (1976: 248)

Die Verwendung der Kategorie des Diskurses markiert bei Foucault durchweg die zentralen Schwierigkeiten, die beim Umgang mit historischem Material mit der Herstellung von Lesbarkeit verbunden sind. Das hat er in der *Archäologie des Wissens* (1969) ausgeführt; das wird in den Vorlesungen dadurch verstärkt, dass der Begriff überall vorkommt. Um beispielsweise den Charakter des Gefängnisses als Besserungsanstalt zu belegen, zitiert Foucault nicht das Schreiben eines Juristen oder Verwalters, sondern das eines Kaufmanns. Und dann fügt er hinzu, er wolle keine »Texte« analysieren, sondern »Diskurse«, und polemisiert gegen Kategorien wie »Autoren, Schriftsteller, Werke,

Texte«, die »die Gelehrtengesellschaft von der aktiven, strategischen Masse der Diskurse abgeschnitten« habe, um zu schließen: »Ein Text ist ein Diskurs, der seinen Kontext und seine strategische Schlagkraft verloren hat.« (1973: 231) Unter Text versteht Foucault hier also eine Schwundstufe des Diskurses bzw. dessen Ablösung aus jeder sozialen Einbettung.

Später wiederholt Foucault in einer Vorlesung seine Kritik am Text als dem Inbegriff dessen, was vorzuliegen scheint, wenn man historisch arbeitet. Er wolle von einer Archäologie des Wissens hin zu einer Genealogie der Machttechnologien kommen, womit sich die Lektüre grundlegend verändere. Denn nur machtanalytisch könne man »das Funktionieren des Textes nachzeichnen, nicht nur entsprechend der Formationsregeln dieser Begriffe, sondern mit Bezug auf die Ziele, die Strategien, denen er gehorcht, und mit Bezug auf die Planungen von politischer Tätigkeit, die er nahelegt«. (1978: 61)

Einmal hat Foucault bereits für seine Vorlesung notiert, was er aber nicht mündlich ausführt (ob aus rein zeitlichen Gründen oder weil er methodologische Überlegungen generell kurz halten wollte, ist unklar). Er spricht 1973 auf dem Podium zunächst das übliche hermeneutische Verfahren an, den Text als etwas Gesagtes in ein Verhältnis zum Nicht-Gesagten zu setzen, als Ausdruck einer Bedeutung, als Inbegriff dessen, was rekonstruiert, was unterlegt werden muss. Das Problem liegt nicht in der verborgenen Bedeutung, sondern eher im Kontextwissen: »Das Problem besteht folglich nicht darin, in den Lücken eines Textes die Macht oder die Wirkung des Nicht-Gesagten zu suchen.« (1973: 230) Foucault distanziert sich von der Immanenz des Textverstehens wie auch von jeder anderen textfixierten Auslegung und notiert:

> »Im Außerhalb-des-Texts wird gespielt, gesagt und gesehen. Im Text wird geschlummert, versteckt, nicht gesagt. Es ist normal, dass die Erforschung des Nicht-Gesagten schließlich zur Hauptform der Textanalyse wird. Schließlich interpretativ wird. Die Analyse des Außerhalb-des-Texts hat hingegen die Aufgabe, die Funktion und strategische Rolle der Diskurse an den Kämpfen

> festzumachen. Womit sie mit Operationen verbunden sind, die sie gestatten oder von denen sie ein Teil oder eine Folge sind. Der Serie Text-Nicht-Gesagtes-Interpretation die Serie Außerhalb-des-Texts-diskursiver Akt-Strategie gegenüberstellen. Dies erlaubt, die Positionen, die Allianzen, die Hemmnisschwellen, die Stärken und Schwachpunkte ausfindig zu machen. Kurz, eine Kritik zu üben, die unmittelbar Teil der Kämpfe ist.« (1973: 232)

Diese Passage des Manuskripts findet sich am Ende dessen, was er für die Vorlesungsstunde vom 28. Februar 1973 aufgeschrieben hatte. Verwandelt und umformuliert findet sie sich in den letzten Minuten des Tonbands wieder, die mit dem Aufruf enden:

> »Vernachlässigen wir mithin die Werke, die Texte, und studieren lieber die Diskurse innerhalb der Funktionen oder strategischen Felder, in denen sie ihre Wirkungen entfaltet haben.« (1973: 231)

Es geht für Foucault nicht darum, Texte als Diskurse zu behandeln, um sie selbst aufzuwerten, sondern darum, sie dort zu verorten, wo sie »ihre Wirkungen entfalten«. Wirkungen in einer früheren Zeit: dieses Potential billigt Foucault allen seinen Quellen zu. Wirkungen aber vor allem im Jetzt, in einer diskontinuierlichen Verschiebung in die Gegenwart aktueller Fragen, Fragen der Aktualität. Dies leisten die Vorlesungen durch ihren unaufhebbar mündlichen Charakter. Foucaults Plädoyer für das »Außerhalb des Textes« und seine Ablehnung tiefschürfender Bedeutungshebung zielen vor allem auf die Aufhebung jeder Unterscheidung von Methode und Gegenstand. Texte zu Diskursen zu machen bedeutet, jede Komplizenschaft im Verstehen aufzukündigen und zu versuchen, das Gesagte als Getanes anzunehmen. Das Gesagte wird aus den bereits geordneten und zum Schweigen verdammten Archiven geholt und als kontingentes Tun gewürdigt, als Ereignis und Faktum der Geschichte. Die scheinbar festgefügten Textlandschaften in Bibliotheksmagazinen und Lesesälen werden als Handlungen – einzelne, gruppierte, gegeneinander agierende – sichtbar, wenn der archäologische, der diskursanalytische Blick einsetzt.

Vielleicht lässt sich sagen, dass Foucaults Vorlesungen eben dies demonstrieren: die Arbeit an Aufgaben im doppelten Sinne des Wortes, d. h. einerseits das Aufgeben der Vorannahmen, Kündigen und Außerkraftsetzen des eben noch selbst festgehaltenen Denkens, und andererseits das Aufgegebensein eines Problems, Herausforderung durch Kämpfe, an denen teilzunehmen einen selbst verändert. Foucaults Vorlesungen konstituieren in der Dimension der Mündlichkeit ihre Gegenstände in der Zeit, in der Vorläufigkeit, in der Zufälligkeit, die ihre textliche Gestalt verbirgt, während der Vortragende seine eigenen Ausführungen so gestaltet, dass sie zwar mündlich protokolliert, nicht aber schriftlich fixiert werden können, Gefahr zu laufen, im Vorher und Nachher des Textes Methode zu wittern statt Entdeckung, im Nacheinander System zu vermuten statt Erfahrung.

11. DEN ORT DER REDE VERSCHIEBEN

Wenn Foucault im Hörsaal die Philosophie der Macht als »Theorie der Souveränität« verabschiedet, weil sie analytisch wenig tauge und viele Konflikte nicht erklären könne (1976: 54-56), lautet die neue Frage: »Wie lässt sich ein Kräfteverhältnis auf ein Kriegsverhältnis zurückführen?« (1976: 61) Das ist keine neue Theorie, sondern ein Forschungsvorhaben, das Foucault in der Vorlesung vom 7. November 1973 so ankündigt:

> »Sie werden mir sagen, dass es ganz schön ist, Mikrophysik der Macht an die Stelle von Gewalt gesetzt zu haben, Taktik an die Stelle von Institution, Strategie an die Stelle des Familienmodells; bin ich damit gut vorangekommen? Ich habe Ausdrücke vermieden, die allen diesen Analysen die Einführung des sozialpsychologischen Vokabulars erlaubten, und nun finde ich mich einem pseudomilitärischen Vokabular gegenüber, das nicht sehr viel berauschender sein dürfte. Doch wir werden festzustellen versuchen, was wir damit anfangen können.« (1974: 34)

Foucault spricht vom Krieg in der Gesellschaft, weil er damit die Konflikte in der Gesellschaft, Schlachten und blutige Auseinandersetzungen ohne Bezug auf die höchste Souveränität thematisieren will. Zwei Jahre später findet und entwickelt Foucault vor Publikum den Diskurs »über den Krieg als Grundlage der sozialen Verhältnisse«. (1976: 65) Zudem sagt er, der Krieg sei nicht zu Ende, jedes Gesetz ergäbe sich aus Schlachten und dann: »Unterhalb des Gesetzes wütet der Krieg.« (1976: 67) Mit diesem Argument werden ganz neue Gegenstände des politischen Philosophierens definiert.

Allgemein widmen sich Foucaults Vorlesungen nicht der Verabschiedung gängiger Konzepte und Methoden, sondern hauptsächlich der ausführlichen und schrittweisen Entwicklung des eigenen Vorgehens, immer mit Markierung alternativer Konzepte und Methoden. Nur die Vorlesung von 1976 bildet eine Ausnahme. Denn hier kontrastiert Foucault, bevor er ein Jahr Pause einlegt und erst im Januar 1978 wieder Vorlesungen am Collège de France hält, sein eigenes analytisches Vorgehen stärker und radikaler mit der klassischen politischen Philosophie. So kündigt er 1976 in seiner Vorlesung an, dass er zwar die Souveränität problematisieren werde, allerdings nicht entlang der Linien traditioneller Politikwissenschaft:

> »Ich werde jene unberücksichtigt lassen, die als Theoretiker des Krieges in der Zivilgesellschaft gelten, und die es nach meinem Verständnis absolut nicht sind, Hobbes und Machiavell.« (1976: 36)

Im Anschluss daran erläutert Foucault in der gesamten zweiten Vorlesungsstunde vom 14. Januar eine Reihe von »Vorkehrungen« seiner Machtanalytik. Darin eingeschlossen sind weitere explizite Absagen an das Konzept der herrschenden Klasse – daraus könne man alles oder nichts ableiten – und an den Begriff der Ideologie – dieser sei weit weniger präzise als etwa »Wissensdispositive«. (1976: 49) Beide Stoßrichtungen der Kritik an traditionellen historisch-politischen Erklärungen zielen auf zeitgenössische Denkmuster, insbesondere den Marxismus.

Warum Foucault in der Vorlesung von 1976 offen den Marxismus attackiert, wird schnell klar: Es ist nicht die Lehre von Karl Marx und nicht einmal die Ideologie der kommunistischen Partei, die sich auf diese Lehre beruft, es ist der Wille zur Theorie, der Foucault aufstößt. Denn Foucaults Zeitgenossen Louis Althusser und Etienne Balibar wollen die politische Ökonomie als Wissenschaft realisieren.[85] Innerhalb der marxistischen Theoriebildung westlicher Demokratien mag das ein provokanter Vorstoß sein. Jenseits des Eisernen Vorhangs war dieser Anspruch – zumal für den Widerstand gegen sozialistische Regime – eher irrelevant. Dort hatte der Marxismus ganz offiziell den Status höherer Theorie. Aus all diesen Diskussionen hatte sich Foucault verabschiedet und sich gewissermaßen in den Hörsaal als Parlatorium der umfassenden Problematisierung zurückgezogen. Die innermarxistischen Debatten hüben wie drüben waren nicht seine; er attackiert die Wissenschaft als prätendierte Wahrheit.

1976 holt er außergewöhnlich weit aus und erklärt vor seinem Auditorium, was sein eigenes Unternehmen von den Ambitionen der Marxisten seiner Zeit unterscheidet und was er diesen entgegensetzt:

> »Sie wissen, wieviel Leute sich seit ziemlich langer Zeit, seit sicherlich mehr als hundert Jahren gefragt haben, ob der Marxismus eine Wissenschaft ist oder nicht. Man hat dieselbe Frage auch in Bezug auf die Psychoanalyse gestellt und stellt sie immer noch und, was noch schlimmer ist, auch in Bezug auf die Semiologie der literarischen Texte. Doch auf die Frage: ›Ist sie eine Wissenschaft oder nicht?‹ würden die Genealogen oder Genealogisten antworten: ›Was man euch vorwirft, ist ja gerade, dass ihr aus dem Marxismus, aus der Psychoanalyse oder aus dieser oder jener Sache eine Wissenschaft gemacht habt. Wenn wir etwas gegen den Marxismus einzuwenden haben, dann eben dies, dass er wirklich eine Wissenschaft sein könnte.‹« (1976: 24)

[85] Vgl. Louis Althusser, Etienne Balibar: Das Kapital lesen, Reinbek 1972, Bd. 1, S. 84, 92, 162.

Foucault erkennt im »Anspruch, eine Wissenschaft zu sein«, viel eher ein »Machtstreben« und stellt im inszenierten Dialog vor Publikum diese bohrenden Fragen:

> »Müssten die eigentlichen Fragen nicht lauten: ›Welche Arten von Wissen wollt ihr mit dem Anspruch auf Wissenschaftlichkeit disqualifizieren? Welches sprechende, welches diskursführende Subjekt, welches Subjekt der Erfahrung und des Wissens wollt ihr minorisieren, wenn ihr sagt: >ich, der ich diesen Diskurs halte, halte einen wissenschaftlichen Diskurs und bin ein Wissenschaftler<? Welche theoriepolitische Avantgarde wollt ihr inthronisieren, um sie aus der Menge der zirkulierenden und unzusammenhängenden Formen des Wissens herauszulösen?‹« (1976: 24-25)

Foucault sieht im Marxismus keine »rationale Struktur«, die Aussagen zu verifizieren erlaubt, diagnostiziert vielmehr den Wunsch nach »Machteffekten«, die »im Abendland« der Wissenschaft zugebilligt werden. Foucaults eigenes Vorhaben ist dagegen emanzipatorisch:

> »Die Genealogie wäre also im Hinblick auf das Projekt der Einschreibung der Wissen in die der Wissenschaft eigene Machthierarchie eine Art Unternehmen, um die historischen Wissen aus der Unterwerfung zu befreien, d. h., sie fähig zu machen zu Widerstand und Kampf gegen den Zwang eines einheitlichen formalen und theoretischen Wissenschaftsdiskurses.« (1976: 25)

Für manche im Hörsaal verweisen Elemente dieser Rede Foucaults erkennbar zurück auf seine Antrittsvorlesung 1970 und deren Kritik an Wahrheit und Wissenschaftlichkeit im akademischen Sinn. Beim Stichwort »minorisieren« werden andere eine Anspielung auf den – jedes Marxismus unverdächtigen – Gilles Deleuze entdeckt haben, mit dem Foucault damals eine enge Freundschaft verband. Eine Wendung wie »sprechendes Subjekt« – das in der Gefahr der Minorisierung stehe – verweist wiederum auf Foucaults Vorlesungen selbst. Soviel Anspielung ist sonst nie bei Foucault, so viel Kontrastierung wird man kaum sonst finden, wenn man sich durch die Vorlesungsprotokolle liest.

Die Bloßstellung des Marxismus existiert im Übrigen nur in den Vorlesungen und anderen mündlich getanen Äußerungen Foucaults, nicht in seinem veröffentlichten Werk; Foucault hat niemals gegen seine Lehrer und Zeitgenossen geschrieben. Zum Marxismus hat er sich außerhalb des Hörsaals fast ausschließlich gesprächsweise geäußert, meist autobiografisch, nirgends mit philosophischem Tiefgang. Nur ein 1978 in Japan geführtes Gespräch handelt ausführlich davon. (DE III: 748-775) In den Vorlesungen dagegen hört man Foucault zum Marxismus öfter Stellung nehmen; Etienne Balibar spricht 2014 rückblickend von einer »großen Abrechnung mit dem Marxismus«, die Foucault im Pariser Hörsaal der 1970er Jahre vorgelegt habe. (s. 1972: 335, 365-370) Tatsächlich distanziert sich Foucault nicht nur von der Wissenschaftsambition einiger Marxisten, sondern auch von deren Geschichtsauffassung (1972: 228; 1976: 100) und von der Staatstheorie im Anschluss an Marx (1979: 133-134); einmal nennt er den Marxismus sogar eine Religion. (1980: 153)

Was Foucault seinen im Auditorium versammelten Zeitgenossen nahelegen will, ist eine sich selbst als kämpferisch verstehende und daher das analytische Vorgehen betreffende Ansage: Der Marxismus ist eine zu wenig radikale, nicht tief genug ansetzende Methode zur Förderung des historischen Wissens. Dass Foucault damit viele überzeugte, hat Philipp Felsch in seiner Charakterisierung der Theorieversessenheit der 1970er Jahre so ausgedrückt: Foucaults »Begriffe schienen der Geschichte viel enger auf den Leib geschneidert als die marxistischen Allerweltsmarken der ›Verdinglichung‹ oder der ›Produktionsverhältnisse‹, von den ›Widersprüchen‹ und ihrer ›Vermittlung‹ ganz zu schweigen.«[86] Das Handfeste und Grundsätzliche der Foucaultschen Problematisierung kommt schon 1973 zum Ausdruck, als Foucault in Rio de Janeiro sagt:

---

[86] Vgl. Philipp Felsch: Der lange Sommer der Theorie. Geschichte einer Revolte 1960-1990, München 2015, S. 141.

»Ich glaube daher nicht, dass wir der traditionellen marxistischen Analyse einfach folgen und sagen können, da die Arbeit das konkrete Wesen des Menschen ist, verwandelt das kapitalistische System diese Arbeit in Profit, Surprofit und Mehrwert. In Wirklichkeit dringt das kapitalistische System sehr viel tiefer in unser Dasein ein.« (Rio 1973: 766)

Aus einem starken Verlangen heraus, gründlicher zu analysieren und die Abstraktionen des politischen Denkens zu beenden, erläutert Foucault dann in Paris, warum er den berühmten Argumenten des Thomas Hobbes und dessen Meisterwerk *Leviathan* nicht folgen kann:

»In dem elementaren Krieg von Hobbes gibt es keine Schlachten, kein Blut, keine Leichen. Es gibt Vorstellungen, Bekundungen, Zeichen, emphatische, listige, lügenhafte Ausdrucksformen; es gibt Lockungen und Willensäußerungen, die in ihr Gegenteil verkehrt werden, Ungewissheiten, die als Gewissheiten ausgegeben werden. Wir befinden uns auf dem Theater des Austauschs von Repräsentationen, in einem zeitlich unbestimmten Angstverhältnis; wir sind nicht wirklich im Krieg.« (1976: 111)

So wird bei Foucault die Philosophie gegen die Wissenschaft und gegen die Theorie in Stellung gebracht: als Exploration der Wirklichkeit im archäologischen und genealogischen Sinn. Der Abstraktion des historischen Wissens, auch in seiner marxistischen Gestalt, setzt Foucault mit seinen Vorlesungen der Jahre 1978, 1979 und 1980 ausgedehnte und elaborierte Analysen dessen entgegen, was diesem Wissen entgeht.

Der Zuhörerschaft war es vermutlich ebenso deutlich wie es heute beim Nachlesen erscheint, dass nämlich die Abwehr von Hobbes und des Marxismus keine Selbständigkeit im Sinne abgeschlossener Invektiven besitzt. Foucault diagnostiziert keinen historisch zufälligen Missgriff, sondern ein grundsätzliches methodisches Versagen, einen Verlust an Philosophie. Davon unberührt ist wohl dem Publikum in Paris der kritische Befreiungsschlag im Jahr 1976 nur Episode. Man hört zwei Vorlesungen von dreizehn, behält die Absetzung vom Marxismus in Erinnerung, vergisst das jedoch auch bald im Dickicht der Fragen und Probleme, die Foucault anschließt. In den schriftfixierten Archiven der philosophischen Äußerungen scheint es heute unbestritten, dass Foucault einmal etwas gegen Hobbes und den Marxismus geäußert hat. Dass er dabei nicht stehengeblieben ist, zeigen jedoch die Protokolle seines mündlichen Vortrags unwiderleglich. Es sind eben die Themen der folgenden Vorlesungsjahre, die belegen, warum Foucault überhaupt zu Anfang des Vorlesungszyklus‹ sich im Abweisen übt. Schon ab 1978 fällt der Name Marx nur noch an sehr wenigen Stellen in den Vorlesungen, und wenn, ruft Foucault den bekannten Philosophen wie eine schemenhafte Figur in Erinnerung. Eine eingehende Auseinandersetzung findet nicht statt.

Die Hinwendung zu Machtsystemen und sozialen Mechanismen wird bei Foucault im Laufe der Vorlesungen nach 1976 zu seiner zentralen Perspektive, ob diese sich auf die Begriffen der Pastoralmacht, der Staatsräson oder der gouvernementalen Vernunft richtet. Wenn Foucault seine Zuhörerschaft anspricht, warnt er vor falschen Erwartungen:

> »Nehmen Sie all dies, diese Überlegungen zur Gouvernementalität, diese sehr vage Skizze des Pastorats usw. wohlgemerkt nicht für bare Münze. Das ist keine vollendete Arbeit, das ist nicht einmal eine beendete Arbeit, es ist eine Arbeit, die gerade eben erst zustande kommt, mit all dem, was dies beinhalten kann, Ungenauigkeiten gewiss, Hypothesen, das heißt, es sind mögliche Fährten für Sie, wenn Sie möchten, für mich vielleicht.« (1978: 201)

Das ist nicht die Entschuldigung eines Unvermögens, es sind methodische Kautelen, Wegmarken für den weiteren Fortgang seines Vortrags. Foucault weitete mit dem Konzept der Regierung oder des Regierens den Bereich des Politischen und verlässt den engen Bezirk dessen, was Politik genannt wird. Foucault lädt sein Publikum ein, sich in Bereiche der Realität zu begeben, die jenseits der Gesetze und offiziellen Sanktionen liegen: »Es gibt [...] eine stetige Bildung von neuem Gesellschaftsgewebe, von neuen sozialen Beziehungen, von neuen wirtschaftlichen

Strukturen, und folglich auch von neuen Typen der Regierung.« (1979: 422) Gesellschaft wird als Bindungskraft aufgefasst, nicht als Gegebenheit:

> »Wir treten in ein ganz anderes System des politischen Denkens ein, wie mir scheint, und zwar ein Denken oder in jedem Fall eine politische Reflexion, die für eine neue Regierungstechnik wesentlich ist oder für ein neues Problem, das sich durch das Erscheinen des ökonomischen Problems für die Regierungstechnik, für die Techniken der Regierung stellt.« (1979: 423)

Unüberhörbar wird das Fortgehen über die Machtanalyse hinaus und das tiefere Eindringen in soziale Mechanismen nach der einjährigen Vorlesungspause 1977, wenn Foucault 1978 und 1979 eine zweiteilige Vorlesung zum Thema der »Gouvernementalität« anbietet. Er führt darin vorhergehende Untersuchungen zur Strafgesellschaft, zur Disziplinargesellschaft und zur Bio-Politik, das heißt zur Bevölkerungspolitik moderner Staaten, weiter und doch auch zu Ende. Das geschieht 1978 durch eine erneute Reflexion des Souveränitätsbegriffs, der zu einer neuen Definition des Staates führt. Staat ist eine Regierungsform, die im weitesten Sinne ökonomisch verfährt, das heißt auf den Ausgleich verschiedener in der Gesellschaft wirkenden Kräfte sowie auf die Kontrolle über alles gerichtet ist. Seine Beispiele nimmt Foucault aus dem Bereich der Ökonomie, etwa in Bezug auf das Problem der Nahrungsmittelknappheit, was ihn dann zum Thema des Liberalismus führt, den er 1979 eigens und ausführlich auf über 300 Seiten thematisiert, um den Vorlesungszyklus mit Ausführungen zur bürgerlichen Gesellschaft abzuschließen.

Foucault bindet in seinen Vorlesungen diverse Dimensionen des Sozialen zusammen und separiert das politische Regieren nicht von anderen Handlungsformen, die ebenfalls ein Oben und Unten, ein Innen und Außen, ein Befehlen und Gehorchen, ein Tun und Leiden kennen. Erfahrungen zeugen davon, dass hier die Grenzen des Verstehens künstlich und die Ergebnisse des Erkennens abstrakt sind. So muss man fragen:

»Ist es möglich, den modernen Staat in eine Gesamttechnologie der Macht wiedereinzusetzen, die seine Mutationen, seine Entwicklung, sein Funktionieren sicherten? Kann man von etwas wie einer ›Gouvernementalität‹ sprechen, die für den Staat das wäre, was die Absonderungstechniken für die Psychiatrie waren, was die Disziplinartechniken für das Strafrechtssystem waren, was die Biopolitik für die medizinischen Institutionen war?« (1978: 180)

Der Staat wird als Technologie oder als einer Technologie bedürftig betrachtet: Genau auf diesem Weg der Analyse bewegt sich Foucault weg von den Universalien hin zu den Singularitäten, weg von den Theorien hin zum Wissen, weg von bloßen Diskursen hin zu Praktiken. In der Vorlesung von 1979 gibt dasselbe vorsichtige Vorgehen den Ton an, es bezeugt sich dasselbe Bewusstsein einer prekären Operation:

»Der Begriff der Macht selbst hat keine andere Funktion, als einen Bereich von Beziehungen zu bezeichnen, die alle analysiert werden sollen, und was ich vorgeschlagen habe die Gouvernementalität zu nennen, d. h., die Art und Weise, mit der man das Verhalten der Menschen steuert, ist nichts anderes als der Vorschlag eines Analyserasters für die Machtverhältnisse. Es handelt sich also darum, diesen Begriff der Gouvernementalität zu erproben, und zweitens ging es darum, zu sehen, wie dieses Raster der Gouvernementalität, von dem man annehmen kann, dass es angemessen ist, wenn es darum geht, die Art und Weise zu analysieren, wie man das Verhalten der Wahnsinnigen, der Kranken, der Verbrecher, der Kinder steuert; wie also dieses Raster der Gouvernementalität auch angemessen sein kann, wenn es darum geht, Erscheinungen einer ganz anderen Größenordnung zu behandeln, wie beispielsweise die Wirtschaftspolitik, die Leitung eines ganzen Gesellschaftskörpers usw.« (1979: 261)

Foucault dehnt sein Untersuchungsfeld auf den »ganzen Gesellschaftskörper« aus. Es ist das Kennzeichen moderner Gesellschaften, dass sie so einen Körper bilden und dieser von verschiedenen Steuerungs- und

Regelungstechniken beherrscht wird. Er bringt dafür das Beispiel der Stadt bzw. des Städtebaus, um die Interaktion von Gesetzen und Disziplinen mit dem zu zeigen, was er Sicherheitsdispositiv nennt. (1978: 28-39) Staatliches Regierungshandeln meint Regulieren; damit tritt es in Abhängigkeit zu so etwas wie dem Ereignis, von etwas also, das auftritt und in seinem Auftreten nicht gezwungen ist, das vielmehr in seinem Dasein behandelt und geregelt werden muss.

Foucaults Interesse an funktionierenden Regelsystemen durchzieht alle drei Vorlesungen von 1978 bis 1980. Ihm erscheint das sozial Gegebene und das politisch Herbeiführbare durch Regeln miteinander verbunden und gerade nicht als Macht und Ohnmacht einander entgegengesetzt, nicht als Herrschaft und Leid dichotomisch erstarrt, als Gewalt und Schmerz ewig auseinandergetrieben. Das lässt sich den Neu- und Umdefinitionen der politischen Leitbegriffe in den Vorlesungen deutlich ablesen. So kann eben »der Staat« auch über die Regulation des Seienden bestimmt werden:

> »Der Staat ist dasjenige, was am Ende der Rationalisierung der Regierungskunst stehen soll. Es ist die Integrität des Staates, die Vollendung des Staates, die Verstärkung des Staates, seine Wiederherstellung, wenn er in Gefahr gebracht wurde oder wenn ihn eine Revolution gestürzt oder für eine gewisse Zeit seine Gewalt und seine spezifischen Wirkungen lahmgelegt hat. All das soll durch die Intervention der Staatsräson erreicht werden. Der Staat ist also ein Verständnisprinzip des Seienden, aber er ist auch etwas, das sein soll.« (1978: 416)

Auch die Polizei – die Foucault im alten und weiten Sinn als Verwaltung im allgemeinen Sinne versteht – ist im Kern ein regulatorisches Tun. Die Polizei ist nicht das Gesetz und sie ist nicht die Disziplin, vielmehr ist sie eine Regulation gesellschaftlicher Vorgänge, betrifft Gesellschaft und Staat insgesamt und stellt diesen zugleich her, indem sie wirkt:

> »Was also die Polizei umfasst, ist im Grunde ein riesiger Bereich, von dem man sagen könnte, dass er vom Leben zum Mehr-als-nur-

> leben reicht. Damit meine ich: Die Polizei soll sich vergewissern, dass die Menschen leben, und zwar in großer Zahl, die Polizei soll sich vergewissern, dass sie genug zum Leben haben und folglich, dass sie genug haben, um nicht zu sehr oder in zu großer Zahl zu sterben. Sie soll sich aber zugleich vergewissern, dass alles, was in ihrer Tätigkeit über die reine Subsistenz hinausgeht, wirklich auf solche Weise hergestellt, verteilt, aufgeteilt und in Umlauf gebracht wird, dass der Staat tatsächlich seine Kraft daraus ziehen kann.« (1978: 469)

Schließlich wird bei Foucault neben dem Staat und dessen Verwaltung auch die bürgerliche Gesellschaft als Inbegriff von Regeln verstanden, gerade weil sie das Regieren durch Rücksicht auf Ökonomie, selbst zur Ökonomie zwingt, also zur Selbstbegrenzung in der Bemühung darum zu reflektieren, »wie man es anstellt, nicht zu viel zu regieren«. (1979: 29)

> »Ich glaube, dass die bürgerliche Gesellschaft, was man übrigens in der Folge sehr bald die Gesellschaft überhaupt nennen wird, was man am Ende des 18. Jahrhunderts die Nation nannte, dass all das die Selbstbegrenzung einer Regierungspraxis und Regierungskunst, einer Reflexion auf diese Regierungskunst, also eine Regierungstechnik, ermöglichen wird, die weder die Gesetze der Wirtschaft noch die Rechtsprinzipien verletzt und die weder ihre Forderung nach Allgemeinheit der Regierung noch der Notwendigkeit einer Allgegenwart der Regierung zuwiderhandelt.« (1979: 405)

Unter dem Stichwort der politischen Ökonomie diskutiert Foucault in seinen Vorlesungen Formen des Regulierens, die ihm geradezu als Schlüssel für alle Phänomene werden, inklusive derer, die er in früheren Untersuchungen berührte: Wahnsinn, Krankheit, Delinquenz, Sexualität. Im Wirtschaftsleben entdeckt Foucault eine durchaus ähnliche Regelproblematik, wobei er hier den Gedanken exponiert, dass die Regierung selber reguliert werden muss, und zwar durch Rücksicht auf die freie Wirtschaftstätigkeit »der Regierten als Wirtschaftssubjekte und allgemeiner als Interessenssubjekte, wobei hier Interesse im weitesten Sinne verstanden wird, nach der Rationalität dieser Individuen, insofern sie, um diese Interessen im allgemeinen Sinne zu befriedigen, eine Reihe von Mitteln verwenden, und zwar nach ihrem eigenen Willen«. (1979: 428) Deren Freiheit stellt in den bürgerlichen Gesellschaften – und deren Theorien – etwas dar, das durch Regierung nicht oder nicht zu stark eingeschränkt werden darf:

> »Diese Rationalität der Regierten soll als Regelungsprinzip für die Rationalität der Regierung dienen. Das scheint mir die liberale Rationalität zu charakterisieren: Wie soll man die Regierung, die Regierungskunst regeln, wie soll man das Prinzip der Rationalisierung der Regierungskunst auf das rationale Verhalten der Regierten gründen?« (1979: 428-429)

Foucault gibt seinem Publikum keine politische Theorie der Ökonomie und keine ökonomische Theorie der Politik[87], er beobachtet und beschreibt die Regierungskünste nach den Arten und Formen ihrer inhärenten Regulierungen, ihrer Regelungsqualität. Man erkenne »in der modernen Welt, in der Welt, die wir seit dem 19. Jahrhundert kennen, eine ganze Reihe von Rationalitäten der Regierung, die sich überschneiden, sich stützen, im Widerstreit miteinander stehen und sich bekämpfen«. (1979: 429)

An diesem Punkt im März 1979 verstand noch der letzte Zuhörer im Hörsaal, dass Foucault in eine andere Richtung läuft, als er selber einzuschlagen vorhatte und explizit projektierte. Die Vorlesung 1979 buchstabiert nicht den Staat und dessen Gouvernementalität aus, sondern erweitert das Konzept der Regierung als regulatorisches Agieren. Genauer besehen entdeckt Foucault – nach langwierigen Referaten verschiedener liberaler und liberalistischer Autoren – eine Interaktion zwischen Regierung als Instanz und Individuum als deren Subjekt, das als Wirtschaftsbürger störungsfrei agieren will. Die »Regierungskunst gemäß der Rationalität der Wirtschaftsakteure« ist »die Regierungs-

87 Vgl. aber Thomas Lemke: Eine Kritik der politischen Vernunft. Foucaults Analyse der modernen Gouvernementalität, Berlin 1997, S. 174-177.

kunst nach Maßgabe der Rationalität der Regierten selbst«, sagt Foucault. (1979: 429)

Maurice Merleau-Ponty soll einmal bemerkt haben: »Die in Bücher gefasste Philosophie hat aufgehört, die Menschen anzusprechen« und das »Lob der Philosophie« an das lebendige Wort gebunden.[88] Auch Foucault spricht anders, als er schreibt, und im Sprechen verändert er sich. In den Vorlesungen vergrößert er im Nacheinander der Explorationen die Basis der philosophischen Bezüge. Foucaults Problematisierungen sind reich, komplex und intensiv, sie vertragen die Sparsamkeit des wissenschaftlichen Zugriffs und der logischen Eleganz nicht. Wie bei manchen anderen Vortragenden findet sich eine Wertschätzung der Zuhörerschaft durch Ausführlichkeit; so bleibt das Publikum in akustischer Gefolgschaft, selbst wenn der vorgeschlagene Weg kein gerader ist.

1979 schließt Foucault einen Vorlesungszyklus ab, der eigentlich den Staat als »das Korrelat einer bestimmten Weise zu regieren« (1979: 19) exponieren sollte und dazu die Biopolitik erläutern wollte – was nicht geschah. Am Ende stellt er viel weitergehend »verschiedene Arten der Berechnung, der Rationalisierung, der Regelung der Regierungskunst, die sich gegenseitig überschneiden« heraus und macht im »Spiel dieser verschiedenen Regierungskünste« den »Geburtsort der Politik« aus. (1979: 429-430) 1980 wird es für die Zuhörer noch verwirrender, denn auch hier ist das Thema weiterhin das der Regierung im allgemeinen Sinn, selbst wenn Foucault mit dem Titel *Die Regierung der Lebenden* nochmals die Biopolitik anspricht. Doch der Titel sagt, es gehe weiterhin um die Regierung, jetzt allerdings aus der Perspektive der Subjekte. Welche Regierung wird durch welche Regeln angenommen? – das könnte man als Leitfrage unterschieben, gemäß einer allgemeinen Haltung, die Foucault so benennt:

---

[88] Daniel Defert: Es gibt keine Geschichte des Wahnsinns oder der Sexualität, wie es eine Geschichte des Brotes gibt, in: Michel Foucault. Zwischenbilanz einer Rezeption. Frankfurter Foucault-Konferenz 2001, hg. v. Axel Honneth, Martin Saar, Frankfurt am Main 2003, 355-368, hier S. 355.

»Es ist eine Haltung, die zuerst darin besteht, sich zu sagen, dass sich keine Macht von selbst versteht, dass keine Macht, welche es auch sei, evident oder unvermeidbar ist, dass folglich keine Macht es verdient, von vornherein akzeptiert zu werden.« (1980: 114)

Foucaults Vortrag gewinnt im Hörsaal eine Eigendynamik, die durch (früh) angekündigte Vorlesungstitel und (spät) nachgereichte Vorlesungsberichte erkennbar nicht eingeholt wird. Gleichwohl ist den Zuhörern deutlich und den Lesern der Transkriptionen nachvollziehbar, dass Foucault in den Vorlesungszyklen 1978, 1979 und 1980 drei Formen der Regierung durch Regulation exemplifiziert: Der Staat mit einem Sicherheitsdispositiv als moderner Form der souveränen Macht (1978), die bürgerliche Gesellschaft mit ihren durch ökonomische Interessen gesteuerten Individuen als Regierung der Regulierung schlechthin (1979), und die christliche Gemeinschaft als Regierung durch Wahrheit mit durch Verfahren konstituierten Subjekten (1980). Foucault entwickelt beim Vortragen, entgegen eigener Pläne und damit an den entsprechend ausgerichteten Erwartungen seiner Zuhörerschaft vorbei, eine politische Phänomenologie der Regierung im Sinne regulierter Sozialität. Regeln sind das eigentlich Verbindende jedes Sozialverbands; sie erst ermöglichen die Machtausübung, weil sie Akzeptanz und Konformität realisieren. Regeln sind das, was dem Leben Rationalität gibt, oder genauer: was das Leben mit Rationalitäten durchwirkt.

Nicht nur die Rationalität einer Regierung ergibt sich bei Foucault als Regelwirksamkeit, als Verfahren oder Prozedur. Sein Philosophieren berührt unentwegt relationale Bindungen, Zuordnungen dessen, was ist und geschieht, auf etwas hin, das gliedert und formt, das Singularitäten in einem System absichert. Die Begriffe sind hier nicht exklusiv, und schon die Vorlesung von 1980 spricht weniger von Regierung und mehr von »Regime«, auch von »Führung«, weniger von Regeln und mehr von »Verfahren«. Foucault sagt, er versuche

»mit dem Wort Regime zu arbeiten, mit dem ich das Zusammenspiel zwischen dem, was man traditionell als Politik bezeichnet, und der Epistemologie erfassen möchte. Das Wissensregime ist

> der Punkt, an dem sich ein politisches Regime von Pflichten und Zwängen und dieses spezielle Regime von Pflichten und Zwängen, das das Wahrheitsregime darstellt, verbinden«. (1980: 144)

Beim Regieren, Regulieren und beim Regime geht es um ein Sichbeugen und zugleich um ein Bekennen, das im Verhalten der Disziplin noch nicht mitgedacht war. Auch der Disziplinierte beugt sich Regeln und bekräftigt sie dadurch, er muss sie aber nicht einsehen und akzeptieren. Politische Phänomene der Regierung verlangen eine andere Analyse jenseits einzelner Fälle und der an ihnen auftretenden systematischen Zwänge. Nachdem Foucault die Regelbedürftigkeit der Gouvernementalität im Allgemeinen durchgespielt (1978) und auf die bürgerliche Gesellschaft angewandt hat (1979), geht er 1980 auf den stärksten bekannten und befolgten Regelzwang ein, den durch die Verpflichtung auf Wahrheit.

Was er 1971 als den »Willen zum Wissen« thematisierte, wird zehn Jahre später zum Inhalt einer »Geschichte der Macht der Wahrheit«, die sich damit beschäftigt, wie die »Subjekte« dabei »die Operatoren, die Zeugen oder eventuell die Objekte sind«. (1980: 142-143) Zwei Beispiele dafür bringt Foucault, das Christentum und die Wissenschaft. Dass diese Beispiele nicht wegführen von den Problematiken des Regierens und des Handelns, sieht man daran, dass Foucault das Wahrheitsregime vom Politikregime, vom Strafregime und vom Rechtsregime unterscheidet. (1980: 134)

Wahrheit ist genauso wenig evident wie Herrschaft oder Autorität, es braucht überall einen durch Verfahren geregelten Nachdruck, eine Art Durchsetzung dessen, was gilt und was ohne Durchsetzung nicht gelten kann:

> »Damit es eine Wahrheitspflicht gibt oder damit zu den intrinsischen Regeln der Wahrheitsmanifestation so etwas wie die Pflicht hinzukommt, bedarf es oder handelt es sich gerade um etwas, das nicht per se als wahr dargetan oder manifestiert werden kann und das gewissermaßen dieses Zusatzes des Zwangs, der *Verstärkung*, dieses Zusatzes des Nachdrucks und der Pflicht, der Verpflichtung bedarf, der bewirkt, dass man gezwungen ist, es als wahr hinzu-

stellen, obgleich man weiß, dass es falsch ist, oder obwohl man nicht sicher ist, dass es wahr ist, oder obwohl es nicht möglich ist zu sagen, ob es wahr oder falsch ist.« (1980: 135)

Die auf Wahrheit setzende Wissenschaft gehört zu einer »Familie von Wahrheitsspielen, die alle dem gleichen Regime gehorchen«. (1980: 141) Überall werden Operatoren bestimmt, d. h. Mitwirkende, die die Regeln durchsetzen, indem sie sie selber befolgen:

»Das der Wahrheit innewohnende ›du musst‹, das der Wahrheitsmanifestation immanente ›du musst‹ ist ein Problem, das die Wissenschaft nicht selbst rechtfertigen und dem sie nicht selbst Rechnung tragen kann. Dieses ›du musst‹ ist ein Problem, ein historisch-kulturelles Problem, das, wie ich glaube, grundlegend ist.« (1980: 138)

Mit der Vorlesung von 1980 beginnt Foucault die Analyse des Christentums als eines Wahrheitsregimes. Die Quellen dafür hat er sich seit 1976 erarbeitet – Tertullian, Cassian und andere – und dafür ab 1979 seinen bibliothekarischen Arbeitsort von der Nationalbibliothek in die Bibliothek eines Dominikanerordens verlegt. (s. 1980: 449-450) Der amerikanische Jesuit James Bernauer war damals im Hörsaal unter den Zuhörern und bezeugt das Erstaunen vieler, nun von Buße und Beichte zu erfahren (s. 1980: 451), wo eben noch von Ökonomie und bürgerlicher Gesellschaft die Rede war.

Es kündigt sich tatsächlich eine Verschiebung der Vorlesungsinhalte an, eben aufgrund der Vertiefung des Problems eines aus freien Stücken realisierten regelkonformen Verhaltens. Zugleich steckt im Christentum die Verpflichtung auf ein Leben in der Wahrheit, und eben in dieser Hinsicht spielt es in den Vorlesungen weiterhin eine große Rolle. Das im Hörsaal seit 1976 zurückgelegte Stück an Gedankenarbeit vor Publikum, das laute Nachdenken mit Kenntnis historischer Quellen und im Angesicht der Zeitgenossen im Saal, führt damit nicht einfach »zurück« in die Spätantike, sondern nach vorne zum Problem der Freiwilligkeit des Lebens und seiner Transformation. Das eben sagt Foucault 1980:

> »Das Problem der Beziehungen Subjektivität – Wahrheit wird, wie ich glaube, um das 3. Jahrhundert herum rund um ein ganz einfaches Problem ganz neu ausgearbeitet, neu gestaltet, neu gestellt: nicht um das Problem der Identität des Individuums, sondern im Gegenteil um das der Konversion herum. Wie wird man ein anderer? Wie hört man auf zu sein, was man ist? Wie wird man als der, der man ist, zu einem ganz anderen? Wie gelangt man von dieser Welt in eine andere? Wie kommt man vom Irrtum zur Wahrheit? Für uns ist das Problem der Beziehungen zwischen Subjektivität und Wahrheit mit dem Problem der Konversion verknüpft, das heißt mit einem Identitätsbruch.« (1980: 218)

Diese Fragen werden eine starke Rolle spielen, wenn Foucault die »Regierung des Selbst« (1983: 64) thematisieren und Fragen der Ethik ebenfalls nach durchgesetzten Regeln und nicht nach verfügten Geboten beurteilt. Zunächst aber geht es um die Anerkennung des Christentums als eines Wahrheitsregimes, und dieser analytische Ansatz geschieht bei Foucault mit geschärftem methodologischen Bewusstsein. Er legt Wert darauf, seine Themen »nicht unter einem ideologischen Gesichtspunkt zu betrachten«. (1980: 133) Foucaults »Ablehnung der Analyse in den Begriffen der Ideologie« (1980: 111) führt ihn nicht nur zu seiner Rede vom »Wahrheitsregime« (1980: 121, 134), sondern auch zur Selbstbeschreibung als »negativer Theoretiker« (1980: 112):

> »Mein Problem oder die einzige Möglichkeit theoretischer Arbeit, zu der ich mich in der Lage fühle, wäre, getreu einem Aufriss, der so nachvollziehbar wie irgend möglich ist, die Spur der Bewegungen aufzunehmen, durch die ich nicht mehr an dem Ort bin, an dem ich zuvor war. [...] Es handelt sich, das sei noch einmal wiederholt, um eine Trasse der Verschiebung, das heißt um eine Trasse und nicht um ein theoretisches Gebäude, doch um eine Verschiebung, durch die meine theoretischen Positionen sich unaufhörlich verändern.« (1980: 112)

Der Hörsaal als Bühne

12. ÖDIPUS UND DER GEBRAUCH DER MACHT

Foucault beschäftigt sich in seinen Vorlesungen wiederholt mit Ödipus. Das ist umso bemerkenswerter, als er ihm in keiner Veröffentlichung einen längeren Gedanken widmet. Ödipus steht für das Problem, wie man Wahrheit ermittelt, und damit für ein Hauptthema, das die Vorlesungen in ihrer Gesamtheit beschäftigt, wobei Foucault sich dem Problem über die Jahre hinweg in verschiedener Weise nähert. An der Dramafigur Ödipus lässt sich die problemorientierte Einheit und der gedankliche Zusammenhang von Foucaults Vorlesungen ebenso gut erkennen wie zugleich deren inhaltliche Wandlung nachvollziehbar machen.

Indem er sich mit der antiken Figur Ödipus intensiv auseinandersetzt, wird Foucault selber zum Ermittler und macht seine Vorlesungen zu einer Veranstaltung bohrender Fragen. Das lässt sich an den Titeln und den Themen nicht sofort erkennen. Vielmehr scheinen die Vorlesungen in grober Draufsicht drei Epochen zu kennzeichnen.[89] Zuerst die Epoche, in der Foucault sich mit den Institutionen der Haft und der Psychiatrie auseinandersetzt (VL 1970-1975: *Über den Willen zum Wissen*; *Theorien und Institutionen der Strafe*; *Die Strafgesellschaft*; *Die Macht der Psychiatrie*; *Die Anormalen*), um in einer zweiten Epoche dann ein Konzept der Regierung zu formulieren (VL 1976-1980: *In Verteidigung der Gesellschaft*; *Sicherheit, Territorium, Bevölkerung*; *Die Geburt der Biopolitik, Die Regierung der Lebenden*). Danach folgt eine dritte Epoche, in der Foucault auf das Selbst, das Subjekt und das Individuum fokussiert (VL 1981-1982: *Subjektivität und Wahrheit*; *Hermeneutik des Subjekts*), um schließ-

[89] Stuart Elden: Foucault's last Decade [FN 83]; ders.: Foucault: The Birth of Power, Cambridge 2017.

lich das Wahrsprechen als philosophische Lebensweise auszuzeichnen (VL 1983-1984: *Die Regierung des Selbst und der anderen*; *Der Mut zur Wahrheit*). Es sind andere Einteilungen denkbar, etwa nach den behandelten Zeitabschnitten Gegenwart, Frühe Neuzeit und Antike. Die Vielfalt der Themen, Quellen und Problemstellungen ist groß. Tatsächlich aber gibt es in den Vorlesungen einen roten Faden mit mehreren Knoten darin, und das ist König Ödipus.

Als Foucault 1980 in der Vorlesung *Die Regierung der Lebenden* auf Ödipus zu sprechen kommt und drei Sitzungen lang bei diesem Thema bleibt, bekennt er, eine bereits besprochene Sache wieder aufzugreifen: »Ich weiß nicht, wie viele Jahre ich hier bin; das müssen zehn Jahre sein, also muss ich darüber vor etwa neun Jahren gesprochen haben.« (1980: 43) Solche Rückgriffe sind bei Foucault, der immerzu neues Material zur Diskussion stellt, sehr selten. Es ist aber in der Tat so, dass Foucault schon seine erste Vorlesungsreihe mit Ausführungen zu Ödipus abschloss. (1971: 288-326) Später kam Foucault im Ausland auf Ödipus zu sprechen, so 1972 bei Vorträgen in den USA (s. 1971: 356) und ausführlich in brasilianischen Vorlesungen von 1973 unter dem Titel *Die Wahrheit und die juristischen Formen*. (Rio 1973: 686-704) Nach der Behandlung in *Die Regierung der Lebenden* (1980: 43-123) wird Ödipus zum Thema in einer Vorlesungsreihe 1981 in Belgien, wird 1982 in Kanada und 1983 in Kalifornien erwähnt. (Löwen 1981: 33-63; Toronto 1982: 179; Berkeley 1983: 40-53) In den letzten beiden Pariser Vorlesungszyklen *Die Regierung des Selbst und der anderen* taucht er einmal ausführlich und in *Der Mut zur Wahrheit* kursorisch auf. (1983: 88-184; 1984: 344) Ödipus ist eine vertraute Figur für den mündlichen Foucault, nicht für den Schriftsteller.

»Was ist Wahrheit?« fragt der römische Präfekt Pontius Pilatus angesichts der gegen Jesus, den angeblichen König der Juden, vorgebrachten Anschuldigungen.[90] Das ist rhetorisch gemeint und begleitet das Händewaschen, Symbol des Desinteresses. Diese biblische Erzählung interessiert Foucault nicht. Bei allem Nachdruck, den er auf das

---

[90] Johannes-Evangelium 18,38.

Thema Wahrheit legt, taucht der Spruch aus der Leidensgeschichte Jesu bei ihm nirgends auf.

Wahrheit ist ein Thema in fast allen Vorlesungen Foucaults, aber die Frage, was Wahrheit sei, wird dort so einfach weder gestellt noch entsprechend beantwortet. Statt auf die biblische Erzählung nimmt Foucault vielmehr Bezug auf ein Theaterstück von Sophokles. Denn im Drama *König Ödipus* ist Wahrheit ein vielfältiges Problem, auf das die Vorlesungen an verschiedenen Stellen zurückgreifen, und zwar zunächst als Problem der Ermittlung von Wahrheit. Konkret steht die Wahrheit der Umstände im Fokus, die zum Tod des Königs von Theben, Laios, führten. Ödipus ist sein Nachfolger auf dem Thron und leitet die Untersuchung in dieser Sache selbst.

Bekannte Geschichten werden oft von hinten erzählt, mit dem Wissen um die Folgen. Der in der Bibel zitierte Ausspruch des Pilatus wäre nicht berichtenswert, wenn er nicht in Gegenwart von Jesus getan worden wäre, von dem die Evangelisten nach der Hinrichtung die Auferstehung bezeugen und ihn als Messias feiern: Geburtsmythos des Christentums. Nicht anders die Geschichte des Ödipus: Auch sie ist von ihrem Ende her bekannt. Der König von Theben entdeckt, dass er selbst es war, der seinen Vater getötet und dessen Witwe geheiratet hat, seine eigene Mutter. Das Drama des Ödipus handelt von der mit Erkenntnis verbundenen Grausamkeit, von Selbstverkennung und zugleich Selbstveränderung: ein tragischer, durch das Wissen stürzender Held. Das alles hatte bereits in der Antike fasziniert.

Im Hörsaal des Collège de France evoziert Foucault die dramatische Konstellation des Sophokles mehrmals, wobei er unterschiedliche Perspektiven einnimmt, verschiedene Inszenierungen bietet. Man kann es als Obsession mit diesem Mythos bezeichnen, den Foucault nicht abschließend interpretiert oder erklärt, den er nicht eindeutig bewältigt. Vielleicht ist es auch eine gute pädagogische Technik, dasselbe Stück in unterschiedlichen Kontexten aufzurufen. Selbst wenn es wenige gewesen sein mögen, die Foucaults Ödipus 1971 mit dem von 1980 vergleichen konnten, in der Lesefassung der gedruckten Transkriptionen sind diese Rückgriffe auf die Figur des Ödipus eindrücklich. Gerade weil hier Foucault etwas tut, was er sonst vermeidet, nämlich denselben Text vor seinem Publikum wiederholt zum Anstoßungspunkt von Überlegungen zu machen, zeigt er, wie wenig es ihm um feste Thesen oder definierte Einsichten geht, und wie stark sein analytisches Bedürfnis ausgeprägt ist, an einem Fall, an einer Figur, an einer Geschichte das philosophische Nachdenken anzuschließen.

Drei Perspektiven lassen sich ausmachen, in denen Ödipus bei Foucault in den Blick genommen wird. In einer ersten Perspektive wird Ödipus dadurch zur interessanten Figur für Foucault, dass er das Wissen der niedersten Stufe, der Knechte und Hirten, der bloßen Zeugenaussage, zum Grund seiner Autorität erklärt. Indem er sagt, dass er durch eine Untersuchung die Wahrheit über den Mord an Laios herausfinden will, sagt er auch, dass er die Wahrheit in der Welt vermutet und dort feststellen möchte. In der ausformulierten Abschlussvorlesung des ersten Vorlesungszyklus sagt Foucault im März 1971 seinem Pariser Publikum:

> »Ödipus ist kein Unwissender, er ist der Mann, der gegen die orakelhafte, prophetische, wahrsagende Wissensform, durch die er unablässig verfolgt und verdammt wurde, eine andere Art von Wissen gewählt hat.« (1971: 315)

Und zwei Jahre später führt Foucault in seinen brasilianischen Vorlesungen aus:

> »Die Tragödie *König Ödipus* ist das erste Zeugnis griechischer Gerichtspraktiken, das wir besitzen. [...] *König Ödipus* ist also die Geschichte einer Wahrheitssuche und stellt ein Verfahren zur Entdeckung der Wahrheit dar, das den griechischen Gerichtspraktiken der Zeit genauestens entspricht.« (Rio 1973: 688)

Versetzen wir uns in die Zeitgenossen im Hörsaal, hören wir genauer hin: König Ödipus wird herausgefordert. Eine Seuche wütet und das Gerücht geht um, dies sei eine Strafe für das unaufgeklärte Verbrechen am vorigen König. Was tun? Ödipus ist Herrscher und kann seine Macht einsetzen, um all dies zu ignorieren. Die Pest wird vorübergehen, das Gerücht sich abschwächen. König Ödipus ist aber noch anders herausgefordert: Das Orakel von Delphi hat gesprochen und Aufklärung in der Mordsache Laios gefordert, der Seher Teiresias hat gesprochen und Ödipus eine Schuld unterstellt. Beiden Sprüchen will Ödipus begegnen, indem er eine Ermittlung einleitet.

Eben diese Konstellation ist in den ersten Ansätzen der frühen Vorlesungen zentral: Kann Ödipus seine weltliche Macht behaupten, indem er die höhere Weisheit beider Sprüche – des Orakels und des Sehers – ignoriert? Wohl nicht. Kann er die öffentlich gemachten Verdächtigungen seiner Person vertreiben, indem er der höheren, etwas diffusen Weisheit eine Wahrheit entgegensetzt, die mit Beweisen operiert? Schon eher. Jedenfalls macht genau das König Ödipus in der Dramenfassung des Sophokles. Dort wird klar, dass der Orakelspruch nicht leicht zu umgehen ist, denn das Orakel hatte schon einmal in das Leben des Ödipus eingegriffen. Weil es weissagte, der Königssohn aus Theben würde seinen Vater töten und seine Mutter ehelichen, beschlossen die Eltern, ihr Kind auszusetzen. Ein Fluch und die Folge: Ödipus wird verstoßen. Allerdings wird Ödipus nicht den Tieren im Wald überlassen, sondern in der Obhut des Herrscherpaars von Korinth großgezogen. Dort erfährt er als junger Mann von dem alten Orakelspruch, bezieht ihn auf seine Zieheltern und flieht aus Korinth, um der Weissagung keine Chance auf Realisierung zu geben. Zweite Wirkung des Fluchs und neue Folge: Ödipus nimmt sein Schicksal selbst in die Hand.

(1) Die erste Dimension, die Foucault im Drama *König Ödipus* von Sophokles freilegt, ist der Anstoß zur Ermittlung. So kommt Ödipus in Foucaults Vorlesung, mit der er am 17. März 1971 das zum Abschluss bringt, was er im Dezember 1970 mit seiner Antrittsvorlesung begonnen hatte. Er interessiert sich für antike und mittelalterliche Rechtsprechungsvorgänge und für Ödipus und dessen Entschluss, seine königliche Macht durch Wissen zu stützen. Foucault adressiert Ödipus als jemanden, der die alte griechische Rechtsauffassung vertritt. (Rio 1973: 701-702, 706[91]) Dabei führt Foucault Ödipus nicht

[91] Zur komplexen Überlieferungsgeschichte der Vorlesungen von Rio vgl. Elden, The Birth of Power [FN 89], S. 178.

als historisches Beispiel an, sondern hebt es auf die höchste philosophische Ebene:

> »Die Tragödie des Ödipus hat daher große Ähnlichkeit mit der einige Jahre später entstandenen platonischen Philosophie. Platon entwertet letztlich das Wissen der Knechte, die empirische Erinnerung an Gesehenes, zugunsten einer tieferen, essentielleren Erinnerung an die Wesensschau im Himmel der intelligiblen Dinge. Entscheidend ist aber, was hier zutiefst entwertet und disqualifiziert wird, sowohl in der Tragödie des Sophokles als auch in Platons *Staat*: das Thema oder eher noch die Figur oder Form eines privilegierten und zugleich exklusiven politischen Wissens.« (Rio 1973: 703-704)

Die Pointe von Foucaults Auseinandersetzung mit Ödipus ist, dass man in der Tragödie des Sophokles lesen kann, wie mit Wissen Politik gemacht wird, wie die Geltung der Wahrheit abhängig von Prozeduren der Erkenntnis ist. Der König verzichtet darauf, Wahrheit als Machtspruch durchzusetzen, er stößt vielmehr eine Ermittlung an. Damit bindet er den politischen Anspruch seiner Herrschaft an die Gewinnung eines bestimmten Wissens. Das macht die Parallele zur Philosophie Platons aus, denn auch dort wird der Zusammenhang von Wissen und Herrschaft verhandelt: Darf man wider besseres Wissen herrschen?

Foucault belässt es in Rio bei dem bloßen Verweis auf Platon und bleibt bei Sophokles; er führt seiner Zuhörerschaft die Themen der Philosophie eher in einem Drama als in der Beschäftigung mit Theorie vor. Das hat sicher auch damit zu tun, dass er auf diese Weise leichter Verbindungen zu den praktisch-politischen Gegebenheiten der nachfolgenden Jahrhunderte knüpfen kann und der Schluss auf die eigene Gegenwart gelingt: Das politische Denken steht immer wieder neu in Gefahr, dadurch entwertet zu werden, dass man es vom Wissen entkoppelt. Wenige Jahre nach den Unruhen vom Mai 1968 verstärkt Foucault am Beispiel von Ödipus die Problematisierung einer ideengeleiteten Politik, einer erkenntnisgeleiteten Intervention. Er stellt Ödipus gewissermaßen neben sich auf die Bühne des Hörsaals und findet in den Dialogen des Sophokles den Anspruch auf Wissen neu formuliert, und damit auch die Begründung von Macht neu fundiert: König ist derjenige, der recherchiert und *historia* im Sinn des (ursprünglich griechischen) Ausdrucks betreibt, als Empirie, als ein Hören auch auf die Unwürdigen, die Unwichtigen, die Sklaven. Politisches Handeln wird durch Ödipus mit neuem Anspruch ausgestattet und jeder transzendenten Zielsetzung entkleidet: kein göttliches Wort, kein tiefes Ahnen, aber auch keine philosophische Überhöhung.

Die Disqualifizierung »eines privilegierten und zugleich exklusiven politischen Wissens« durch die antike Philosophie spricht Foucault bei seiner ersten Annäherung an Ödipus unmissverständlich aus. (Rio 1973: 704) Über zehn Jahre später wird er die Philosophie Platons – Platzhalter für die Philosophie der Philosophen allgemein – nochmals als Gefahr für »den politischen Bereich« brandmarken:

> »Mir scheint, dass die Philosophie für Platon in diesem Text [d.i. *Alkibiades*] ihre Wirklichkeit ab dem Zeitpunkt unter Beweis stellt, wo sie in völlig verschiedenartigen Formen in den politischen Bereich eintritt: Gesetze geben, einem Fürsten Ratschläge erteilen, eine Masse überzeugen usw. In diesen verschiedenartigen Formen, von denen keine wesentlich ist, tritt sie in den politischen Bereich ein, indem sie jedoch immer wieder gegenüber anderen Diskursen ihre eigene Besonderheit verdeutlicht.« (1983: 291)

So endet und so beginnt Foucaults Vorlesungswerk mit der Demontage eines philosophischen Privilegs in Sachen Politik, Geschichte, Gesellschaft. Man kann von einer ersten Perspektivierung des Ödipus-Dramas bei Foucault sprechen, die darin besteht, der politischen Philosophie keinerlei »Besonderheit« zuzusprechen und sie nicht exklusiv zu denken. Ödipus ist derjenige Herrscher, der den Mordfall Laios durch Befragungen von Beteiligten aufklären will und sich nicht auf den Rat des Sehers oder die Ratschläge der Sphinx verlässt, noch gar auf seine eigene Machtvollkommenheit als König. Er fordert empirische Beweisstücke und bekommt sie auch durch das Zeugnis von Menschen, die als Sklaven und Bedienstete eigentlich nicht zählen, wenn es um die Stützung der Wahrheit geht. Was Foucault an dieser gerichtlichen Form der Wahrheitsermittlung besonders wichtig ist, liegt in deren prozeduralem Charakter. Wahrheit wird in einem offenen Verfahren ermittelt, an dessen Ergebnisse sich auch der König zu halten hat.

Foucault sagt seinem Publikum, es gehe ihm um die Produktion verschiedener Wissensformen, und das Drama *König Ödipus* demonstriere eben die Abhängigkeit bestimmter Wahrheiten von der Art und Weise ihres Hervorbringens. Er führt einerseits vor, wie Menschen aufgrund der Orakelsprüche handeln, und andererseits, wie Menschen selbständig werden, um in der Erkenntnis die Ruhe der eigenen Entscheidung zu finden. Die Pointe bei Ödipus allerdings ist, dass keine Beruhigung eintritt, sondern das völlige Gegenteil: Die zutage tretende Wahrheit ist so furchtbar, dass Jokaste, die Mutter von Ödipus und zugleich dessen Frau, sich umbringt, und dieser selbst sich blendet. Sind diese Taten nun Ergebnis der Ermittlung, die Ödipus angestrengt hat? Oder sind sie Ergebnis der Enttäuschung darüber, dass die Orakelsprüche auf ganz handfeste Weise wahr sind und gar nicht hätten vermieden werden können, ja das Vermeidenwollen der Wahrheit dieser Sprüche geradezu ihre Erfüllung provoziert hat?

Foucault sitzt im Hörsaal und liest Sophokles. Er liest ihn mit offenen Fragen nach der Natur des Wissens und dem Anteil der Produktionsformen daran. Er liest Sophokles, nachdem er Nietzsche gelesen hat, dem er im Jahr 1972 eine eigene Abhandlung widmet und zu dem er sich in den Vorlesungen in Rio 1973 ausführlicher als irgendwo sonst äußert. (Rio 1973: 674-685) Nietzsche bezeichnete die Wahrheit als den durchgesetzten Irrtum, er prägte das Wort von der Erfindung dessen, woran wir glauben. Foucault will Nietzsche nicht wiederholen oder belegen, er stellt in den Vorlesungen die Auseinandersetzung mit ihm zugunsten eines Dramas zurück.

Figuren aus der antiken Mythologie und Theaterkunst werden in philosophischen Vorlesungen gerne herangezogen. Hegel hatte in seinen Vorlesungen zur Philosophie der Geschichte die kämpferische Antigone auftreten lassen; in der *Dialektik der Aufklärung* wird Odysseus zur Symbolfigur des gespaltenen Bewusstseins.[92] Im Unterschied zu diesen Figuren vertritt Foucaults Ödipus nicht nur ein Argument, sondern stellt einen Fall dar, der aus unterschiedlichen Perspektiven angeschaut werden kann.

Wenn man das Verfahren von Foucault mit dem von Sigmund Freud vergleicht, wird der große Unterschied sichtbar. Für Freud ist die Neubenennung eines psychischen Kernkonflikts als »Ödipus-Komplex« die Etikettierung einer von ihm für natürlich gehaltenen Disposition junger Menschen beim Heranwachsen.[93] Für Foucault dagegen spielt das Dramatische der Darstellung von Sophokles eine Rolle, auch weil dadurch ein Hintereinander der verschiedenen Autorisierungen verschiedener Wissensformen entsteht. Freud leiht sich einen Namen aus dem antiken Mythos und kümmert sich nicht um dessen literarische Verarbeitung. Für Foucault hingegen sind der Text und die Begriffe von Sophokles leitend für die Analyse dessen, was ihn interessiert, und das sind gesellschaftliche Geltungszusammenhänge:

> »Mir scheint, es gibt tatsächlich einen Ödipuskomplex in unserer Gesellschaft. Aber er betrifft nicht unser Unbewusstes und unser Begehren und auch nicht das Verhältnis zwischen dem Begehren und dem Unbewussten. Wenn es einen Ödipuskomplex gibt, so entfaltet sich seine Wirkung nicht auf individueller, sondern auf kollektiver Ebene; nicht im Blick auf Begehren und Unbewusstes, sondern auf Macht und Wissen. Diesen ›Komplex‹ möchte ich analysieren.« (Rio 1973: 688)

Foucault schließt jedoch seine Auseinandersetzung mit Ödipus in den Vorlesungen nie richtig ab, zieht vielmehr diese Figur immer wieder

---

[92] Georg Wilhelm Friedrich Hegel: Vorlesungen über die Philosophie der Geschichte, in: Werke in zwanzig Bänden, Frankfurt am Main 1970, Bd. 12, S. 56. Max Horkheimer, Theodor W. Adorno: Dialektik der Aufklärung, Frankfurt am Main 1971, S. 42-73.

[93] Michael Fisch: Werke und Freuden. Michel Foucault, eine Biographie, Bielefeld 2011.

neu heran. Das rührt auch daher, dass sich seine Ansatzpunkte und Auslegungen wandeln. Die Figur Ödipus ist eine Chiffre für die Verkettung von Wahrheit, Wissen und Macht, und eben diesen Zusammenhang thematisiert Foucault 1980, wenn er *Die Regierung der Lebenden* sich zum Thema nimmt bzw. genauer die »Frage, über die ich dieses Jahr sprechen möchte« definiert als »die Regierung der Menschen durch die Manifestation der Wahrheit in Form der Subjektivität«. (1980: 118) Es geht um »Wahrheitsregime«, denen man Folge leistet, nicht indem man ein Korpus aus Doktrinen akzeptiert, sondern indem man sich pflichtgemäß verhält. Hier nun taucht Ödipus auf als jemand, der zum Regieren gezwungen ist: Er herrscht nicht durch Normen und Gesetze, sondern auf antike tyrannische Art durch Willkür und eigenes Handeln. (1980: 98)

(2) Genau hier ergibt sich die zweite Perspektivierung des Ödipus und zugleich eine Aktualisierung der Problematik, wenn Foucault seiner Zuhörerschaft direkt sagen kann, dass dieses Gezwungene der Macht sein Thema auch in der Gegenwart ist:

> »Es ist unnötig, Ödipus zu sein, um gezwungen zu sein, seine Wahrheit zu suchen. Kein der Pest ausgeliefertes Volk verlangt dies von Ihnen, sondern schlicht das ganze institutionelle System, das ganze kulturelle System, das ganze religiöse System und alsbald das ganze gesellschaftliche System, dem wir angehören.« (1980: 415)

Foucault sagt nicht: Die Frage der Wahrheit ist eine alte und wichtige Frage der Philosophie. Er sagt vielmehr: Wir leben in einer Gesellschaft, die nach Wahrheit verlangt und mit Wahrheiten kämpft. Wir können der Frage nach Wahrheit so wenig ausweichen wie einstmals Ödipus. Erst recht gilt das für eine auf Wissen aufgebaute oder gar durch Wissenschaft beglaubigte Wahrheit, die in der Moderne zur Regel geworden ist. In der zweiten Perspektivierung erscheint Ödipus mithin unter dem Aspekt, mit und durch Wahrheit zu herrschen, das ermittelte Wissen als Kraft gegen andere Formen der Herrschaft zu setzen.

Diese zweite Perspektivierung der Figur des Ödipus durch Foucault hatte er bereits 1973 angelegt:

»Ich möchte zeigen, dass die Tragödie des Ödipus, wie man sie bei Sophokles nachlesen kann – die Frage nach dem mythischen Ursprung lasse ich beiseite –, repräsentativ und in gewisser Weise auch grundlegend für eine bestimmte Beziehung zwischen Macht und Wissen, zwischen politischer Macht und Erkenntnis ist, von der unsere Gesellschaft sich bis heute nicht befreit hat.« (Rio 1973: 688)

Das eine ist das gerichtliche Verfahren der Wahrheitsproduktion, das als Einzelfall gelten muss, der historisch und im Falle des Ödipus im Schock aller Beteiligten über die ermittelte Wahrheit endet. Was aber die Kraft des Verfahrens selbst, also der Ermittlung, bezeugt, ist eine beständige Stützung der Macht auf Wahrheit, der Herrschaft auf Wissen, eine institutionelle Dimension geltender Wahrheit und dauerhaft gesicherter Macht.

Wenn Foucault 1980 die Politik als Herrschaftsform analysiert und sich vornimmt, »den Begriff der Regierung der Menschen durch die Wahrheit etwas auszuarbeiten« (1980: 27), verwendet er das Kunstwort der »Gouvernementalität«. Er führt in diesem Zusammenhang dazu ein weiteres Kunstwort ein, das der »Alethurgie« (aus dem Griechischen für »Wahrmachen«) und fragt sich, wie denn überhaupt Wahrheit manifest werden und gültig bleiben kann. Und das genau bezeichnet den Einsatz der zweiten Perspektive und rechtfertigt den neuerlichen Auftritt von Ödipus auf der Bühne des Hörsaals. Es ist das Problem der Verteilung von Wissen und Macht sowie das Problem des Zusammenhangs beider. Wieder sieht sich Foucault genötigt zu sagen, dass die Ansprüche der Philosophie als solche der Rhetorik und der Pädagogik zu adressieren sind:

»Wie Sie wissen, war die Verwandlung von jemandem, der nicht wusste, in jemanden, der weiß, das Problem der Sophisten, das Problem von Sokrates, und sie wird noch das Problem von Platon sein. Das ist das ganze Problem der Erziehung, der Rhetorik, der Überredungskunst. Das ist letztlich das ganze Problem der Demokratie. Muss man, um eine Stadt zu regieren, die, die nicht wissen, in die, die wissen, verwandeln? Oder gäbe es, um eine Stadt zu regieren, ein bestimmtes Wissen, das bestimmte Leute besitzen müssen, andere aber nicht zu besitzen brauchen? Dieses Wissen, findet man es und kann man es bei jemandem heranbilden, der noch nicht weiß und der schließlich wissen wird? Das sind all diese Probleme der Technik der Verwandlung des Nicht-Wissens in Wissen, die, wie ich denke, im 5. Jahrhundert in Athen im Mittelpunkt der philosophisch-politischen Diskussion, der pädagogischen Diskussion, der Diskussion im Bereich der Rhetorik, der Diskussion über die Sprache und den Gebrauch der Sprache standen.« (1980: 86)

(3) Foucault entwickelt eine dritte Perspektivierung des Ödipus, die weder den Wissen-Macht-Komplex in der Entstehung (erste Perspektive) noch in der Geltung (zweite Perspektive) untersucht, sondern den antiken Herrscher als jemanden vorführt, der die entdeckte Wahrheit einbekennen muss: Er selber weiß sich als Mörder und Ehebrecher. Damit wird der Wissende selber transformiert. Foucault setzt zu diesen Überlegungen noch innerhalb der zweiten Perspektivierung 1980 an, drückt sich aber zunächst vorsichtig und im Konjunktiv aus:

> »Es ginge darum, eine Geschichte der Wahrheit zu entwerfen, die unter dem Gesichtspunkt der Akte der Subjektivität erfolgt oder, besser gesagt, der Beziehungen des Subjekts zu sich selbst, und zwar nicht nur verstanden als Beziehung der Selbsterkenntnis, sondern auch als Übung seiner selbst, Ausarbeitung seiner selbst, Transformation seiner selbst, das heißt der Zusammenhänge zwischen der Wahrheit und dem, was man Geistigkeit nennt, oder besser: zwischen Wahrheitsakt und Askese, Wahrheitsakt und Erfahrung im vollen und wahrsten Sinne des Begriffs, das heißt Erfahrung als das, was das Subjekt kennzeichnet, es über sich und die Welt aufklärt und es dabei gleichzeitig transformiert.« (1980: 160)

Ödipus wird bei Foucault nun als derjenige angesprochen, dessen Erkenntnisprozess zu einer schmerzhaften Einsicht führt, nämlich derjenigen, dass er seinen Vater getötet und seine Mutter geheiratet habe, obwohl sein ganzes Streben darauf gerichtet war, ebendies nicht geschehen zu lassen. Ödipus ist ein Tyrann im griechischen Sinn, der sein sein Schicksal in die eigene Hand nimmt und den Orakelspruch, der einem Fluch gleichkommt, aktiv zu ignorieren trachtet. Dabei geschieht eben das, was er flieht. In dem Prozess der Aufarbeitung, der Untersuchung, an dem Foucault besonders interessiert ist, gewinnt Ödipus ein Wissen, welches ihn vom Herrscher zum Leidtragenden macht. Damit verändert sich sein Status als sprechendes Subjekt völlig. Als König akzeptiert er oder bestreitet er göttliche Weissagungen des Orakels von Delphi. Er ist der Bezwinger der Sphinx und hat eine gewisse Macht, ein gewisses Wissen selber auszusenden und konkurrierende Thesen zu missachten. Als Leidender erkennt er die Wahrheit an sich selbst.

Denn es gilt: »In *Ödipus* wird das Wahrsprechen durch Ödipus selbst vollzogen.« (1983: 116) Wahrheit in diesem Sinne ist nicht nur Prozedur, Ermittlungsarbeit, und nicht nur empirisches Wissen, gestützt durch Bezeugung, sondern eben ein Akt der Veröffentlichung, ein Wort wie eine Handlung. Foucault vergleicht später noch, in seiner vorletzten Vorlesung von 1983 und im gleichen Jahr auch in Berkeley 1983, das Drama des Sophokles mit einem ähnlichen, dem *Ion* des Euripides. (1983: 113-123, 149-153, 190-196; Berkeley 1983: 40, 45-53) Wahrsprechen kann sich für Foucault unterschiedlich ereignen, wofür diese antiken Tragödien Muster oder Beispiele sind.

Die dritte Perspektivierung wird durch Foucault 1981 in Belgien und 1982 in Kanada wieder prominent, wenn er das Wahrsprechen als subjektiven Akt hervorhebt. (Löwen 1981: 47, 103; Toronto 1982: 179) War Foucault zuvor an der Wahrheit als einer geltenden, mit Macht durchgesetzten oder durchzusetzenden Wahrheit interessiert, fragt er nun nach dem, der die Wahrheit ausspricht. Denn im Aussprechen der Wahrheit, im »Wahrsagen« (*le dire-vrai*) liegt schon die ganze Autorität. Der Weg zu dieser Wahrheit ist die »Entdeckung« (die Ödipus als eine schreckliche Entdeckung erlebt: er muss sich als mehrfacher Gesetzesbrecher erkennen), auch im Sinne der Konversion: Ödipus ist nicht mehr derselbe wie vor der Suche nach Wahrheit – und sagt das auch. Foucault parallelisiert dieses Wahrsprechen 1980 mit der christlichen Beichte und kündigt für seine Forschungen der nachfolgenden Jahre an, juristische und religiöse Geständnisrituale zu parallelisieren. (1980: 414-416)

Foucaults Hörsaal ist also ein Experimentierraum nicht nur in dem Sinne, dass er Begriffe ausprobiert und Hypothesen entwickelt, sondern auch darin, dass er an seinen Quellen gewissermaßen herumschraubt, um über das Funktionieren eines fremden, weil längst vergangenen Denkens aktuelle Auskunft zu erhalten. Foucault seziert die Tragödie von Sophokles wie ein Uhrwerk, er analysiert das Ineinandergreifen der Rädchen und entwickelt daraus Hypothesen, die durchaus überraschend bis in die Gegenwart reichen. Es kommt ihm auf keine schlüssige oder abschließende Auslegung an, eher auf Plausibilität und Eindringlichkeit. Ödipus ist der ideale Held einer Vorlesung, die der Wahrheit transformative Kräfte attestiert und dafür die Anschaulichkeit historischer Figuren nutzt. Ödipus ist auch deswegen ideal, weil er eine Kunstfigur ist, eine dramatische Gestalt, der man viele Bedeutungen anheften kann. In den Vorlesungen Foucaults ist Ödipus eine vorübergehende und zugleich eine immer wieder zurückgerufene Figur, in der die drei hauptsächlichen Charakteristika der Wahrheit – Prozedur, Wissen und Schock – in immer neuen Varianten vorgestellt werden können. Wobei die Frage unbeantwortbar bleibt, ob Foucault seine Auffassung von Wahrheit entwickelt und am Drama *König Ödipus* exemplifiziert, oder ob er im Nachdenken über Ödipus Einsichten für die Wahrheitskonzeption findet.

In seinen letzten Vorlesungen öffnet Foucault immer wieder im Hörsaal eine Tür und lässt historische Figuren eintreten. Er gibt ihnen Raum, überlässt ihnen die Bühne, macht das Publikum zum Chor, der das Geschehen begleitet, zur Jury, die es beurteilt, und zur Gesellschaft, die das alles auf sich beziehen muss. Mit Ödipus sind die Probleme des Wissens und Nichtwissens, des Macht-Wissens und des Selbst-Wissens als Handlungsprobleme präsent, weswegen er wiederholt auftritt. Die Zeit der Vorlesung wird zur Zeit einer Handlung und ihrer Beobachtung, die jenseits des Vortrags keinen Text besitzt – und in den veröffentlichten Transkriptionen einen Text nur in Form eines Erinnerungsprotokolls besitzen kann.

Das Dramatische an den Figuren, neben die sich Foucault stellt, denen er zur Erscheinung verhilft, ist zum einen Teil so etwas wie eine Aufführung, zum anderen eine Verstärkung der Intensität des Gesagten. Es hat eine andere und größere Wirkung, wenn man die Tragödie von Sophokles als dramatische und tragische Wissensproduktion aufführt, wenn man das Erkennen des Subjekts so radikal umgestaltet vorführt, dass es ein neues wird, dass es mit seinem früheren Selbst in Konflikt gerät: »Zu welchem Preis kann das Subjekt die Wahrheit über sich selbst sagen?« (DE IV: 536) Auch diese Frage stammt aus der Sphäre des Mündlichen, aus einem Gespräch mit dem Germanisten Gérard Raulet im Frühjahr 1983. Die Frage richtet Foucault an sich selbst. Schon im Juni 1982 hatte er gesagt: »Deshalb habe ich mein ganzes Leben wie ein Kranker gearbeitet. Ich kümmere mich in keiner Weise um den universitären Status dessen, was ich tue, weil mein Problem meine eigene Verwandlung ist. [...] Diese Selbstverwandlung durch das eigene Wissen ist, glaube ich, etwas, das der ästhetischen Erfahrung recht nahe ist. Warum würde ein Maler arbeiten, wenn er nicht durch seine Malerei verwandelt wird?« (DE IV: 654)

Ähnlich wie Picasso ein Bild wieder und wieder übermalen kann, auch wenn damit abgeschlossene und gültige Versionen transformiert werden[94], ruft Foucault die Figur des Ödipus auf die Bühne seines Hörsaals, um ihn dort in unterschiedlichen Inszenierungen auftreten zu lassen. Das ist ein gänzlich anderes Verfahren als bei Gilles Deleuze und dessen »Begriffspersonen«, auch wenn diesen etwas Theatralisches beiwohnt, und etwas anderes als die Auftritte Goethes in den Vorlesungen Hans Blumenbergs oder die von Leibniz bei Martin Heidegger, auch wenn sie beide Male als Schlüsselfiguren fungieren.[95]

---

[94] Henri-Georges Clouzot: Le mystère Picasso, Dokumentarfilm 1955, 78 Minuten.

[95] Jürgen Goldstein: Hans Blumenberg. Ein philosophisches Portrait, Berlin 2020, S. S. 515-527, bes. S. 520; Hardy Neumann: Aneignung und Interpretation der monadologischen Metaphysik von Leibniz durch die Metaphysik des Daseins, in: Meta. Research in Hermeneutics, phenomenology, and practical philosophy VI/I (2014), S. 397-415.

Unter allen denkbaren Inszenierungsweisen einer Vorlesung ist Foucaults Fähigkeit, Figuren im Hörsaal aufzurufen und sich dann wie beobachtend neben sie zu stellen, bemerkenswert. Er verzichtet keineswegs darauf, Szenen zu schaffen, Dramen zu evozieren, Spannung zu erzeugen. Er hält sich gleichwohl zurück, mehr als Beobachtungen zu äußern. Ödipus tritt auch darum mehrfach bei Foucault auf, weil er nicht schon beim ersten Mal fertig interpretiert und zur Argumentfigur fixiert ist. Das gilt für andere Figuren der letzten Vorlesungen in ähnlicher Weise: Foucault beobachtet Alkibiades als schönes Rätsel der Sorge um sich – das sich nicht auflöst. Und er stellt sich neben Diogenes von Sinope, fragt dort nach der Wahrheit und ihrer Gewalt, sobald sie ausgesprochen wird.

13. ALKIBIADES UND DIE KULTUR SEINER SELBST

Wie Ödipus ist Alkibiades eine Figur, die Foucault nur in seinen Vorlesungen auftreten lässt, wie bei Ödipus tut er das nicht nur in Paris, sondern auch im Ausland (Toronto 1982: 64-69, 170-172; Berkeley 1983: 23), nirgendwo jedoch in seinem gedruckten Werk.[96] Alkibiades ist keine mythische Figur wie Ödipus, sondern eine historische: ein Adliger aus Athen, als Staatsmann ermordet 404 v. Chr., zugleich eine philosophisch-literarische Figur, die Foucault direkt einem Dialog des Platon entnimmt. Der junge Alkibiades steht dort im Gespräch mit Sokrates, der ihn danach fragt, was zur Herrschaft erforderlich sei, welche Tugenden ein künftiger Herrscher haben müsse. Foucault legt Platons Dialog *Alkibiades* seiner Vorlesung von 1982 zugrunde und kommt auch in den beiden Folgejahren darauf zurück.

---

[96] Vgl. auch die Vorträge vom Oktober 1982 an der Universität von Vermont (Technologien des Selbst, als DE IV: 966-999) und den Vortrag vom 12. April 1983 an der Universität von Berkeley: Qu'est-ce que la critique?, suivi de La culture de soi, hg. v. Henri-Paul Fruchard, Daniele Lorenzini, Paris 2015, S. 81-180.

Dass Foucault diesen philosophischen Text derart prominent macht, bleibt nicht unumstritten. Aus der fünften Vorlesungssitzung vom 3. Februar 1982 ist überliefert, wie ein Zuhörer Foucault deswegen zur Rede stellt. Foucault antwortet:

> »Nun, mir wurde eine Frage gestellt, auf die ich eingehen möchte, weil ich denke, dass sie gut zu meiner heutigen Vorlesung passt. Die Frage lautet: Warum gerade der *Alkibiades*-Dialog, dem die Kommentatoren in Platons Werk gewöhnlich keine besondere Bedeutung beimessen? Warum dient gerade dieser Dialog als Bezugspunkt nicht nur einer Erörterung von Platon, sondern eines ganzen Gebiets der antiken Philosophie?« (1982: 216)

Tatsächlich könnte auch heutigen Leserinnen und Lesern scheinen, als sei die Interpretation des Dialogs *Alkibiades* unverhältnismäßig ausführlich, zumal Foucault die Vorlesung 1982 erstmals in Doppelstunden abhält. Erklärbar wird die Intensität der Auseinandersetzung einmal durch ein Buchprojekt, das Foucault zu *Alkibiades* – der historischen Person und der philosophischen Figur – schreiben wollte und wozu auch redigierte Manuskriptfragmente vorliegen. (s. 1982: 626-629) Zum anderen macht Foucault schnell klar, dass *Alkibiades* die Funktion hat, so etwas wie ein Türöffner für die Kultur der Antike zu sein, genauer: für die »Sorge um sich« innerhalb einer »Kultur des Selbst«. Der sagenhaft schöne Jüngling aus Athen, den Sokrates schnell zum Eingeständnis bringt, dass er nicht weiß, was er tun will, wird in den Hörsaal zitiert, weil mit ihm die Philosophie als Belehrung erscheint – und nur als Belehrung. Sie ist damit für Foucault nicht in der Lage, die »Sorge um sich« zu fassen.

Philosophie, sagt Foucault und kritisiert es wiederholt, bindet traditionell alles verändernde Handeln an die Selbsterkenntnis. Das bleibt weit hinter den Kulturen des Selbst zurück, die es in den heidnischen und christlichen Praktiken der Lebensführung im ersten und zweiten Jahrhundert gab. Foucault resümiert im März 1982:

> »Was ich hier herauszuarbeiten versucht habe, diese Bewegung – diese, wie ich meine, sehr wichtige Verwindung, durch die Selbstsorge und Lebenstechnik sich gegeneinander verschoben haben –, habe ich in den Texten der Philosophen gefunden, aber ich glaube, dass es dafür viele andere Hinweise gibt. In diesem Jahr habe ich keine Zeit mehr, aber ich hätte beispielsweise gerne über die Romane gesprochen. Das Aufkommen des griechischen Romans genau in der Zeit, von der ich spreche (1. und 2. Jahrhundert) ist wirklich sehr interessant.« (1982: 546)

Alkibiades ist eine Szene und eine Figur, die in den Vorlesungen erscheint, um zu verschwinden. In den Bänden 2 und 3 der »Geschichte der Sexualität«, die zur selben Zeit entstanden und deren Themen mit der Vorlesung von 1982 starke Überschneidungen aufweisen, ist *Alkibiades* tatsächlich verschwunden, auch aus dem Kapitel zur »Kultur seiner selbst«. (SS: 53-94) Vor dem Publikum im Hörsaal jedoch erlaubt die prekäre Präsenz des *Alkibiades*, sein Herbeizitieren und sein anschließendes Hinauskomplimentieren, die Philosophie selbst als problematisch vorzuführen. Foucault will seine Zuhörerschaft mit dem Umstand vertraut machen, dass »der Grundsatz ›man muss sich um sich selbst sorgen‹« so etwas wie »ein alter Spruch der griechischen Kultur« ist, aber doch weit mehr als ein Spruch:

> »Zwar ist es richtig, dass wir die Sorge um sich selbst mit Sokrates und insbesondere mit dem *Alkibiades* in der philosophischen Reflexion auftauchen sehen, doch dürfen wir nicht vergessen, dass der Grundsatz der ›Sorge um sich‹ – als Regel, als Vorschrift, als positives und vielversprechendes Gebot – weder von Anfang an noch in der griechischen Kultur überhaupt ein an Philosophen gerichteter Rat oder der an die jungen Leute auf der Straße gerichtete Aufruf eines Philosophen war.« (1982: 53)

So holt Foucault einen Gesprächspartner des Sokrates in sein eigenes, das 20. Jahrhundert, um dort die Philosophie als einen Raum des Auftauchens von Problemen des Lebens zu umreißen – und zugleich damit diesen Raum zu begrenzen. Wie Platon und sein Sokrates eine bestimmte Modifikation der Selbstkultur zum Thema machen, nicht diese Kultur vollständig bezeugen, so verschränkt Foucault in dieser Frage bewusst das Philosophische und das Historische, um es danach wieder zu trennen und sich nach dem Verhältnis beider zu fragen.

Foucaults Vorlesungen von 1982 konzentrieren sich, wie auch die beiden folgenden Zyklen, nur dem ersten Anschein nach auf philosophische Texte; sie könnten von daher traditionell erscheinen, als fortlaufender Kommentar im Literaturbestand der Philosophiegeschichte. Dieser Eindruck wird unterstützt, wenn an einigen Stellen der *Alkibiades* mit einem anderen platonischen Dialog, dem *Laches*, verglichen wird (1984: 169-173, 208-217, 321), ebenso wie dadurch, dass Platons *Alkibiades* zur Kontrastierung mit den Philosophien von Seneca, Epiktet, Epikur, den Kynikern oder den Christen dient. (1982: 153, 317, 423, 559; 1983: 287, 306; 1984: 226) Wenn man jedoch genauer zuhört und etwa vernimmt, dass Platons *Alkibiades* »die einzige umfassende Theorie des Selbst« anbiete (1982: 70), ist damit nicht allein Wertschätzung, sondern zugleich eine Relativierung ausgesprochen. Es könnte die Betonung nämlich hier auf dem Wort Theorie liegen: nur eine Theorie, wie umfassend auch immer. Foucault arbeitet exemplarisch und szenisch; er setzt, was er bei Platon findet, ins Verhältnis zu dem, was er als Kultur des Selbst durchaus jenseits der Philosophie realisiert sieht:

> »Ich glaube übrigens, dass die Verbreitung dieser Selbsttechniken innerhalb des platonischen Denkens nur den ersten Schritt eines ganzen Ensembles von Verschiebungen, Reaktivierungen, Strukturierungen und Umstrukturierungen dieser Techniken innerhalb dessen darstellte, was die so bedeutende Selbstkultur in der hellenistischen und der römischen Epoche werden sollte.« (1982: 75)

Platons Philosophie wird über einen seiner Dialoge – und d. h. eben als Text, als zeitgenössisches Dokument – zum Dokument einer Analyse, die allerdings weit darüber hinausführt[97], indem sie die Techniken einer Kultur des Selbst in historisch breiter Perspektive darstellt:

> »Mir scheint, dass Platon, der platonische Moment, und insbesondere der *Alkibiades*, einen solchen Moment belegen, in dem eine allmähliche Neuordnung dieser alten Technologie des Selbst, die lange vor Platon und Sokrates vorhanden war, stattgefunden hat. All diese alten Selbsttechnologien wurden, so scheint mir, bei Platon im *Alkibiades* bzw. irgendwo zwischen Sokrates und Platon einer tiefgreifenden Neuordnung unterzogen. Zumindest aber dies: Im philosophischen Denken greift die Frage nach der *epimeleia heautou* (der Sorge um sich selbst), wenn auch auf ganz anderer Ebenes, zu ganz anderen Zwecken und in teils unterschiedlichen Formen, Elemente auf, die vorher bereits in den von mir erwähnten Techniken zu finden waren.« (1982: 76)

Wie bei früheren Textauslegungen unterscheidet Foucault bei seinen Quellen das, was sie belegen, und das, was sie bezeugen: Platon belegt die Dringlichkeit der Frage nach der Sorge um sich, er bezeugt zugleich die philosophische Form der Verknüpfung dieser Frage mit der Selbsterkenntnis.

Foucault verortet das Thema der Sorge um sich im politischen Raum: Das Verhalten zu sich selbst hat eine soziale Komponente. Alkibiades wird von Sokrates vor allem deswegen angesprochen, weil sein sozialer Status ihn zur späteren Machtausübung befähigt. Foucault sieht in der Zeit des Hellenismus diesen Konnex weiter bestätigt und arbeitet eine starke Koppelung von Ethik und Politik heraus, schwächt damit von vornherein die epistemologische Konnotation. Man kann diese philosophiekritische Tendenz der Vorlesungen indirekt auch daran erkennen, dass Foucault beim Thema der Sorge um sich dem Geisteshistoriker der Antike, Pierre Hadot, zwar weitgehend folgt, eben diesen Unterschied aber deutlich markiert: Für Hadot schließt Selbsterkenntnis zugleich Welterkenntnis ein bzw. eine den

[97] Dartmouth 1980: 126

Einzelnen übersteigende Anerkennung des Weltzusammenhangs, was er als notwendig für die rechte Lebensführung ansieht. Dagegen leugnet Foucault einen durchgängigen Vorrang der Philosophie innerhalb der Kultur des Selbst.[98]

Für die zeitgenössische Zuhörerschaft Foucaults im Hörsaal war eine philosophische oder philosophiehistorische Lesart der Diskussionen antiker Autoren vermutlich wenig naheliegend, denn im Vortrag stehen die Lektüren und Auslegungen Foucaults sehr merklich im Dienste einer Forschung, deren Fragen nach der »Sorge um sich« (1982: 23-31, 53-63, 95-117, 149-157, 320; 1984: 214, 226, 311) und der »Kultur des Selbst« (1982: 75, 159, 228, 544) über die Kompetenz antiker und moderner »Berufsphilosophen« (1982: 200, 1984: 19) hinausführen. Foucault entwirft im Januar 1982 einen diesbezüglichen Plan für das Vorgehen in den Vorlesungen:

> »Wie breitet sich die Sorge um sich auf das ganze Leben des einzelnen aus, und warum muss das so sein? Dies werde ich in der ersten Stunde zu erklären versuchen. In der zweiten Stunde möchte ich jene Verallgemeinerung untersuchen, die darin besteht, dass sich die Sorge um sich auf andere Individuen, welche auch immer, erstrecken muss.« (1982: 117)

Was Foucault hier die Verallgemeinerung der Sorge um sich nennt, entwickelt er teilweise neu, teilweise im Rückgriff auf frühere Ausführungen. Seine Vorlesungen von 1981 und 1982 lassen sich auch als verlängerte Forschungen zum Problem des Ödipus verstehen: Wie muss ich handeln, wie berührt das meine Beziehungen zu anderen und welche Rolle spielen dabei Wissen und Erkenntnis, die ich habe oder gewinnen möchte? Was Ödipus in die Ermittlung und in die Tragödie treibt, wird für Foucault zur Chiffre für eine tiefer liegende und allgemeine Problematisierung; er konzentriert sich auf die Verpflichtung, die mit

---

98 Zum Vergleich Foucault – Hadot siehe Daniele Lorenzini: Éthique et politique de soi. Foucault, Hadot, Cavell et les techniques de l'ordinaire, Paris 2015, S. 212-229.

dem Anspruch auf Wahrheit in der Praxis verbunden ist. Die Fragen hier lauten:

> »Welche Erfahrung kann das Subjekt von sich selber machen, wenn es die Möglichkeit oder die Pflicht hat, in Bezug auf sich selbst etwas zu erkennen, was als wahr gilt? Welche Beziehung hat das Subjekt zu sich selbst, wenn diese Beziehung über die verheißene oder verlangte Erkenntnis der Wahrheit über sich selbst erfolgen kann oder erfolgen muss?« (1981: 27)

Foucault geht ins Archiv und legt Dokumente älteren Datums und alter Sprachen auf den Tisch im Hörsaal. Im Vortrag prüft er seine Quellen eine nach der anderen, gibt jeder von ihnen den Status eines ernst zu nehmenden Zeugnisses. Keineswegs klettert er bekannte Stufen der Geistesgeschichte zurück und mitnichten verlässt er sich auf kanonische Textsammlungen der Philosophie- und Kulturgeschichte. Vielmehr bewegt er sich am Rand der Antike, wenn er etwa »in dem zweitrangigen Genre der Verhaltenskünste, der Lebenskünste, der Lebensratschläge« seine Belege sucht. Dorther kommt ganz neuer Stoff in seine Vorlesungen. Dieses Genre spürt er nicht in der Höhe philosophischer Texte, sondern auf der Ebene literarischer Produktionen auf:

> »Diese Literatur, so wenig wichtig sie auch erscheinen mag, ist, wie ich glaube, von sehr großem Interesse; wie mir scheint, dürfte sie erlauben, in einige Probleme, die ich stellen möchte, Licht zu bringen. Diese Verhaltensweisen, die Lebensformen, die Seinsweisen betreffende Literatur war in der gesamten Antike sehr weit verbreitet, vor allem in der hellenistischen und römischen Zeit, in den ersten Jahrhunderten des Christentums, über die ich eben zu Ihnen sprechen möchte. Diese Literatur über die Lebenskünste, die Verhaltenskunst hat sehr lange überdauert und ist jetzt verschwunden.« (1981: 47)

Dass die Lebenskunstphilosophie verschwunden sei, gilt bald nach Foucaults Tod nicht mehr. Durch Foucaults Vorlesungen 1981-1982 und auch durch die beiden Bände *Der Gebrauch der Lüste* sowie *Die Sorge um sich* (geschrieben 1982-1983, veröffentlicht 1984) hat das Thema der Lebenskunst verstärkte Aufmerksamkeit erfahren. Im Rückblick auf das, was im Hörsaal Foucaults geschah, verstellt diese Situation heute den Blick darauf. Denn damals war das, worüber Foucault las und was er vortrug, sowohl marginal wie originell. Neben den Darstellungen von Hadot – der 1982 Kollege Foucaults am Collège de France wurde – gab es wenig philosophische Auseinandersetzung mit den antiken Weisheitslehren; mit und durch Foucault ändert sich dies. Bald erscheinen zahlreiche neue Titel – in Deutschland beispielsweise von Wilhelm Schmid – und führen in das zeitgenössische Denken ein.[99]

Foucault hat in seinen Vorlesungen aber nicht nur der Philosophie der Lebenskunst neuen Atem gegeben, er hat daran anschließend auch eine Vision des Christentums artikuliert, die ganz aus dem Kontext der »Kultur seiner selbst« lebt. Wenn Foucault ab 1981 die »Sorge um sich« zu bearbeiten beginnt, entsteht für die Zuhörerschaft eine neue Analyse des Christentums und dessen Prozeduren der Selbsttransformation. Was Foucault früh von den rechtsphilosophischen Hierarchien der Herrschaft wegführt zu Modellen der sozialen Regelung, ist seine Neugier für konkrete Verhältnisse des Zusammenlebens. Die historisch-philosophische Forschung ist auch darum historisch, weil sie Zeugnisse beglaubigen will, die alternative Formen des Zusammenlebens plausibel machen. So wird aus der alten Form der Souveränität eine soziale Form, zunächst in der Antike:

> »Sich selbst gegenüber souverän und den anderen nützlich zu sein, sich selbst und nur sich selbst genießen und zugleich den anderen die Hilfe zuteilwerden zu lassen, die sie in ihrer Verlegenheit,

[99] Vgl. Pierre Hadot: Philosophie als Lebensform. Geistige Übungen in der Antike, Berlin 1991; ders.: Wege zur Weisheit – oder was lehrt uns die antike Philosophie?, Frankfurt am Main 1999. Vgl. Wilhelm Schmid: Philosophie der Lebenskunst. Eine Grundlegung, Frankfurt am Main 1998; ders.: Dem Leben Sinn geben. Von der Lebenskunst im Umgang mit Anderen und der Welt, Berlin 2013.

> in ihren Schwierigkeiten und eventuell auch ihrem Unglück brauchen, das ist im Grunde nur ein und dasselbe.« (1984: 354)

Das historische Modell, das Foucault nicht in die Vergangenheit wegschreiben möchte, ist zugleich ein philosophisches Modell, das er nicht in die Lehrbücher einschreiben will. Er entdeckt es in den christlichen Sozialisationsformen, findet im Christentum die Regierungsform des Pastorats, holt aus der Kirchengeschichte die Klosterregeln heraus:

> »Das christliche Pastorat, das gewissermaßen auf Umwegen das Verhältnis zum Gesetz einnimmt, begründet einen Typus von Gehorsamsbeziehungen, von individueller, erschöpfender, totaler und permanenter Gehorsamsbeziehung.« (1978: 266)

Zuvor als eine Form der Regierung behandelt, lässt sich nun sagen, dass das Pastorat zu einer »Geschichte des Subjekts« gehört. (1978: 268) Diese Geschichte behandelt das Subjekt als regiertes und daher als folgsames, das sich nicht gegen die Regeln, sondern mit ihnen behauptet, das damit – im eigenen Verhalten – den Regeln erst Realität verleiht.

Foucaults Christentum stellt ein Stück Kirchengeschichte in den Vordergrund: das frühe Mönchswesen. Von Christus, den Aposteln und Evangelisten ist nicht die Rede und auch nicht von den Bischofsämtern und den späteren Päpsten. Foucault evoziert im Hörsaal die ersten vier christlichen Jahrhunderte als eine Zeit der Ausbildung von Formen des Zusammenlebens unter – und das ist neu gegenüber der heidnischen Antike – der beständigen Herausforderung der Reflexion. Christen definieren sich selber: Viel weiter gespannt kann man das Phänomen politischer Existenz nicht angehen. Damit bleibt dieses Christentum weitgehend eine Erfindung Foucaults[100], denn von theologischer Seite sind damit eine Reihe von Interpretationsproblemen

[100] Ulrich Johannes Schneider: Michel Foucaults Kritik des Christentums, in: Philosophische Religionskritik. Von Cicero bis Hume über Kant und Feuerbach bis zu Levinas und Habermas, hg. v. Horst Junginger, Richard Faber, Würzburg 2021, S.193-204.

verbunden.[101] Auch kirchengeschichtlich gesehen geht Foucault an vielen Formen und Varianten des Gehorsams vorbei.[102] Foucault sucht die Aktualität für die Gegenwart am Ende des 20. Jahrhunderts, und sagt es so auch im Hörsaal:

> »So wird im Christentum mit Blick auf das Begehren die Verbindung von Subjektivität und Wahrheit geknüpft, die nicht nur für das Christentum, sondern auch für unsere gesamte Kultur und unsere gesamte Denkweise so charakteristisch ist.« (1981: 211)

Foucault entfaltet vor Publikum weder einen Schnitt, noch eine Transformation, noch eine Identifikation des christlichen Denkens mit dem heidnischen, er erläutert einen komplexen Übergang, der als Übernahme anfängt und als Kodifizierung endet, wobei diese Kodifizierung nicht aufgesetzt wird, sondern mit dem Geltungsanspruch von sozialen Regeln automatisch gegeben ist. Foucault nennt das Gegebene nun die geltende Wahrheit. Und er fragt nach der Entstehung von Subjektivität im Sinne einer erfahrungsermöglichenden und individuellen Spiritualität.

Die Evokation einer »Kultur des Selbst« führt über die Frage nach der Regierung hinaus zu der nach wechselseitiger Verpflichtung. Es wird nach dem Subjekt und seinem freien Willen gefragt, in die Folgsamkeit einzuwilligen. Foucault definiert daher auch »Führung« als angewiesen auf Selbstverpflichtung:

> »Wenn man den Aufbau einer bestimmten Beziehung zu sich selbst als Subjektivierung bezeichnet, kann man folglich sagen, dass die

---

[101] Philippe Chevallier: Michel Foucault. Le pouvoir et la bataille, Paris 2014, S. 193 (Liste der Kirchenväter bei Foucault), S. 200 (Foucault wird als Übersetzer kritisiert), S. 303, 346 (Korrigerende Unterscheidung von Mönch und Büßer).

[102] Michel Senellart: Le christianisme dans l'optique de la gouvernementalité: l'invention de l'obéissance, in: Une histoire au présent. Les historiens et Michel Foucault, hg. v. Damien Boquet, Blaise Dufal, Pauline Labey, Paris 2013, S. 205-224.

> Führung eine Technik ist, die darin besteht, zwei Willen so miteinander zu verbinden, dass der eine in Bezug auf den anderen immer frei bleibt, sie so zu verbinden, dass der eine will, was der andere will, und dies mit dem Ziel der Subjektivierung, das heißt des Zugangs zu einer bestimmten Beziehung zu sich selbst.« (1980: 309)

Foucault verwendet häufig das Wort »Bindung« [frz. *lien*], wenn er von engen Bezügen (frz. *rapports*) zwischen Subjekten und dem, was sie an Autorität anerkennen, spricht. Es geht ihm um die Verbindlichkeit der sozialen Bindungen, um das Zwingende der geltenden Regeln, die er nun von der Seite des Subjekts in den Blick nimmt:

> »Das Wichtige bei dieser Frage der Wahrheit ist, dass bestimmte Dinge tatsächlich als wahr gelten und dass das Subjekt diese entweder selbst erzeugen oder sich ihnen unterwerfen muss. Die Wahrheit als etwas Bindendes, die Wahrheit als Pflicht, auch die Wahrheit als Politik und nicht die Wahrheit als Inhalt der Erkenntnis noch als formale Struktur der Erkenntnis ist also das, worum es ging und gehen wird.« (1981: 30)

Man kann das beobachtbare Vorgehen Foucaults in den Vorlesungen, einerseits historisch gründlich zu verfahren und viele Instrumente der Philologie, der Quellenkritik und der Interpretation zu mobilisieren, und andererseits in philosophischer Absicht die ferne und die nahe Zeit zu verschmelzen, als beschreibendes oder narratives Verfahren abwerten und kritisieren. Foucault legt in vielen Bemerkungen nahe, dass er die Gefahr einer Vermischung oder Verwechslung der historischen mit der rationalen Rekonstruktion kennt. Das Publikum stellt er jedoch niemals vor die Alternative, Geltung und Genese gedanklich zu trennen. Das Christentum etwa ist nicht historisch mächtig *und daher* heute noch bestimmend, es ist nah und vertraut, daher offen für die Analyse, die gleichwohl weder seine historische Gestalt verstehbar machen noch seinen nachhaltigen Einfluss rechtfertigen soll.

Wie im Christentum die Frage nach dem, wozu man sich verpflichtet, entdeckt werden kann, obwohl die Staatskirche daraus ein

Herrschaftsinstrument gemacht hat, ist im platonischen Dialog des *Alkibiades* die Frage nach der Sorge um sich entdeckbar, auch wenn der kulturelle Kontext eine Elitenherrschaft ist und die philosophische Antwort durch Selbsterkenntnis nicht befriedigen kann. Foucault beurteilt seine Quellen nicht danach, welche wahrer oder historisch früher ist, sondern worin man klarer erkennen kann, dass hier eine Frage gestellt wird. So kann sein Publikum mitgehen.

Foucault liest die antike Selbstkultur also nicht in Hinblick auf das Pastorat und andere Techniken der Führung und der Leitung, sondern im Hinblick auf die christliche Kultur der Selbsterforschung. Das bedeutet nicht Einbeziehung der Selbsterkenntnis – wie philosophisch gefordert – und das bedeutet nicht Akzeptanz eines Dogmas – wie von der christlichen Kirche erwartet. Foucault bleibt im Fokus auf das Verhalten und bindet den Zugang zur Wahrheit an die Frage nach sich selbst, denn es ist

> »jetzt undenkbar geworden, dass der Zugang zur Wahrheit, die Arbeit oder das Opfer – der für den Zugang zu ihr gezahlte Preis – wie eine Krönung oder eine Belohnung im Subjekt selbst sich vollzieht. [...] So wie die Wahrheit von jetzt an geartet ist, ist sie nicht dazu geeignet, dem Subjekt auch das Seelenheil zu gewähren.« (1982: 37)

Wahrheit wird nicht gegeben. Damit ist das Christentum bei Foucault auf das bezogen, was er in die »Geistigkeit« bzw. in die »Spiritualität« (beides frz. *spiritualité*) konzentriert, denn dies meint:

> »Das Ensemble von Suchverfahren, Praktiken und Erfahrungen, die Läuterung, Askese, Verzicht, Umwendung des Blicks, Lebensveränderung usw. sein können, und die, zwar nicht für die Erkenntnis, aber für das Subjekt, das Sein selbst des Subjekts, den Preis darstellen, den es für den Zugang zur Wahrheit zu zahlen hat.« (1982: 32)

Wahrheit erfordert Einsatz. Der Christ muss eine spezifische Wahrheitsbeziehung herstellen: »nämlich eine Wahrheitsbeziehung zu dem, was man ist. Das Subjekt muss wissen, was es ist«:

> »Die Offenlegung der Wahrheit in mir selbst, die Offenlegung der Wahrheit, die ich durch mich selbst, für mich selbst und in mir selbst vornehmen werde, ist das, was mir erlauben wird, mich von der Fessel des sexuellen Verlangens zu befreien, die mich am Zugang zur Wahrheit gehindert hat. Die Pflicht, über sich selbst die Wahrheit zu sagen, die Wahrheit über sich und die eigene Unreinheit zu enthüllen, ist folglich das, was mir letztlich, über die Reinigung, Zugang zur Wahrheit schenken wird.« (1981: 210)

Mit der Frage an sich selbst ist daher eine Arbeit verbunden, die Arbeit der Selbsterforschung, die wiederum mit der Transformation rechnet, dieser gewahr werden muss und sie zugleich bekennt. Das Subjekt der Frage nach sich selbst ist nicht identisch mit dem Subjekt der Antwort auf diese Frage, sondern setzt sich davon ab:

> »Wie verhält es sich mit dem Subjekt, wenn es zur Wahrheit strebt, indem es mit sich selbst bricht? Und das Problem der Buße lautet nun: Wie verhält es sich mit dem Subjekt, wenn es, indem es mit der Wahrheit bricht, wieder zu dem zurückkommt, womit es bei der Taufe brechen musste? Es stellt sich also das Problem eines doppelten Bruchs. Nicht die Zugehörigkeit des Subjekts zur Wahrheit oder die Zugehörigkeit der Wahrheit zum Subjekt, sondern ihre Entfernung ist das Problem. Und nicht die Frage der Identität des Subjekts, sondern die Frage des Bruchs ist das Problem.« (1980: 254)

Foucault bezeichnet in diesem Sinne der Produktion eines doppelten Subjekts den Protestantismus und den Calvinismus als extreme Formen des Christentums, sofern es vollständig aus der Selbstprüfung besteht und die Furcht unter den Gläubigen aufrechterhält. (1980: 177) Das Christentum wird als Ritual der Selbsttransformation bzw. als Verfahren der Selbstspaltung in altes Selbst und neues Selbst in Foucaults »Kultur des Selbst« aufgenommen. Diese ist keine »Sorge um sich« mehr, sondern wird unter der Ausrichtung auf Wahrheit ein Exerzitium, eine Selbstprüfung, reguliert über Beichte und Buße.

Auf diese christliche Praxis der Revokation eines alten Selbst, der Subjektivierung durch Geständnis und Buße, kommt Foucault in den letzten Vorlesungen keineswegs erstmals zu sprechen. Er hat insbesondere das Geständnis bereits bei seiner Beschäftigung mit der Delinquenz und den Straftechnologien behandelt (1972: 268-270), wie auch danach, als er sich mit den Diskursen, Therapien und Mechanismen der modernen Psychiatrie auseinandersetzt. (1974: 397-399; 1975: 221, 247, 287): Der Heilerfolg der Psychiater besteht im Eingeständnis der Patienten; deren Erkenntnis, krank gewesen zu sein, ist starker Ausweis wiedererlangter Gesundheit.

Was Foucault in diesen Behandlungszusammenhängen thematisiert, ist eine »Technologie der Seele und des Körpers«. (1975: 256) Was er im Kontext der Sorge um sich thematisiert, sind Verhaltensweisen und Handlungsoptionen, ist der Einsatz der Subjektivität. Im Verlauf der Vorlesungen wechselt er gewissermaßen die Perspektive und blickt nicht mehr von den Systemen und Disziplinen auf das, was sie durch Wort und Tat anrichten, welche Individuen sie auf welche Art und Weise zurichten. Vielmehr gibt die antike Selbstkultur den Anlass zu fragen, was und inwieweit ein mit Regeln geführtes Leben ein souveränes Leben sein kann.

14. DIOGENES UND DIE RADIKALITÄT DER WAHRHEIT

In Foucault letzten Vorlesungen verdichten sich drei Themen um drei Fragen: Wer sind wir und woher kommen wir? lautet die erste Frage. Sie scheint Foucault zu beschäftigen, denn oft genug – und im Verlaufe der Vorlesungen immer öfter – nennt er das Abendland und das Christentum als Begriffe, die das Woher bestimmen, als Markierungen dessen, was heute verrät oder anzeigt, dass es keine Unmittelbarkeit, keine Spontanität beim Forschen und Problematisieren geben kann. Wir sind immer schon gewesen – unabdingbar, unabwendbar, unvermeidlich – und zwar abendländisch und christlich. Foucault sagt das bei mehreren Gelegenheiten und eher im Vorübergehen; das Beiläufige unterstreicht aber nur die Selbstverständlichkeit, die er in seinen Vorlesungen auf die Probe stellt.

Das zweite Thema wird bestimmt von der Frage: Was ist die Philosophie? Ganz unübersehbar werden Foucaults Vorlesungen zuletzt wieder stärker von philosophischen Namen und Texten bestimmt. Dabei ist dem Publikum klar, dass Foucault diese Referenzen nicht in affirmativer Absicht anführt, sondern kritisch und selbstkritisch. Foucault setzt sich ausführlich mit Platon auseinander, als Gründervater einer philosophischen Auffassung der Wahrheit, die die Seele und das Streben nach Wissen voraussetzt. Alternative Philosophien kommen ebenfalls zur Sprache. Foucault präsentiert seine Vorlesungen durchweg als Versuch, die Frage nach dem, was Philosophie ist und Philosophieren sein kann, zu aktualisieren.

Zu den zwei großen Fragen kommt eine dritte, auf den ersten Blick davon abgesetzte, vermittelte Frage: Was machen wir hier im Hörsaal? oder auch: Was heißt es, Vorlesungen zu halten? In seinem letzten Vorlesungszyklus erwähnt Foucault öfter den Lehrer als Figur der Wissensvermittlung, und selbst wenn er das im Kontext des antiken Denkens tut, hört man die Selbstbefragung mit, ahnt man den Blick in den Spiegel, den Foucault übt, während er etwas tut, was wie ein Unterricht in Philosophiegeschichte aussieht. Der Professor und der Gelehrte namens Foucault spielen sich oft genug die Bälle in die Hand, vertiefen hier die Forschungslage und erörtern dort die Definition eines Ausdrucks oder die Unsicherheiten der Übersetzung aus dem Altgriechischen. Dann aber tritt Diogenes auf, und alles wird anders. In Bezug auf alle drei Fragen – nach dem Abendland, nach der Philosophie, nach den Vorlesungen selbst – verkompliziert Diogenes die Problemlagen.

Diogenes von Sinope ist ein aus der Antike gut bekannter Philosoph, der seine Überzeugung lebte, Skandale provozierte und keine Lehre besaß. Was man von ihm weiß, sind Episoden aus seinem Leben, derbe Anekdoten seiner Schamlosigkeit und einige wenige markante Sprüche. Foucault ist offenbar fasziniert von dieser Figur und erzählt vieles nach, was allgemein bekannt und nur von wenigen Spezialisten und einigen raren Bewunderern genauer gewusst wird: Diogenes war damals nicht und ist heute nicht zumutbar, keiner Gesellschaft, so klein sie sein mag. Sein asoziales Verhalten war und ist beeindruckend, auch bedrückend für alle, die dabeistehen. Für Foucault ist Diogenes jedoch zentral mit der Wahrheit verbunden bzw. mit dem Rätsel, wie Wahrheit artikuliert wird.

Diogenes der Kyniker ist bis heute vor allem deswegen relevant, weil die Frage, wie wir leben sollen, keine einfache Antwort erfahren kann. Wie sähe ein auf den philosophischen Kern reduziertes Leben aus, das nichts weiter als ein Minimum dessen besäße, was sonst Leben heißt und Ausschweifungen kennt? In seinen Vorlesungen bietet Foucault, so geschichtenreich er sie gestaltet, keine Identifikationsfiguren an. Es gibt keine philosophischen Helden – niemand wird aufgerufen, der als Vorbild dienen könnte. Es gibt auf der anderen Seite auch keine bösen Gestalten, die im Hörsaal öffentlich gebrandmarkt werden. Die Zuhörerschaft lernt einzelne Figuren kennen – Schreibende und Handelnde, Beschriebene und Behandelte – aus vielen Epochen und Szenen. Gelegentlich mag man die Patienten der Psychiatrie oder die Strafverfolgten bedauern. Wer würde nicht Sympathie für diejenigen gewinnen, die Foucault die »Infamen« nennt und denen er sogar eine Publikationsreihe widmen wollte?[103] In Gesprächen und Interventionen hat Foucault nicht selten den Fokus auf entrechtete, bedrängte und marginalisierte Menschen gelenkt, niemals jedoch auf diese Weise Mitgefühl mobilisieren wollen. In einer nicht realisierten Publikationsreihe von 1977 ging es ihm um eine »Anthologie von Existenzen« ohne »Anlage für irgendeinen Glanz«, um »unauffällige Menschen«, »absolut ruhmlose Leute« bzw. »erbarmungswürdige

[103] Foucaults Text »Das Leben der infamen Menschen« (DE III: 309-332) sollte ein Buch einleiten, das wiederum eine ganze Buchreihe inaugurieren sollte; beides kam nicht zustande. Vgl. Collective Maurice Florence: Archives de l'infamie, Paris 2009.

Leben«. (DE III: 310, 314, 316, 318, 319) Was diese Fälle erinnerbar und demonstrierbar macht, ist meist eine diskursive Spur, etwas, das gesagt und aufgeschrieben wird. Foucault mag für manche Zuhörerinnen und Zuhörer seine Figuren mit Emphase präsentieren, er bleibt gleichwohl distanzierter Beobachter gesellschaftlicher Zustände und der in ihr Agierenden.

Mit dem Auftritt von Diogenes im Hörsaal im Jahr 1984 – nach ersten Hinweisen in den vorhergehenden Zyklen (1982: 289; 1983: 360-361, 368-369, 435) – provoziert Foucault sein Publikum, darüber hinaus wirft er sich selbst einen Stolperstein in den Weg. Er macht sich das Antworten schwer, nicht nur auf die Frage nach der Philosophie. Auch die Frage, woher wir kommen, kann nur schlecht mit Diogenes beantwortet werden. Er bedroht die Wahrheit einer Tradition wie die des Abendlands, und er zerstört die Identität der Philosophie. Die Tatsache, dass Foucault den Kyniker Diogenes in seinen Hörsaal holt, bezeugt wohl seine Offenheit dafür, auch radikalen Philosophien nicht aus dem Weg zu gehen. Wir wissen nicht, was in den Köpfen seiner Zuhörerinnen und Zuhörer vor sich ging, als Foucault sie mit dieser asozialen Figur konfrontierte. Diogenes platzt in den Hörsaal von Foucault hinein wie ein *deux ex machina*, eine plötzliche Erscheinung aus dem Schnürboden der Philosophiegeschichte, die alle ratlos lässt. Foucault appelliert an sein Publikum:

> »Stellen Sie sich vor, dass wir in einer Gruppe arbeiten könnten oder ein Buch über den Kynismus als moralische Kategorie in der abendländischen Kultur schreiben wollten: Was würden wir tun? Angenommen, ich sollte eine solche Untersuchung im Voraus planen, dann würde ich ungefähr Folgendes sagen ...« (1984: 233)

Foucault sagt es nicht, nicht an dieser und nicht an anderer Stelle, was in einem Buch über den Kynismus aufzunehmen wäre. Denn Diogenes ist ein harter Brocken: Kaum glaublich, dass es ihn im 4. Jahrhundert v. Chr. wirklich gab. Und wer weiß, vielleicht gab es ihn nicht so, wie berichtet wird? Die heute bekannten Nachrichten sind Jahrhunderte später aufgeschrieben und gefallen sich in der Ausschmückung des Skandalösen. Noch später entstanden sind eine Reihe von Kampfschriften gegen Diogenes; daran anschließende christliche Quellen verquicken seinen Fall mit dem Lob der Askese. (1984: 218, 276) Foucault weiß dies und holt Diogenes dennoch aus den Verschattungen der Kulturgeschichte hervor, nicht so sehr als Ausnahmeerscheinung denn als eine Figur, mit der man die Radikalisierung der Frage nach der Wahrheit durchdenken muss.

Vieles wird ihm nachgesagt, und Foucault baut es in seine Vorlesungen ein: Diogenes lebte fast nackt auf der Straße und schlief gelegentlich auf dem Sklavenmarkt. (1984: 329, 338) Er onanierte öffentlich, aß rohes Fleisch und trank aus einem Napf, den er umstandslos wegwarf, als er einen Jungen aus der Hand trinken sah. (1984: 226, 331, 336, 343) Er hielt das Leben der Tiere für vorbildlich. (1984: 345) Diogenes verkaufte sich selber als autoritären Lehrer (1984: 271), lehnte Musikunterricht als politisch sinnlos ab, ließ sich ohne Gegenwehr schlagen und trällerte auf der Straße, womit er mehr Zuhörer bekam als mit einer Rede. (1984: 271, 272, 310, 340) Berühmt ist die Anekdote, nach der Diogenes König Alexander auf offener Straße beleidigt haben soll. (1984: 315, 263, 357)

Um dieser Figur gerecht zu werden, folgt Foucault den antiken Quellen und kippt das Negativbild ins Positive, etwa mit der Unterstützung von Epiktet, dessen Schilderung er so zusammenfasst:

> »Der Kyniker ist also wie die sichtbare Statue der Wahrheit. Von allen überflüssigen Verzierungen befreit, von allem, was für den Körper gewissermaßen das Gegenstück zur Rhetorik wäre, aber zugleich blühend und in voller Gesundheit: das eigentliche Sein des Wahren, das durch den Körper sichtbar gemacht wird. Das ist einer der ersten Wege, einer der ersten Pfade, dem gemäß das kynische Leben eine Offenbarung der Wahrheit sein soll.« (1984: 400)

Der Kyniker als Gesamtkunstwerk der Wahrheit, die weitgehend sprachlos durch das körperliche Leben auftritt: Foucault hat sich mit seiner Faszination für den Kynismus weit vom Diskursmodell der Wahrheit entfernt, mit dem er seine Vorlesungen eröffnet hatte. Es ist keine Wende ums Ganze, denn immer noch unterscheidet Foucault verschiedene Veridikationsmodi. Als Diskurs gibt es Wahrheit für den Propheten, den Weisen und den Lehrer. Diogenes aber zeigt: nicht für den Philosophen. (1983: 289; 1984: 45-48, 121)

Ist Wahrheit jedoch unausgesprochen denkbar? War nicht Ödipus deswegen interessant, weil er sich selbst ins Wahrsprechen investierte? Foucaults Aufführung des antiken Kynismus gestaltet mit Diogenes eine eindrückliche Szene, gibt aber eine zweite hinzu und benennt einen anderen Protagonisten: Sokrates. Das Publikum im Hörsaal erlebt es als Alternative, sieht das Gegenstück und die Gegenfigur. Sokrates, sagt Foucault seiner Zuhörerschaft, hält keine Reden. Selbst wenn Sokrates kaum so körperlich wie Diogenes agiert, verweigert er dennoch wie dieser die Aussage:

> »Man darf nicht vergessen, dass es bei Sokrates auch dieses Merkmal der Weisheit gibt, die doch in einem gewissen Schweigen besteht. Denn Sokrates spricht nicht. Er hält keine Rede, er sagt nicht spontan, was er weiß. Im Gegenteil behauptet er von sich, dass er nichts weiß, und da er nichts wisse und nur weiß, dass er nichts wisse, hält er sich zurück, schweigt, und begnügt sich damit, Fragen zu stellen.« (1984: 47)

Sokrates schweigt genau deshalb und insofern er keine Ratschläge erteilen will: Er will nicht wie Solon ein weiser Herrscher sein. Foucault bespricht an anderer Stelle ausführlich, wie gefährlich die philosophische Politikberatung geraten kann; sein Beispiel ist der Besuch Platons beim Tyrannen von Syrakus. (1983: 72-83, 273-274, 339-345)[104] Dagegen erinnert Foucault sein Publikum: »Sokrates ist und bleibt der Mann der Sorge um sich selbst« (1982: 23) und ergänzt:

---

[104] Aaron Sabellek, Ulrich Johannes Schneider: Die Regierung des Selbst und der anderen (1982/83). Szenographie als Philosophiegeschichte, in: Fragmente eines Willens zum Wissen, hg. von Frieder Vogelmann, Heidelberg 2020, S. 209-223.

> »Es geht darum, das Subjekt auf die Probe zu stellen, es in seiner Funktion als Wahrheit sprechendes Subjekt auf die Probe zu stellen, um es zu zwingen, sich bewusst zu machen, an welcher Stelle der Subjektivierung der wahren Rede, seiner Fähigkeit, wahr zu sprechen, es sich befindet.« (1982: 446)

Das Paradox der philosophischen Wahrheit ist, dass sie nicht ausgesprochen werden kann: Sie würde dann verkündet, geschaut oder gelehrt. Sokrates agiert indirekt, aber in der Schilderung Platons werden daraus keine rhetorischen und literarischen Verkleidungen oder Finten. Das philosophische Wahrsprechen – griechisch *parrhesia* – ist niemals affirmativ, immer analytisch, auflösend, fragend. Bei Sokrates sei die philosophische *parrhesia* »nicht einfach nur ein Diskursmodus, eine Diskurstechnik [...], sondern das Leben selbst«. (1983: 409) Das zeigt sich in der berühmten Szene des zum Tode verurteilten Sokrates, kurz bevor dieser das verordnete Gift trinkt. Denn:

> »Sokrates hat den Mut, die Wahrheit zu sagen, und akzeptiert das Risiko des Todes, um die Wahrheit zu sagen, aber er tut dies, indem er im Spiel der ironischen Befragung eine Seelenprüfung vornimmt.« (1984: 101)

Sagen ohne auszusagen heißt: die Wahrheit leben und dabei nicht ganz und gar ins Schweigen zu verfallen. Das hat Sokrates dem Diogenes voraus. Foucault untersucht eingehend die letzten Sätze des Sokrates, wie sie überliefert sind, und findet einen bewussten Verzicht auf Behauptung und Aussage zugunsten einer Prüfung des Selbst, einer Aufforderung zur Prüfung an sich selbst und andere:

> »Sokrates‹ Tod, so scheint mir, begründet in der Wirklichkeit des griechischen Denkens, und somit auch in der abendländischen Geschichte, die Philosophie als eine Form der Veridiktion, die weder die der Prophezeiung noch die der Weisheit noch die der *techne* ist; eine Form der Veridiktion, die gerade dem philosophischen Diskurs eigentümlich ist und die den Mut erfordert, sie bis

zum Tod als eine Prüfung der Seele auszuüben, die ihren Ort nicht auf der gleichen politischen Rednertribüne haben kann.« (1984: 155)

Es ergibt sich von daher ein fundamentaler Unterschied zwischen Diogenes und Sokrates, zwischen dem theatralischen Akt des Kynismus und der epischen Geduld des Platonismus, dass bei diesem das Wahrsprechen ganz und gar in die Sorge um sich, die Kultur des Selbst und damit in die Philosophie der Seele eingebunden bleibt. Dagegen ist bei jenem, bei Diogenes, das Wahrsprechen weder mit Physik noch Metaphysik oder gar Psychologie verbunden; es ist ein einsamer Akt, mit dem keine Gemeinschaft möglich wird.

In seiner Vorlesung blendet Foucault zwischen den beiden dramatischen Szenen – Diogenes und Sokrates – oft genug hin und her. Seine Zuhörerschaft kann sich nicht für einen Helden entscheiden und muss beobachtend bleiben. Foucault selbst sieht den radikalen Diogenes wie den tapferen Sokrates als zwei gleichermaßen gültige Figuren, Szenen, Modelle; beide offerieren Wege zur Wahrheit und Wege zum Wahrsprechen als lebensbestimmende Handlung. Gegen die solitäre Geste des Kynikers setzt Foucault den ethischen Dialog des sokratischen Modells:

»Was ich erfassen möchte, ist die Art und Weise, wie das Wahrsprechen in dieser ethischen Modalität, die mit Sokrates ganz am Beginn der abendländischen Philosophie erscheint, sich mit dem Prinzip der Existenz als Werk gekreuzt hat, das in seiner ganzen möglichen Vollkommenheit zu gestalten ist, wie die Sorge um sich, die lange vor Sokrates und der griechischen Tradition vom Prinzip einer glänzenden und denkwürdigen Existenz beherrscht wurde, wie dieses Prinzip […] durch das Prinzip des Wahrsprechens, dem man tapfer gegenübertreten muss, nicht ersetzt, sondern wieder aufgenommen, abgewandelt, modifiziert, neu bearbeitet wurde, wie das Ziel einer Schönheit der Existenz und die Aufgabe des Rechenschaftablegens über sich selbst im Spiel der Wahrheit miteinander kombiniert wurden.« (1984: 214)

Und dann doch wieder Diogenes: Vor den im Hörsaal versammelten Zeugen des 20. Jahrhunderts ruft Foucault die einschlägigen Anekdoten auf und dabei auch diese, wie Diogenes einmal die Frage beantwortet hat, was bei den Menschen das Schönste sei: »die *parrhesia* (der Freimut)«. Foucault sieht hier »das Thema der Schönheit der Existenz« und »die Ausübung der *parrhesia,* des Freimuts, direkt miteinander verbunden« (1984: 219) und erläutert:

> »Dieser Anschluss des Wahrsprechens an die Lebensweise, diese grundlegende, wesentliche Verbindung innerhalb des Kynismus zwischen einer bestimmten Lebensweise und der Hingabe an das Wahrsprechen sind umso bemerkenswerter, als sie gewissermaßen unmittelbar sind, d. h. sich ohne die Vermittlung durch eine Lehre, auf jeden Fall aber innerhalb eines recht elementaren theoretischen Rahmens vollziehen.« (1984: 218)

Genau dieser Kynismus, der keinen Unterschied zwischen Worten und Taten macht (1984: 265), der eine Art universale Forderung aufstellt, direkt zu handeln, der die Handlung selbst zur Aussage macht, hat den frühen Christen imponiert. Hier fällt der – von Ödipus noch mit Schmerzen gegangene – Weg über die Selbsterkenntnis aus, gibt es keine Lehre, sondern Überzeugung. Im Christentum wird das Leben in der Wahrheit mit einer Entscheidung verbunden, mit einem bewussten Akt, der das neue – wahre – Leben vom alten abschneidet, das man einbekennen muss. Darum fasziniert am Kynismus besonders der Aspekt der Konversion, einer radikalen und ohne Reflexion als Akt vollzogenen Umkehr im Leben.

Das soll dann doch so etwas wie die Lehre des Diogenes sein: die Forderung, sein Leben zu ändern. Anekdotisch belegt ist, dass Diogenes über seinen Vater das Münzen und die Münzfälschung kennengelernt haben soll. Bei nicht wenigen Versionen der Biographie des Diogenes wird aus dieser Nähe zum Geld und zu den Prägetechniken sein Wahlspruch abgeleitet, jedermann solle sein Leben »umprägen«. (1984: 313) Foucault stellt seinem Publikum dieses Umprägen mehr als eine insgeheime Konversion dar, er vermittelt Diogenes eher als Kämpfer und entwickelt in Anlehnung an den antiken Kynismus eine Vision des »aktivistischen Lebens«, das er auch »souveränes Leben« nennt:

> »Anhand der verschiedenen Themen, die schon erwähnt wurden, haben wir gesehen, dass die Kyniker die Vorstellung des unverborgenen Lebens umgekehrt hatten, indem sie sie in der Praxis der Nacktheit und der Schamlosigkeit dramatisierten. Sie hatten das Thema des unabhängigen Lebens umgekehrt, indem sie es in Form der Armut dramatisierten. Sie hatten das Thema des geradlinigen Lebens umgekehrt, indem sie es in Form der Tiernatur dramatisierten. Nun, man kann auch sagen, dass sie das Thema des souveränen Lebens (des ruhigen und wohltätigen Lebens: ruhig im Hinblick auf dieses Leben selbst, das sich genießt und wohltätig für die anderen) umkehren, indem sie es in der Form von so etwas wie einem aktivistischen Leben dramatisieren, einem Leben des Kampfes gegen sich und für sich, gegen die anderen und für die anderen. Ich weiß wohl, dass, wenn ich diesen Begriff des ›aktivistischen Lebens‹ verwende, ich damit einen offensichtlichen Anachronismus begehe. Der Begriff des Aktivisten, des Aktivismus, der Militanz kann nicht übersetzt werden oder kann keinerlei Äquivalent im griechischen und lateinischen Wortschatz haben. Dennoch haben wir hier trotz allem einen gewissen Kern, der in der Geschichte der Ethik sehr wichtig ist. Ich meine folgendes. Erstens gibt es eine Reihe von Begriffen, Bildern und Ausdrücken, die von den Kynikern verwendet werden und die mir ziemlich gut das abzudecken scheinen, was in der Folge in der abendländischen Ethik zum eigentlichen Thema des aktivistischen Lebens wird.« (1984: 369)

In seinen Vorlesungen bemüht sich Foucault, das aktivistische Leben auf verschiedene Weisen einzuholen; er öffnet dafür drei Dimensionen seiner Rede und dessen, wovon sie handelt bzw. was sie zur Sprache bringt: (a) die Behauptung des Abendlands, (b) die Bestimmung der Philosophie und (c) der spezifische Einsatz im Vorlesen selbst.

(a) Foucault betont in den Vorlesungen durchweg die großflächige und bis in die Gegenwart reichende Dimension seiner Themen. So spricht er ab 1980 oft von »der christlich-abendländischen Kultur« (1980: 286), der »Geschichte des europäischen Denkens« (1982: 108) oder den »Grundlagen der abendländischen Subjektivitätsform«. (1982: 592) Wenn Foucault in seinen Vorlesungsstunden das »griechische und abendländische Wissen« (1971: 149), die »abendländische Tradition« (Rio 1973: 684), die »abendländische Kultur« (1980: 286), die »abendländische Zivilisation« (1981: 139), das »Abendland« (1982: 351, 593; 1983: 291; 1984: 305), das »abendländische Denken« (1982: 592; 1984: 230) oder die »abendländische Philosophie« (1983: 433; 1984: 54, 212, 214, 305) evoziert, dann durchaus als etwas, das er nicht in Frage stellt, dessen Genealogie er jedoch als seine Aufgabe versteht.

Vielleicht hilft es zu verstehen, wenn man Foucaults Bezugnahme auf den Begriff des Abendlands als Auseinandersetzung mit einer »erfundenen Tradition« bezeichnet. Nach einer 1983 veröffentlichten These des Historikers Eric Hobsbawm könnte das europäisch-christliche Abendland angesehen werden, als ob es durch »starke Wiederholung« geworden oder zu etwas gemacht worden ist, das sowohl konstruiert als auch veränderbar ist.[105] Jedenfalls sind zwei Zeitlichkeiten in das »Abendland« eingeschrieben, wie Foucault es anführt: die lange Dauer und damit eine lastende Geltung, sowie die spontane Evokation und aktuelle Betroffenheit. Das Abendland in Foucaults Vorlesungen ist etwas, das wir uns vorstellen können und etwas, zu dem wir uns bekennen müssen, was die Freiheit zur Umdefinition keineswegs ausschließt. Noch anders gesagt: Die große Klammer, die Foucault mit der Chiffre »Abendland« anspricht, gibt seinem Publikum das Vertrauen, dass alle Operationen der Untersuchung und der Selbstbefragung in einer Perspektive aufgehen. Andere Klammern sind darin einbegriffen, Epochenumrisse wie das Christliche, das Mit-

---

[105] Eric Hobsbawm: Introducing Inventing traditions, in: The invention of tradition, hg. v. Eric Hobsbawm, Terence Ranger, London 1983, 17. Auflage 2009, S. 4.

telalterliche und das Moderne. In seinen Büchern qualifiziert Foucault des Öfteren bestimmte Zeiträume und betont deren Diskontinuität zueinander. Oft wehrt er sehr explizit die Narrative ab, die seit der Aufklärung (Fortschritt) oder seit dem 19. Jahrhundert (Geschichte des Geistes, Geschichte der Klassenkämpfe) üblich sind und eben jenen Blick über die Jahrhunderte hinweg erlauben, der Geschichte irrtümlicherweise als objektivierbaren Prozess ansieht.

Foucault selbst fügt nirgendwo so etwas wie eine geschichtsphilosophische Abstraktion ein, die epochale Realität implizierte. Schon die Vorstellung von einzelnen Zeitaltern, die sich insgesamt in andere transformieren, fällt in seinen Büchern aus und findet sich auch in den Vorlesungen nicht. Was dort gesagt wird, erschafft keine historischen Tatsachen kollektiver Natur. Vielleicht kann man das »Geschichtspraxis« nennen, wie Ulrich Brieler schreibt, der damit Foucaults unermüdliches Bemühen bezeichnet, »in einer unendlichen Analyse das Entwirren der Ereignisbündel, die Geschichte produzieren«, zu bewerkstelligen.[106] Frédéric Gros nennt Foucaults Vorlesungen ein »Gedankenlabor« und beschreibt die Arbeit darin: »Manchmal ist seine Bewegung tastend und auf der Stelle tretend, dann wieder skizziert und versucht er Synthesen.« (1983: 482-483) Michel de Certeau hat Foucaults »magische Gewalt« bewundert, die »Enthüllungen nicht-sprachlicher Praktiken, die unsere politischen und wissenschaftlichen Institutionen determinieren, in überzeugende Beweise zu verwandeln«.[107] Das Produktive, das Tastende und das Magische der Vorlesungen Foucaults kann zusammengenommen als Aktualisierung verstanden werden, die Foucault bewirkt, indem er im Hörsaal historisch arbeitet, ohne jemals etwas anderes als provisorische Einblicke zu geben.

Man müsse die Geschichte des Denkens unterscheiden von einer Ideengeschichte, sagt Foucault seinem Publikum und fährt fort: »nun,

---

[106] Ulrich Brieler: Die Unerbittlichkeit der Historizität. Foucault als Historiker, Köln 1998, S. 622.

[107] Michel de Certeau: Theoretische Fiktionen. Geschichte und Psychoanalyse, Wien 1997, S.40.

diese Geschichte des Denkens – eine solche möchte ich jedenfalls schreiben – muss als Geschichte der Ontologien verstanden werden, die auf ein Prinzip der Freiheit bezogen wäre, wobei die Freiheit nicht als Recht zu sein, sondern als Fähigkeit des Handelns bestimmt wird.« (1983: 390) Dazu passt, dass Foucault sich gesprächsweise dazu bekannt hat, kein allgemeiner, sondern ein »spezifischer Intellektueller« zu sein. (DE III: 145-152) Von daher steht zu vermuten, dass der Gegenwartsbezug seiner Vorlesungen nicht nur mitbewirkt, sondern mitbeansprucht ist. Einmal wird das besonders deutlich, wenn Foucault »die (christliche, abendländische, europäische, moderne, wie Sie wollen, das ist nicht so wichtig) Zivilisation« adressiert. (1981: 139) Darum ist es wohl genauer zu sagen, dass das »Abendland« bei Foucault eine von vielen arbeitstechnischen Hypothesen ist, mit denen er die (historische, sprachliche, kulturelle) Ferne seiner Gegenstände konzeptionell minimiert und den Ohren seiner Zuhörerschaft annähert. Er versichert sich als Dozent bei seinem Publikum, dass es ihm folgt, und er nimmt genug Vertrauensvorschuss in Anspruch, um Formulierungen wie die vom »Abendland« – wenigstens für die Zeit des mündlichen Extemporierens im Hörsaal – gelten zu lassen.

(b) Wenn das Abendland etwas ist, das Foucault im Blick hat, dann ist »die Philosophie« etwas, dem er sich verpflichtet fühlt, weil das sein Selbstverständnis berührt. Das Abendland ist eine Vision und eine Erfahrung, die Philosophie dagegen Arbeit, auch an sich selbst. Sein in den Vorlesungen entwickeltes Philosophieren hat ihn zuletzt zum Wahrsprechen geführt und zur historischen Gestalt des Kynismus, daher entwirft Foucault von dorther neu diese Arbeit für sich und andere. Er spricht davon, die gesamte Philosophiegeschichte als eine der Veridiktion, des Wahrsprechens, umzuschreiben. (1983: 439) So stellt er sich eine Geschichte vor, »die etwas anderes als diejenige sein könnte, die man heutzutage traditioneller Weise lehrt, eine Geschichte der Philosophie, die keine Geschichte der philosophischen Lehren wäre, sondern der Lebensformen«. (1984: 279) Das ist ein radikales Umdenken der Philosophie, wie Foucault deutlich macht, da seit dem 19. Jahrhundert »die Philosophie zum Beruf eines Professors geworden ist«. (ebd.) Foucault hat kein Problem, sich selber mit dieser Figur des professionellen Lehrers zu identifizieren und sich zugleich zu distanzieren. Denn auch wenn der Lehrer jederzeit eine Pflicht zum Sprechen habe, geht er doch kein Risiko ein:

> »Darin besteht sein Unterschied zum Parrhesiasten. Jedermann weiß, und ich am besten, dass niemand mutig zu sein braucht, um zu lehren. Im Gegenteil knüpft der Lehrende, bzw. er hofft oder wünscht manchmal zumindest, zwischen ihm und seinen Zuhörern ein Band zu knüpfen, ein Band des gemeinsamen Wissens, der Erbschaft, der Tradition, ein Band, das auch in der persönlichen Anerkennung oder der Freundschaft bestehen kann.« (1984: 43)

Alle Philosophen, die nicht den Mut zur Wahrheit eines Diogenes zeigen, führen die Philosophie nur an oder machen sie zum Gegenstand einer gewissen Aufführung – etwa einer Vorlesung – und institutionalisieren sie, rahmen sie:

> »In einem gewissen Sinn ist die *parrhesia* also das Gegenteil des Performativen, wo die Äußerung von etwas in Abhängigkeit von einem allgemeinen Code und von einem institutionellen Umfeld, in dem die performative Äußerung hervorgebracht wird, ein völlig bestimmtes Ereignis hervorruft.« (1983: 89)

Die Figur des Diogenes und dessen Radikalität stellen ersichtlich jede Form der Philosophie mit ihren Verfahren der erzählenden Angleichung verschiedener Lehren vor Probleme. Die immer auch historische Identifizierung von Philosophie als einer gesellschaftlich relevanten Disziplin wird durch die extreme Fixierung auf Wahrheit außer Kraft gesetzt. Der kynische Anspruch zerstört alle das Abendland umgreifenden Bestimmungen des Philosophierens, egal welche Dynamiken artikuliert werden – ob tragisches Vergessen (Heidegger), allgemeines Fortschreiten (Descartes bis Hegel) oder ewiger Kampf (Marx). Foucault dagegen insistiert auf einer alternativen Dynamik ohne übergreifende Erzählung:

»Ich glaube, dass man die Geschichte der Philosophie weder als Vergessen noch als Bewegung der Rationalität schreiben muss, sondern sie auch als eine Folge von Episoden und Formen – wiederkehrenden und sich wandelnden Formen – der Veridiktion auffassen kann.« (1983: 439)

Nur einmal wird Foucault historisch konkret und nennt Immanuel Kant als modernen Philosophen, der ähnlich aus den Konventionen seiner Zeit ausgestiegen sei und jenseits der modernen »Umwandlung des geistigen Wissens in Erkenntniswissen« (1982: 381) das Philosophieren auf Aktualität verpflichtet habe: »Weder bei Descartes noch, denke ich, bei Leibniz werden Sie eine Frage von folgender Art finden: Was ist diese Gegenwart eigentlich, der ich angehöre?« (1983: 27) Es ist nicht Kants Philosophie, die Foucault interessiert, sondern eben diese in die Philosophie aufgenommene Frage nach dem Ort, von dem der Philosoph spricht. Mit Kants Denkschrift von 1784 »Was ist Aufklärung?« beschäftigt sich Foucault ausführlich in den Vorlesungen (1983: 26-58) sowie in zwei dadurch vorbereiteten Aufsätzen. (DE IV: 687-707, 837-848) Foucault konstatiert schließlich, dass in Kants Text »die Frage nach der Gegenwart als philosophischem Ereignis erscheint, dem der Philosoph, der darüber spricht, zugehört«. (1983: 28)

So greift Foucault die Forderung nach einer gegenwärtigen Philosophie auf, die sich nicht in die Vergangenheit hinein erzählen muss, wenn sie in der Geschichte die Absprungmöglichkeiten für das Heute entdeckt und die kritische Philosophie Kants als «Ontologie der Gegenwart« reformuliert. (1983: 40) Die Beschäftigung mit Kant führt Foucault, wenn er vor amerikanischem Publikum spricht, weiter zur Forderung nach einer »Geschichte des Denkens« als »die Analyse der Art und Weise, wie ein unproblematisches Erfahrungsfeld oder eine Reihe von Praktiken, die als selbstverständlich akzeptiert werden, die vertraut und ›unausgesprochen‹ sind, also außer Frage stehen, zum Problem werden.« (Berkeley 1983: 78)

Zugespitzt könnte man sagen, dass die Geschichte des Denkens mit der Aufgabe der Philosophie selbst verschmilzt, dasjenige ins Zentrum der Aufmerksamkeit zu rücken, worum die Menschen sich sorgen und was sie zu Entscheidungen drängt. Diogenes ist hier in seiner Radikalität einschlägig, weil er die Aufmerksamkeit auf sich selbst als lebenslanges Projekt bezeugt und für alle anderen, die dahin kommen wollen, diese Frage beantworten hilft:

> »Wie ist es möglich, wenn man sich selbst als Ziel setzt, eine angemessene und vollkommene Beziehung seiner selbst zu sich herzustellen?« (1982: 270)

Foucaults Philosophieren stellt das Moment der Umkehr, der Konversion, der Umwandlung bzw. Transformation in den Mittelpunkt dessen, was er Subjektivierung nennt und was alle Verhältnisse des Selbstbezugs einschließt, alle Beziehungen des Selbst zu sich selbst. Diese werden »auf gar keinen Fall« objektivierbar bzw. »Gegenstand einer wahren Rede«. (1982: 305) Foucault differenziert zwar zwischen einem platonischen und einem christlichen Modell der Subjektvierung, entwirft aber ein eigenes, in die eigene Gegenwart hinein formulierte Modell, indem er die Philosophie auf eine allgemeine Arbeit daran öffnet, »das Selbst als zu erreichendes Ziel zu setzen«. (1982: 321) Man kann das den ethischen Kern der Philosophie Foucaults nennen, wenn man nicht aus dem Blick verliert, dass damit kein Ausschluss formuliert ist. Im Gegenteil bemüht sich Foucault gerade in den letzten Vorlesungen darum, sein Philosophieren breit zu umschreiben und keine Abstriche an seinen früheren Themen und Problemen zu machen. Er erinnert immer wieder daran, dass ihm an »drei unterschiedlichen Elementen, die sich nicht aufeinander reduzieren lassen, die sich nicht ineinander auflösen, sondern deren Beziehungen füreinander konstitutiv sind«, liege, nämlich an den »Gestalten des Wissens«, den »Beziehungen der Macht« und den »Modi der Konstitution des Subjekts aufgrund der Selbstpraktiken«. (1984: 23-24) Foucault insistiert gerade dann, wenn er die Bedeutung des Kynismus für die Bestimmung der Philosophie bespricht, dass damit keine Reduktion oder Synthese seiner in den Vorlesungen vorgelegten Analysen beabsichtigt ist:

> »Durch diese dreifache theoretische Verschiebung – vom Thema der Erkenntnis zu dem der Veridiktion, vom Thema der Herrschaft zu dem der Gouvernementalität, vom Thema des Individuums zu dem der Selbstpraktiken – kann man, so scheint mir, die Beziehungen zwischen Wahrheit, Macht und Subjekt untersuchen, ohne sie jemals aufeinander zu reduzieren.« (1984: 24)

Die Philosophie bekommt damit ein Forschungsprogramm und behält neben dem Subjekt die Themenfelder Wissen, Wahrheit, Macht und Regierung. Foucault legt Wert auf die Untersuchung von Beziehungen zwischen diesen Kategorien bzw. den damit verbundenen Praktiken. Nicht selten finden sich Bemerkungen wie »Das alles würde natürlich erfordern, weiter ausgearbeitet zu werden«. (1984: 428) Philosophie ist kein Wissensbestand, sondern eine Fragerichtung. Philosophische Fragen greifen über jedes Selbstverständnis hinaus, weswegen auch der Rückgriff auf die Antike den Vorgriff auf die Zukunft nicht ausschließt. Am 29. Februar 1984 adressiert Foucault seine Zuhörer direkt und kündigt an, sich dafür

> »zu rechtfertigen, warum ich Sie ohne Unterlass in der antiken Philosophie einsperre. Ich werde einen Umweg nehmen und versuchen, Ihnen zu zeigen, warum und wie der Kynismus nicht bloß, wie man ihn sich oft vorstellt, eine etwas eigenartige, einzigartige und schließlich vergessene Figur der antiken Philosophie war, sondern eine historische Kategorie, die in verschiedenen Formen mit verschiedenen Zielen die ganze abendländische Geschichte durchzieht. Es gibt einen Kynismus, der eine Einheit bildet, mit der Geschichte des abendländischen Denkens, der abendländischen Existenz und der abendländischen Subjektivität.« (1984: 230)

Foucault sucht nicht die Wiedergänger des Diogenes von Sinope, der mit seinen Provokationen die Gutmütigen vergraulte und in seiner Frechheit nicht immer witzig war. Wer in einer Tonne wohnt, nicht auf Sauberkeit und erst recht nicht auf Wohlverhalten achtet, wer sich öffentlich entblößt und auf Autoritäten spuckt, ist nicht für alle Zeiten ein Held.

Die Frage ist vielmehr offen bzw. wird von Foucault geöffnet, worin ein Kynismus bestünde, der das Wahrsprechen mit sozialer Opposition verbindet, mit gelebter Abweichung von der Norm. Foucault wirft im Vorbeigehen ein, man könnte im Protestantismus des 16. Jahrhunderts kynische Elemente finden, oder es könnten die Avantgardebewegungen in der europäischen Kunst des frühen 20. Jahrhunderts als aktualisierter Kynismus angesehen werden. (1984: 241-243) Foucault erkennt eine Aufspaltung des Philosophierens, die sich früh ankündigt:

> »Das philosophische Heldentum, die philosophische Ethik werden keinen Platz mehr in der eigentlichen Praxis der Philosophie finden, die zu einem Lehrberuf geworden ist, sondern in jener anderen, verschobenen und gewandelten Form des philosophischen Lebens, im Bereich der Politik: im revolutionären Leben: *Exit* Faust, Auftritt des Revolutionärs.« (VL 1984: 280)

Foucault benennt im Laufe seiner Vorlesung von 1984 drei Figuren, die sich dem »Mut zur Wahrheit« verpflichten: der kynische Denker, der asketische Mönch und der revolutionäre Künstler. Sie alle leben in der Wahrheit, sie sind Terroristen der Wahrheit und in den sonstigen Belangen des Lebens Nihilisten sowie politisch gesehen Anarchisten. (1983: 98; 1984: 241-244) Foucault profiliert diese Figuren nicht, sie werden lediglich benannt und bleiben Skizzen dessen, was die Philosophie in der jeweils dazugehörenden Kultur ausmalen könnte. Die Frage danach, wie sich gelebte Philosophie in der Hingabe zur Wahrheit zeigt, scheint für Foucault nicht programmatisch beantwortbar. Wichtig jedenfalls ist, dass man das in der Antike freigesetzte Potential »nicht mit der Elle der späteren abendländischen Philosophie und zumindest mit der Elle der Art und Weise messen kann, wie wir uns heute diese abendländische Philosophie vorstellen«. (1983: 433)

Wenn Foucault alte und moderne Philosophie aufeinander bezieht, dann also nicht mit der Absicht, einen Unterschied im Allgemeinen festzustellen oder zu bestätigen, sondern eher im Bemühen, Überinterpretationen abzuschneiden. Er sagt im Zusammenhang mit seiner Idee von einer »Geschichte der Subjektivität« und deren antiken Anfängen, dort läge »eine so grundlegende Ungleichartigkeit vor, dass wir vor jeder retrospektiven Projektion geschützt sein sollten«. (1982: 391) Die ständige Gefahr solcher Rückprojektionen, was Wahrheit, Subjekt, Wissen und Übung angeht, kennt Foucault, und es gehört zu den wiederholten Warnungen seiner Vorlesungen, die antiken Texte und Praktiken nicht von heute aus lesen und verstehen zu wollen. Der philosophiehistorischen Gleichmacherei des Denkens zu unterschiedlichen Zeiten will sich Foucault nicht schuldig machen; er stützt durch seine Ausführungen nirgends den akademisch kultivierten Wagemut, begriffsgeschichtliche Linien aus der griechischen über die lateinische bis in die französische oder deutsche Sprache zu ziehen. Oft spricht Foucault »griechisch«, d. h. er bringt griechische Vokabeln statt übersetzter Termini, sagt also etwa *bios* und nicht Leben, *techne* und nicht Technik, *nomos* und nicht Gesetz, *heuriskein* und nicht finden. Diese rhetorischen Operationen des Dozenten entsprechen bei Foucault einem grundlegenden Umdenken, das mit der Aufdeckung der antiken Philosophie verbunden ist. Dabei ist es gerade die Transformation der antiken Erfahrung, »durch die wir uns selbst kennen« über eine damals noch nicht vorhandene Kultur der »vernünftigen und rational begründeten Kunst«, die für die Moderne und Gegenwart entscheidend wird – nicht in der Form einer durchgehenden Tradition, sondern in der Form einer beständigen Frage und Herausforderung:

> »Sie sehen also, dass sich möglicherweise zwei, zu verschiedenen Zeiten und in unterschiedlichen Richtungen verlaufende Prozesse kreuzen: der eine, der dadurch charakterisiert ist, dass die Welt aufgehört hat gedacht zu werden, um vermittelt über eine *techne* erkannt zu werden; und der andere, der dadurch gekennzeichnet ist, dass der *bios* aufgehört hat, Gegenstand einer *techne* zu sein, um Korrelat einer Prüfung, einer Erfahrung, einer Übung zu werden. Mir scheint, dass hier verwurzelt ist, was im Abendland die an die Philosophie herangetragene Frage war, oder, wenn Sie so

> wollen: Was die Herausforderung des abendländischen Denkens an die Philosophie als Diskurs und Tradition war.« (1982: 593)

Der sorgsam herausgearbeitete und hier nur rekapitulierte Unterschied zwischen der einen Form der Erkenntnisförderung und der anderen Form einer lebenslangen Prüfung und Übung ist ersichtlich ebenso Resultat einer Lektüre und Analyse wie Einsatzpunkt neuer Überlegungen. Denn es ist und bleibt offen, wie »im Abendland die an die Philosophie herangetragene Frage« beantwortet wird. Foucault hält sein Publikum in der Spannung und endet nicht mit einem Ergebnis, sondern mit einer Verschiebung der Fragestellung zum Problem des Subjekts und des Wahrsprechens. Das schließt die Versicherung ein, weiter zu sprechen, genauer: weiter so zu sprechen, dass vom Sprechenden aus der Abstand justiert wird, mit dem Texte, Konzepte und Begriffe in die Gegenwart übersetzt werden bzw. übersetzen können. Von dieser Arbeit kann die Philosophie nicht befreit werden, auch die Vorlesungen leisten das nicht; sie produzieren kein philosophisches Wissen.

Foucault bestimmt im Hörsaal das »Wirkliche« der Philosophie mit größerer Intensität als in den Büchern, die sich solcher Bemerkungen selbstbezüglicher Natur eher enthalten.[108] Zugleich muss man konstatieren, dass der mit der Rede vom Abendland verbundene Eurozentrismus in der Bestimmung der Philosophie bei Foucault gewissermaßen nur immanent eingeräumt wird, nicht mit dem Blick auf Grenzen. Daher bleibt Foucaults Denken für die *postcolonial studies* weitgehend unbrauchbar; diese können nur in allgemeiner Weise an seine Diskursanalyse anknüpfen. Foucaults Philosophieren ist stark darin, sich kritisch mit der eigenen Kultur zu verbinden. In einem Fernsehinterview wird er 1966 gefragt, wer am besten von außen auf die eigene, die europäische Kultur schauen sollte, und antwortet, dass der »Ethnologe der eigenen Kultur« nicht von außen kommen solle.[109]

---

[108] Frédéric Gros: De la supériorité des Cours, in: Cahier de l'Herne: Michel Foucault, Paris 2011, S. 159.

[109] Ahmed Boubeker: Foucault et les études postcoloniales, in: Michel Foucault. Un héritage critique, hg. v. Jean-François Bert, Jérôme Lamy, Paris 2014, S. 273-287, hier S. 280.

Das ist mit Blick auf die Philosophie gesprochen, der Foucault eine Transformation anempfiehlt. Foucault drückt mit dieser Feststellung vielleicht die Hoffnung aus, dass die kritische Analyse der europäischen Tradition stärker wirkt, wenn er – als ein Vertreter derselben – sie vorbringt. Vermutlich kann erst das Manuskript über den philosophischen Diskurs (*Le discours philosophique*), das Foucault wohl um 1968 herum verfasste und das bislang nicht gedruckt vorliegt, weitere Einsichten bringen.[110] Dann wird man ermessen können, mit welcher Einstellung er die Vorlesungen am Collège de France begonnen hat, gerade im Hinblick auf das ausdrückliche und selbstbezügliche Reden im Raum der europäischen Philosophie.

Man muss nur kurz daran erinnern, welchen Kontrast Foucaults Vorlesungen zur Tradition dieser Praxis darstellen. Im Jahr 1852 sprach der junge Philosophiedozent Kuno Fischer, später ein produktiver Philosophiehistoriker, sein Heidelberger Vorlesungspublikum mit diesen Worten an: »Meine Herren. Der Zweck, den ich mir in diesen Vorlesungen gesetzt habe und den ich nach meinem Vermögen erstreben werde, will für das Studium der Philosophie Ihre Theilnahme gewinnen.«[111] Gewiss haben auch Foucaults Vorlesungen den Effekt, Köpfe für die Philosophie zu gewinnen, aber die Disziplin ist jeweils eine ganz andere: bei Fischer das Fach Philosophie, bei Foucault eine Aktivität namens Philosophie, die mit dem Wahrsprechen verbunden wird und die Foucault selber als Übung bezeichnet. Das sagt er 1973 in einem Gespräch in Rio de Janeiro, das an seine dort gehaltenen Vorlesungen anschließt:

> »Es stimmt, dass meine Bemühungen immer weniger auf die Begründung einer mehr oder weniger wissenschaftlichen Disziplin

---

[110] Foucault, La sexualité [FN 19], S. 237; über den »discours en général« gibt es ein Manuskript Foucaults aus dem Jahr 1966, abgedruckt in: Cahier de l'Herne: Michel Foucault, Paris 2011, S. 84-91.

[111] Kuno Fischer: Vorlesungen über die Geschichte der neueren Philosophie, Stuttgart 1852, S. 1. Weil ihm Werbung für den ›Pantheismus‹ vorgeworfen wurde, verlor Fischer mit diesem Werk seine Lehrbefugnis an der Universität Heidelberg.

zielen. Was ich tue, hat aber nichts mit Kunst zu tun; es ist eher eine Art Aktivität. Eine Art von Aktivität, aber kein Fachgebiet. Eine im Wesentlichen historisch-politische Aktivität.» (DE II: 790)

(c) Wer spricht im Hörsaal? Mit seiner Rede vom Abendland als Klammer und seiner Bestimmung von Philosophie als Sorge um sich spricht Foucault in prekäre, weil bereits vielfältig besetzte Räume hinein: in den Raum der geistesgeschichtlichen Narrationen, die oft für identifikatorische Überzeugungsmanöver herhalten, und in den Raum einer akademischen Disziplin, die – aus Tradition oder Eigenheit – wenig Sinn für die kulturellen Orte besitzt, an denen sie angetroffen werden kann. Auch der Raum seiner eigenen Rede ist von vornherein besetzt durch die Erwartungen, die das Publikum haben kann und die sich wiederum im Umfeld dessen bewegen, was man allgemein von den Vorlesungen eines Philosophen erwartet. Da Foucault jenseits der stark wechselnden Themensetzungen kaum übergreifende Ziele seiner Vorlesungen benennt, bleibt dieses Unternehmen der mündlichen Kommunikation für Bewertungen nach Form und Inhalt offen.

Es fällt im Allgemeinen leicht, einen Redner mit dem zu konfrontieren, was er aussagt, und daraus Kritik abzuleiten. Toleranz fordern auch solche, die selber keine üben wollen, Machenschaften werden angeprangert von denen, die ihre eigenen verbergen, und Hoffnung von solchen erweckt, die Enttäuschung bereits einkalkulieren. Wer auch immer das Wort ergreift, läuft Gefahr, vom Publikum an den daraus gefolgerten oder eingetretenen Taten gemessen zu werden. Bei philosophischen Vorlesungen gilt das gleiche und doch mit Abschwächung, denn die Rede selbst ist hier die Tat, die durch eine Veröffentlichung nur scheinbar realer wird. Wenn man, wie bei Foucault, den Fluss von gut 150 Pariser Vorlesungsstunden über dreizehn Zyklen hinweg vor Augen hat, lassen sich Zusammenhänge und Bezüge ausheben, und daraus – in der nachträglichen Lektüre – eine Rede sichtbar werden lassen, die durchgehend ist und immanenten Entwicklungen folgt. Die »hermeneutische Spirale«, von der Frédéric Gros mit Bezug auf die Gedankenentwicklung Foucaults in den langen Jahren der Vorlesungsarbeit spricht, lässt sich nachvollziehen. (s. 1982: 627)

Der Nachvollzug durch Lektüre darf gleichwohl nicht verdecken, dass viele Elemente der Vorlesung dort durch Zufall eingebaut werden, wie Foucault nicht selten betont: »Während dieser Untersuchung fiel mir etwas auf, worauf ich eigentlich nicht gefasst war.« (1984: 16)

Innerhalb der Kultur der Sorge um sich arbeitet Foucault ein wichtiges Moment heraus, das im Wahrsprechen »eine Seinsweise des Subjekts« sieht. (1982: 401) Diese Form der Askese, der Übung, unterscheidet sich von jeder »Objektivierung des Selbst in der wahren Rede«. Rückgewendet auf seine eigene Übung des Philosophierens in Form von Vorlesungen dürften diese nicht als Werk gelten, sondern stellten eine Tat vor im Sinne des Selbstzwecks der Übung:

> »Es geht darum, zu sich selber zu gelangen, und zwar vermittelt über jenes wesentliche Moment, das nicht in der Objektivierung seiner selbst in einer wahren Rede, sondern in der Subjektivierung einer wahren Rede in einer von sich selbst durchgeführten und sich selbst zum Gegenstand habenden Praxis und Übung steht.« (1982: 406)

Wenn die Vorlesungen allerdings – wie an den Begriffen »Abendland« und »Philosophie« gesehen – sich nicht in der Darstellung erschöpfen, sondern durch Recherchen und Analysen Verschiebungen und Umwertungen in Gang setzen, lässt sich darin wiederum ein kynisches Motiv ausmachen. Foucault nach der Disziplin seines eigenen Tuns zu fragen, könnte darauf führen, dass er in den Vorlesungen eine Kunst des »Verlernens« – oder, in der aktualisierenden Auslegung Ruth Sondereggers, des »Entübens«[112] – praktiziert, die er selbst seinem Publikum so vorstellt:

> »Dieser Begriff des Verlernens war bei den Kynikern eminent wichtig, und bei den Stoikern finden Sie ihn wieder. Diese Vorstel-

[112] Ruth Sonderegger: Vom Leben der Kritik. Kritische Praktiken und die Notwendigkeit ihrer geopolitischen Situierung, Wien 2019, bes. S. 123, 137, 144-155.

> lung vom Verlernen, das auf jeden Fall notwendig ist, selbst wenn die Lernpraxis bereits in der Jugend eingesetzt hat, diese kritische Umbildung, diese Reform des Selbst, deren Kriterium eine Natur ist – allerdings eine Natur, die nie gegeben war, die nie als solche im Individuum in welchem Alter auch immer aufgetreten ist. All das nimmt ganz selbstverständlich den Charakter der Entkrustung [*décapage*] von störenden Ablagerungen an, den Charakter der Befreiung in Bezug auf die erhaltene Unterweisung, in Bezug auf die Gewohnheiten, die sich festgesetzt haben, in Bezug auf das Milieu.« (1982: 128)

Bereits in der ersten Vorlesung führte Foucault eingangs das Paradox der Pädagogik an, dass jeder Lehrer überflüssig werden muss, weil er im Lernenden gewissermaßen untergeht. Im heidnisch-antiken Kontext heißt es dann, dass das Subjekt des Wissens sich im Lernen transformiert. (1971: 33) In seiner Schrift über das Hören führt Plutarch einen gewissen Ariston (von Chios) aus dem dritten vorchristlichen Jahrhundert an, der in diesem Sinne sagt, eine wirksame Rede solle – wie ein Bad – vom Schmutz befreien, mitgebrachte Meinungen auflösen: »Denn weder ein Bad, noch eine Rede können von Nutzen sein, wenn sie nicht reinigen.«[113] Christlich wird das als Konversion radikaler formuliert, wenn es heißt, man müsse »sich selbst wegsterben, in neuer Gestalt in einem anderen Selbst wiederauferstehen«. (1982: 267)

In diesem Sinne erläutert Foucault mit Bezug auf Immanuel Kant einmal die Aufgabe der Kritik, »nicht mehr das zu sein, zu tun oder zu denken, was wir sind, tun oder denken.« (DE IV: 703) Im Hörsaal heißt es, mit Kant könne man die Gegenwart als eine Bewegung bestimmen, »durch die man sich von etwas befreit, ohne dass etwas darüber gesagt wäre, woraufhin man sich bewegt«. (1983: 45) Dieselbe Emphase spricht aus dem berühmten Satz der *Archäologie des Wissens*: »Man frage mich nicht, wer ich bin, und man sage mir nicht, ich solle der gleiche bleiben«. (AW: 30) In einem 1971 auf Video über-

[113] Plutarch: Vom Hören, aus ders.: Moralische Schriften, Abschnitt 8; Ausgabe Stuttgart 1828, S. 120.

lieferten Gespräch bekennt Foucault rasch und wie nebenbei: »Ich sage die Dinge, nicht weil ich sie denke, ich sage die Dinge, um sie nie mehr zu denken.«[114]

Die negative Bindung an Traditionen, die nur aufgelöst und gewissermaßen im Untergang gelten, hat Gilles Deleuze als Foucaults Vorliebe für Fiktionen diagnostiziert. Deleuze erinnert in seiner Hommage daran, dass nach 1968 das Schreiben als Kämpfen verstanden wurde, als Neuwerden von jedwedem, was besteht.[115] Diese Vorstellung, im Sprechen nicht nur etwas zu sagen, sondern damit etwas zu bewirken, findet sich durchaus auch in Foucaults Vorlesungen. Einerseits tut er im Vorübergehen die Philosophie der Sprechakte als harmlos ab; Wahrsprechen ist für Foucault mehr als eine »performative Aussage«. (1983: 87) Ihn interessieren Sprechakte im politischen Bereich, denn dort wird offenbar, dass das Wahrsprechen eine eigentlich gefahrvolle Angelegenheit ist. Foucault gibt ein Beispiel dafür, wenn er eine Szene in einem Drama des Euripides erläutert:

> »Dieser Sprechakt nun, durch den man die Ungerechtigkeit einem Mächtigen gegenüber verkündigt, der diese Ungerechtigkeit beging, während man selbst schwach, verlassen und ohnmächtig ist, diese Anschuldigung wegen einer Ungerechtigkeit, die dem Mächtigen durch den Schwachen entgegengeschleudert wird, ist ein Sprechakt, eine Art von gesprochener Intervention, die in der griechischen Gesellschaft, aber auch in einer Reihe anderer Gesellschaften gängig oder zumindest vollkommen ritualisiert ist.« (1983: 175)

Die Frage stellt sich, ob vom Sprechen im Drama zum Sprechen im Hörsaal ein Übergang gemacht werden kann. Vielleicht hilft dabei die Beschreibung einer »Veridiktion, die auf polemische Weise zum Aus-

---

[114] http://www.openculture.com/2014/03/lost-interview-with-michel-foucault.html, 14:03-14:10 und 15:13-15:21: «Je ne dis les choses parce que je les pense, je dis les choses pour ne plus les penser.»

[115] Gilles Deleuze: Foucault, Paris 1986, S. 27, 51.

druck bringt, wie es um die einzelnen und ihre Situationen bestellt ist«. (1984: 48) Der von Foucault hier gestiftete Zusammenhang ist die Unterscheidung des philosophischen Sprechens von anderen Formen des Umgangs mit der Wahrheit. Foucaults »Ethik der Befreiung«, von der Martin Saar spricht, ließe sich an solchen operativen Äußerungen festmachen, die das Wirken vom Handeln nicht trennen.[116] Auch Foucault selbst kennt mit der christlichen Askese eine Operation, die als Arbeit und Praxis über die darin eingesetzten Mittel wirksam wird:

> »Das erste Moment, die erste Etappe, aber auch der ständige Träger dieser als Subjektivierung wahrer Rede verstandener Askese besteht in jenen Techniken und Praktiken, welche das Zuhören, das Lesen, das Schreiben und das Aussprechen betreffen.« (1982: 407)

Wenn das Wahrsprechen die Gestalt einer schlagkräftigen Aussage annimmt wie im Kynismus, nennt es Foucault die »Dramatik des wahren Diskurses«. (1983: 97) Damit wird nicht nur die Form der Aussage selbst qualifiziert, sondern auch die Situation der Aussage, denn beim Wahrsprechen gibt es immer einen zweiten, der mein Adressat ist und damit zugleich der, der mich im Griff hat. Eben deshalb muss ich ihm die Wahrheit ins Gesicht sagen, weil sie nur dann eine Wahrheit über mich selbst ist und eben genau das, was mir zu mir selbst verhilft:

> »Dieser andere, der bei der Praxis des Wahrsprechens über sich selbst gegenwärtig ist, und zwar notwendig gegenwärtig, hat mich gefesselt und gefangen genommen.« (1984: 18)

Foucault zeigt seiner Zuhörerschaft verschiedene Figuren dieses anderen, an den ich mich richte, wenn ich wahrspreche, und an den mich zu richten unabdingbar dafür ist, wahrzusprechen. Foucault legt sich

---

116 Martin Saar: Die Form der Macht, in: Vierzig Jahre ›Überwachen und Strafen‹. Zur Aktualität der Foucault'schen Machtanalyse, hg. v. Marc Rölli, Roberto Nigro, Bielefeld 2017, S. 157-173, S. 167.

jedoch auf keine Figur fest, nicht den christlichen Beichtvater, nicht den Freund oder Vertrauten, nicht den Lehrer. Es bleibt immer zu klären, was wahrsprechen ist, indem man herausfindet, wer bereit ist, die Wahrheit im Aussprechen anzunehmen und dadurch meine eigene Veränderung zu bewirken. Hier könnte die Aktivität des Vorlesunghaltens bzw. der beim Sprechen im Hörsaal versteckte Dialog mit dem Publikum einschlägig werden, insofern es dabei nicht nur um die Veränderung des Publikums geht, sondern um die des Redners selbst.

Im Anschluss an Foucaults praktische Auffassung der *Parrhesia* sind bislang vor allem gesellschaftliche Konflikte in Betracht gezogen worden. So entwickelt die amerikanische Philosophin Judith Butler den Fokus in Richtung Versammlungs- und Demonstrationskultur weg von der sprachlichen Performance: »Mein Ziel ist es letztlich aufzuzeigen, dass der politische Ausdruck nicht immer auf ›Sprache‹ im engeren Sinn angewiesen ist, dass plurale Formen des politischen Ausdrucks auch die Form einer Rede, Geste, Bewegung annehmen können.«[117] Bei Butler bindet ein unterstelltes und zugleich angestrebtes großes ›Wir‹ jede Art von Aktivität an ein soziales Geschehen. Die einsame Stimme der Philosophin wird gegen ein einverständiges Sprechen und Handeln getauscht, der dramatisch ausgesprochene Dissenz in einen realisierbaren Konsens verwandelt. In den Vorlesungen ist Foucault nie soweit gegangen, weil er den Akzent vor allem auf die Selbstveränderung legt, über die allein alles andere verändert werden kann. Die Notwendigkeit der eigenen in der sozialen Transformation ist Foucaults Thema und stellt ihn in den Gegensatz zur traditionellen politischen Philosophie. Eine solche Einsicht blieb eher den Dichtern vorbehalten, etwa in der Fassung von Wolf Biermann: »Seht, Genossen, diesen Weltveränderer: Die Welt / Er hat sie verändert, nicht aber sich selbst.«[118]

---

[117] Judith Butler: Rücksichtslose Kritik. Körper, Rede, Aufstand, Konstanz 2019, S. 104.

[118] Wolf Biermann: Mit Marx- und Engelszungen. Gedichte, Balladen, Lieder, Berlin 1968, 68.000ste Auflage 1981: Porträt eines alten Mannes.

Foucault endet nicht nur einmal seine Vorlesung mit dem Ausruf: »Das war's. Danke.« (1979: 430; 1981: 372; 1984: 53, 155, 204) Damit ist einerseits das Ende der Vorlesungsstunde angesagt, andererseits ausgedrückt, dass ein bestimmtes Pensum abgearbeitet worden ist, eine bestimmte Wirklichkeit rekonstruiert wurde, dass aber sowohl jenes Pensum wie diese Wirklichkeit noch mehr und weitere Arbeit verdienten. »Das war's«: Damit entlässt Foucault seine Zuhörerschaft in der Überzeugung, ihr eine neue Darstellung dessen, was man aus Dokumenten lesen kann, gegeben zu haben. »Das war's« (frz. *voilà*): Damit verabschiedet Foucault sein Publikum im Gefühl, eine bestimmte Recherchehaltung gemeinsam entwickelt zu haben und sich insgesamt in einer Dynamik der Erforschung zu befinden. »Danke«: Damit spricht Foucault vielleicht die Geduld seiner Zuhörerinnen und Zuhörer an, die es ertragen, dass eine Reihe von Begriffen immer im Original zitiert und selten mit Übersetzungen ausgestattet werden. »Danke«: Damit entgilt Foucault im Hörsaal die Bereitwilligkeit, mit der man seinen Ausführungen folgt, auch wenn nicht immer klar ist, wie man von A nach B gelangt und warum man plötzlich einen Einschub abwarten muss. »Danke«: Das sagt schließlich auch, dass Foucault weiß, auf wie viel seine Zuhörerschaft verzichten musste, sobald sie eingeladen ist, den auf seinen verschiedenen Schreibtischen entstandenen Argumentationsgängen zu folgen und akzeptieren, im Vorlesungszyklus keine magistrale These zu vernehmen.[119] »Das war's. Danke«: Man muss hier ergänzen »für heute« oder »fürs erste«, denn keine der Gedankenbewegungen Foucaults wird zu einem Abschluss geführt, nicht zu dem, den das Manuskript vorsieht, nicht zu dem, den das Publikum erhofft und stattdessen vernimmt: »Das war's. Danke.«

---

[119] François Ewald: Zum Begriff des philosophischen Akts, in: Ethos der Moderne. Foucaults Kritik der Aufklärung, hg. v. Eva Erdmann, Rainer Forst, Axel Honneth, Frankfurt am Main 1990, 87-100, S. 91.

Epilog: Foucault und sein Werk

15. SPRECHEN ÜBER SICH SELBST

In seinen letzten Vorlesungen wendet Foucault immer dringlicher die Frage an sich selbst auf sich selbst und erläutert seiner Zuhörerschaft, was seine Veröffentlichungen über die Jahre und die Themen hinweg gemeinsam haben. Besonders der Kontext des Vorlesungsthemas der Sorge um sich und der Kultur seiner selbst bewirkt beim Redner im Hörsaal, dass er seine eigene schriftstellerische Existenz zu erörtern beginnt. Er richtet einigermaßen direkt genau diejenige Frage an sich selbst, die Sokrates dem Alkibiades stellt, nämlich welche Tugenden er besitze, um zu tun, was er tun will.

Die explizite Reflexion über den Status seiner Bücher ist in Foucaults späteren Vorlesungen nicht gänzlich neu, sie wird aber dringender im Ton. Blickt man auf alle Vorlesungszyklen seit 1970, treten Phasen der Selbstbezüglichkeit zutage. Sie lassen sich etwa anhand der ersten großen und wirkmächtigen Veröffentlichung *Wahnsinn und Gesellschaft* (1961) wie folgt differenzieren. Zunächst äußert Foucault im Hörsaal gelegentliche Selbstkritik an methodischen und historischen Annahmen, denen er damals in seinem Buch gefolgt sei. (1974: 29-30, 48; 1975: 63-65) Wenn er 1974 und 1975 das Thema Wahnsinn in den Vorlesungen selbst aufgreift, dann – zweite Phase – mit der entscheidenden Wendung, die Psychiatrie als eine Form der Disziplinarmacht zu kennzeichnen und die Behandlung des Wahnsinns als soziales Geschehen moderner Gesellschaften zu werten: »Die Anomalie ist die individuelle Bedingung der Möglichkeit des Wahnsinns.« (1974: 395) Neu in der dritten Phase der späten Vorlesungen ist – jenseits von Selbstkritik und ansatzweiser Weiterentwicklung –, dass er das Gesamtprojekt seiner Veröffentlichungen anführt, um dazu mündlich Stellung zu beziehen.

Spätestens ab 1979 scheint Foucault die Vorlesungen auch als den Ort angenommen zu haben, der ihm erlaubt, seine eigene schriftstellerische Arbeit zu rechtfertigen. So sagt er im Januar 1979 seinem Publikum, er habe mit Wahnsinn, Krankheit, Delinquenz und Sexualität – hier finden sich auch die Buchpublikationen *Geburt der Klinik* (1963), *Überwachen und Strafen* (1975) und *Der Wille zum Wissen* (1976) miteinbezogen – nachweisen wollen, »wie die Koppelung einer Reihe von Praktiken mit der Herrschaft der Wahrheit ein Dispositiv des Wissens und der Macht bildet«. (1979: 39) In der Vorlesung vom 17. Januar desselben Jahres bietet er eine noch weiterreichende Synthese an:

> »Sie sehen, dass es bei all diesen Dingen – ob es sich nun um den Markt, den Beichtstuhl, die Psychiatrie, das Gefängnis usw. handelt –, jedenfalls in allen diesen Fällen darum geht, eine Geschichte der Wahrheit unter verschiedenen Blickwinkeln anzugehen.« (1979: 59)

1980 nennt er seine Analyse eine der Praxis und des Verhaltens und legitimiert seine Bücher entsprechend. (1980: 116-118) Im Jahr darauf nimmt er die Frage nach der Sexualität zum Anlass für diesen Rückblick:

> »Wie kommt es, dass selbst innerhalb der Erfahrung, die man von sich selbst als Subjekt innerhalb einer sexuellen Beziehung macht, die Pflicht zur Wahrheit, die Möglichkeit und Notwendigkeit, die Wahrheit zu sagen, aufgetaucht ist? Sie sehen, das ist dasselbe Problem, das ich in Bezug auf den Wahnsinn, in Bezug auf das Verbrechen etc. stellen wollte: Wie schalten sich Wahrheitsspiele in reale Praktiken ein?« (1981: 289-290)

Im Januar 1983 problematisiert Foucault erneut seine bekannten Buchprojekte. (1983: 15-18) Später im Jahr spricht er vor Studierenden in Berkeley (USA) und verbindet den Titel seines Lehrstuhls – »Geschichte der Systeme des Denkens« – direkt mit seinen bisher behandelten Themen: »Die Geschichte des Denkens, in diesem Sinne verstanden, ist die Geschichte der Art und Weise, wie Menschen beginnen, sich um etwas zu kümmern, sich um dieses oder jenes zu sorgen – zum Beispiel um Wahnsinn, um Verbrechen, um Sexualität, um sich selbst oder um Wahrheit.« (Berkeley 1983: 78) Noch in seiner letzten Vorlesung 1984 blickt Foucault zurück auf eigene Buchveröffentlichungen und auf die in den Vorlesungen behandelten Formen von Geständnis, Bekenntnis und Gewissenserforschung. (1984: 16) Man erkennt in diesen Rückverweisen das Bemühen, Fragen nach dem Zusammenhang seines Werks nicht aus dem Weg zu gehen – Fragen, von denen Foucault wusste oder ahnte, dass sie in den Köpfen seiner Zuhörerschaft mehr oder weniger dringlich formuliert sind. Am deutlichsten sagt er es am 5. Januar 1983, indem er eine vollständige Berücksichtigung seiner Werke reklamiert – eine Reformulierung dessen, was er vorher schrieb, in Wendungen, die er nun mündlich vorträgt:

> »Die Ersetzung der Geschichte der Wissensformen durch die historische Analyse der Formen der Veridiktion, die Ersetzung der Geschichte der Herrschaft durch die historische Analyse der Verfahren der Gouvernementalität, die Ersetzung der Theorie des Subjekts oder die Geschichte der Subjektivität durch die historische Analyse der Pragmatik des Selbst und der Formen, die diese angenommen hat, das sind die verschiedenen Zugangswege, auf denen ich versucht habe, die Möglichkeit einer Geschichte dessen näher zu bestimmen, was man ›Erfahrungen‹ nennen könnte. Erfahrung des Wahnsinns, Erfahrung der Krankheit, Erfahrung der Kriminalität und Erfahrung der Sexualität, das sind Brennpunkte von Erfahrungen, die, so scheint mir, in unserer Kultur wichtig sind. Das ist also, wenn Sie so wollen, der Weg, den ich zu verfolgen versucht habe und den ich Ihnen ehrlicherweise zu rekonstruieren hatte, und sei es nur, um Rechenschaft abzulegen. Aber das haben Sie bereits gewusst.« (1983: 18)

Hier fügt sich im Rückblick die Arbeit des Schriftstellers wie in einer umfassenden Beichte zu einem Korpus zusammen, die mit den Schlüsselbegriffen »Erfahrung« und »Kultur« wieder ganz leicht gemacht wird und auf Absolution hoffen darf. Im Gespräch mit Ducio Trombadori sagt Foucault 1978, dass »meine Bücher für mich Erfahrungen sind« (DE IV: 52), dass Bücher den Lesern als Erfahrungen dienen und niemals wahr oder falsch seien, immer etwas von Fiktionen an sich haben. (DE IV: 56-57) Er setzt hinzu: »Eine Erfahrung ist etwas, was man ganz allein macht und dennoch nur in dem Maße uneingeschränkt machen kann, wie sie sich der reinen Subjektivität entzieht.« (DE IV: 58)

Der Moment, in dem Foucault beginnt, die Sorge um sich in der Antike zu thematisieren, ist also zugleich der Moment, in dem er beginnt, sein Werk zu benennen, es als in der Zeit auseinandergelegte Forschung zu bezeichnen. Im Vortrag sehen wir den Redner einerseits beschäftigt mit der Kultur der Selbstbefragung, der Selbstprüfung, der Entwicklung einer eigenen und zugleich radikal individuellen Lebenspraxis, und andererseits besorgt um sich selbst und um das, was er bis dahin geschrieben und veröffentlicht hat. Die Vorlesungen werden in den 1980er Jahren, stärker als jemals zuvor, für den Schriftsteller Foucault zur öffentlichen Bühne der rückblickenden Interpretation. Dabei bleibt offen, ob es um eine Selbstvergewisserung geht oder um eine Selbstkritik; Foucault ist nüchtern genug, beides zugleich zu leisten.

Foucault spricht allerdings sein Publikum nicht nur als Leserschaft an. Die verstärkten Rückbezüge auf das publizierte Werk werden verdoppelt durch Rückverweise auf früheres Mündliches, auf vorangegangene Vorlesungen. Der Redner bespricht einerseits den Autor, aber auch – andererseits – sich selbst als Redner, als Vortragenden zu einer früheren Zeit im Hörsaal. Diese Rückverweise bezeugen, dass Foucault in den Vorlesungen ein Arbeitsprogramm öffentlich vorführt und dabei sein Publikum komplizenhaft einbezieht.

So fragt er beispielsweise: »Erinnern Sie sich an das, was ich Ihnen im Zusammenhang mit der alten mittelalterlichen Justiz gesagt habe«? (1974: 346), oder bekennt: »Das habe ich Ihnen vor zwei Jahren, denke ich, erzählt« (1975: 20); beide Male handelt es sich um Referenzen auf frühere Vorlesungszyklen. Und so geht es weiter, im Modus der Frage: »Erinnern Sie sich daran, was ich Ihnen im letzten Jahr über den Verrückten gesagt habe?« (1975: 158), oder im Modus der Affirmation: »Dies ist die provisorische Definition der Genealogien, die ich mit Ihnen im Laufe der letzten Jahre zu erarbeiten versucht habe.« (1976: 23) Foucault adressiert sein Publikum als das Gedächtnis seiner Vorträge, als das Protokoll seiner eigenen Arbeit, wenn er darauf verweist, was er »hartnäckig seit nunmehr drei oder vier Jahren wiederhole« (1976: 26), oder wenn er konkret zurückblickt: »Was ich zwischen 1970 und 1971 zu umreißen versucht habe« (1976: 37), und dann auch angibt, wovon er »vor zwei Jahren einige Entstehungsmomente zu rekonstruieren versucht habe.« (1980: 26) 1983 dehnt Foucault den Rückblick aus:

> »Die diesjährige Vorlesung wird wohl etwas zerfahren und zersplittert sein. Ich möchte gerne bestimmte Themen wieder aufnehmen, die mir im Laufe der letzten Jahre – ich würde sogar sagen der letzten 10 oder auch 12 Jahre, die ich hier gelehrt habe – begegnet sind und die ich zur Sprache gebracht habe. Zum Zwecke der allgemeinen Orientierung möchte ich Sie bloß an einige davon erinnern.« (1983: 14)

Dem Redner liegt daran, die Vielfalt an Themen gegenüber den Zuhörern als Zusammenhang auszuweisen, wenn er 1984 sagt, das Thema von Subjekt und Wahrheit sei herzuleiten aus früheren Vorlesungen und Themen: die »Analyse der Veridiktionsmodi, die Untersuchung der Techniken der Gouvernementalität und die Bestimmung der Formen der Selbstpraxis«. (1984: 23) Zum Eingang dieser letzten Vorlesungsreihe versichert er sein Publikum einer gewissen Kontinuität: »So treffen wir auf das Thema der Regierung, das ich vor mehreren Jahren untersucht hatte.« (ebd.) Zum Ende hin verspricht er, »wenn ich noch Zeit dazu habe, alles, was ich Ihnen dieses Jahr und die Jahre zuvor gesagt habe, in den allgemeineren Rahmen zu stellen, den ich für diese Analysen vorgesehen habe«. (1984: 396) Zeit hatte Foucault für eine allgemeinere Rahmung nicht mehr, seinem Publikum die Auskunft zu geben, dass diese möglich sei, war ihm gleichwohl wichtig.

Foucault exponiert in seinen späten Vorlesungen also nicht nur den Zusammenhang seiner Publikationen, sondern auch den seiner

Arbeit in den Vorlesungen selber. Beide Zusammenhänge heben weder Methoden noch Ergebnisse hervor, sie explizieren nicht Begriffe oder gar Theorien. Beide Male werden Zusammenhänge der Forschung, der Erkundung, der Analyse und des Problematisierens angesprochen. Und in beiden Formen der Einholung früherer Taten als Autor und als Vortragender geht es um die Sorge um sich, die als Thema einer bestimmten Epoche des antiken Denkens herausgestellt wird. Für die Zuhörerschaft gehen der analytische Blick auf die antike Kultur und der prüfende Rückblick auf frühere Recherchen ineinander über.

Wohl nur mündliche Äußerungen haben die Kraft, ein Thema zu exponieren und in der Exposition zugleich den eigenen Status anzuzeigen und zu erklären. Das Bekenntnis, hier und heute etwas Neues zu entdecken – wie die Sorge um sich –, und im selben Satz anzugeben und einzugestehen, dass damit ein roter Faden gewonnen ist, der durch alle Reden und Schriften zurück reicht bis an den Anfang der eigenen Publikationstätigkeit, diese Verbindung von Bekenntnis und Geständnis ist lebendig nur vor einem Publikum, das sozusagen den Atem anhält und der Präsenz eines schreibenden und redenden Individuums den Raum der Ruhe und Besinnung gibt. In diesem Raum herrscht eine erwartungsvolle Stille, mittels der das Publikum seine Hoffnung ausdrückt, den Vortrag nicht nur als Behandlung eines Themas, sondern auch als Beglaubigung rednerischer Autorität annehmen zu können.

Im mündlichen Vortrag ist beides vermittelbar, der über Fremdzeugnisse gebahnte Weg in eine ferne Kultur und der umständliche Weg zu sich selbst, zur Selbstbezeugung in früherer Gestalt. Der Redner gewinnt beim Publikum dann seine größte Glaubwürdigkeit – und riskiert sie zugleich –, wenn er sich zum Sprachrohr anderer macht, etwas Fremdes exponiert, sich selbst in die Exposition zurücknimmt. Erving Goffman hat es als den Moment der höchsten Bindung des Redners an sein Publikum bezeichnet, wenn sich durch die Rede das »Zusammensein« als »Haupthandlung« aller im Raum ergibt.[120] Foucaults Arbeit

[120] Goffman, Interaktion im öffentlichen Raum [FN 42], S. 168, 173; Begegnung engl. »encounter«.

in den Vorlesungen spiegelt diese Arbeit an sich selbst, lässt sie hör- und erkennbar werden, wenigstens im Moment des Aussagens.

Der Autor eines Buches würde solche Spiegel der Selbstbezüglichkeit einklappen, sie blind oder unsichtbar machen, weil die Rahmung des Textes als Buch – das Anfang und Ende hat – bereits Geste genug ist. Ein Buch lässt sich insgesamt auf den Autor zurückbeziehen, als biographisches Zeugnis nehmen. Vorlesungen dagegen fließen ineinander, gehen Einfällen und Zufällen nach, nehmen Zeit und Raum in ungebührlichen Ausmaßen in Anspruch, sind monströs undiszipliniert. Vorlesungen – solche, die keine vorgelesenen Bücher sind – verschleifen Unterscheidungen von Form und Inhalt, von Thema und Präsentation, sie sind ein »offenes System«, wie man das einmal für Foucaults Schreibstil beschrieben hat.[121]

Man findet in der Philosophie des 20. Jahrhunderts wenige, die sich so sehr in die Vorlesungen verschwendet haben wie Michel Foucault, der im Hörsaal sein Philosophieren wöchentlich neu ins Werk setzte. Diese Anstrengung hatte nichts von der Selbstgewissheit eines Louis Althusser, der glaubte, Philosoph zu sein, habe einen Status jenseits und unabhängig davon, was man sage oder niederschreibe, denn Philosophen dächten jederzeit, »dass sie als Philosophen etwas Bedeutendes beginnen«.[122] Der Lehrer Foucaults bekennt sich zum Apparat der institutionalisierten Philosophie; Foucault dagegen litt schon an den praktischen Vorgaben des Collège de France, die ihm intimere Formen des Gedankenaustauschs verboten.

Was die Vorlesungen Foucaults verdeutlichen, ist der Weg der Überlegung, der neue Konzepte ausbildet und neue Praktiken entdeckt und ausprobiert. Dieses Ausprobieren geschieht bei Foucault

---

[121] Sverre Raffsnøe, Marius Gudmand-Høyer, Morten S. Thaning: Michel Foucault. A Research Companion, London 2016, S. 75: »For an ardent reader, Foucault's thought comes across as a complex with an internally related coherence, rather than a corpus of delimited, autonomous parts. The authorship takes on the character of an open, relational system, in which the various connections appear and become prominent depending on into which further contexts one inserts the traces left by Foucault.«

[122] Louis Althusser: Als Marxist in der Philosophie, Wien 2018, S. 61.

ganz offensichtlich unter dem Vorbehalt, dass die verhandelten Themen und Probleme im Hörsaal bleiben bzw. als mündliche Kommunikation – auf Kassette und in deren Kopien – immerzu erkennbar sind. Noch stärker hat Gilles Deleuze durch die Verfügung, dass sein achtstündiges Interview mit Claire Parnet unter dem Titel *L'abécédaire de Gilles Deleuze* posthum zirkulieren, niemals aber in ein gedrucktes Buch verwandelt werden dürfe, seiner eigenen Mündlichkeit einen Schutzwall gebaut. Dieser Freund Foucaults muss gleichwohl posthum eine Verschriftlichung seiner Lehrveranstaltungen erleiden, soweit sie per Tonband aufgenommen wurden, im Internet, dank einer weltweiten Fangemeinde.[123]

Foucaults Vorlesungen sind weder Vorstufen noch Schwundstufen von Büchern, sie sind in die Zeit erstreckte Überlegungen und Untersuchungen, Auslegungen und Erkundungen – alles, nur kein durch Drucklegung abschließbares Werk. Was jetzt davon lesbar ist, zeigt das ganze Ausmaß der Mündlichkeit Foucaults, einsetzend mit der im Sprechen vollzogenen Loslösung vom eigenen Manuskript. So wenig Foucault sich selber hat vorschreiben können, was er schließlich im Hörsaal zu Gehör brachte, so wenig lässt es sich nachschreibend festhalten. Die Differenz der Vorlesungen als Taten zu den protokollierten Tonbändern als Dokumenten ist nicht zu tilgen – und kann doch aufgehoben werden. Denn im Lesen vermögen wir durchaus das Hören nachzuvollziehen, können uns den Sätzen der Transkription hingeben, als ob sie zu uns sprächen. Wir wissen durchaus das unveränderbar Hingeschriebene als flüchtige Wendung zu vernehmen, uns das Gesagte als Stimme zu vergegenwärtigen. Wir sind in der Lage – und verdammt dazu – die Lektüre in ein Zuhören zu wandeln.

---

[123] https://deleuze.cla.purdue.edu/

Danksagung

Dieser Essay ist aus Lehrveranstaltungen zu Foucaults Vorlesungen an der Universität Leipzig hervorgegangen. Dort fand die Entdeckung eines über dreizehn Vorlesungszyklen ausgedehnten Sprechens im Zusammenhang der zeitlichen Folge statt. Ich danke zuerst und vor allem den Studierenden am Institut für Kulturwissenschaften für intensive Diskussionen und kritische Nachfragen. Ich danke für inspirierende Gespräche auf dem Weg zu diesem Buch Stuart Elden, Michel Senellart und Wilhelm Schmid. Eine erste Version haben Frieder Vogelmann, Aaron Sabellek und Helmut Zedelmeier konstruktiv kritisiert. Wichtige Anstöße erhielt ich auf einer Tagung in Frankfurt am Main von Martin Saar sowie bei einer Diskussion am Deutschen Historischen Institut in Paris von Antonia Birnbaum. Christian Driesen und Ingeborg Ermer haben die letzte Manuskriptfassung kommentiert; Heiko Pollmeier hat von Anfang an und bis zur Schlussredaktion geholfen.

Ulrich Johannes Schneider
Berlin, im Mai 2022

Nachweise

ABGEKÜRZT ZITIERTE TITEL

A) Am Collège de France gehaltene Vorlesungen Foucaults werden nach dem Jahr angeführt, in dem sie endeten (nur drei begannen im Vorjahr).

Kürzel	Zeiträume	Bibliographische Angaben
1971	12 Termine 9.12.1970-17.3.1971	Über den Willen zum Wissen [Leçons sur la volonté de savoir, hg. v. Daniel Defert, François Ewald, Alessandro Fontana, Paris 2011], übers. v. Michael Bischoff, Berlin 2012
1972	13 Termine 24.11.1971-8.3.1972	Theorien und Institutionen der Strafe [Théories et institutions pénales, hg. v. François Ewald, Alessandro Fontana, Bernard E. Harcourt, Paris 2015], übers. v. Andrea Hemminger, Frankfurt am Main 2017
1973	13 Termine 3.1.-28.3.1973	Die Strafgesellschaft [La société punitive, hg. v. François Ewald, Alessandro Fontana, Bernard E. Harcourt, Paris 2013], übers. v. Andrea Hemminger, Frankfurt am Main 2015
1974	12 Termine 7.11.1973-6.2.1974	Die Macht der Psychiatrie [Le pouvoir psychiatrique, hg. v. François Ewald, Alessandro Fontana, Paris 2003], übers. v. Claudia Brede-Konersmann, Jürgen Schröder, Frankfurt am Main 2005
1975	11 Termine 8.1.-19.3.1975	Die Anormalen [Les anormaux, hg. v., Valerio Marchetti, Antonella Salomoni, Paris 1999], übers. v. Michaela Ott, Frankfurt am Main 2003

1976	11 Termine 7.1.-17.3.1976	In Verteidigung der Gesellschaft [›Il faut défendre la société‹, hg. v. Mauro Bertani, François Ewald, Alessandro Fontana, Paris 1997], übers. v. Michaela Ott, Frankfurt am Main 1999, erweiterte Ausgabe Frankfurt am Main 2001 [Seitenzahlen in erster Ausgabe ohne Vorwort und Register = -6; das Nachwort »Situation du cours« (1976 frz.: 245-263) wurde nicht übersetzt]
1978	13 Termine 11.1.-5.4.1978	Geschichte der Gouvernementalität I. Sicherheit, Territorium, Bevölkerung [Sécurité, territoire et population, hg. v. Michel Senellart, Paris 2004] übers. v. Claudia Brede-Konersmann, Jürgen Schröder, Frankfurt am Main 2004
1979	12 Termine 10.1.-4.4.1979	Geschichte der Gouvernementalität II. Die Geburt der Biopolitik [Naissance de la biopolitique, hg. v. Michel Senellart, Paris 2004], übers. v. Jürgen Schröder, Frankfurt am Main 2004
1980	12 Termine 19.1.-26.3.1980	Die Regierung der Lebenden [Du Gouvernement des vivants, hg. v. François Ewald, Alessandro Fontana, Michel Senellart, Paris 2012], übers. v. Andrea Hemminger, Frankfurt am Main 2014
1981	12 Termine 7.1.-1.4.1981	Subjektivität und Wahrheit [Subjectivité et vérité, hg. v. François Ewald, Alessandro Fontana, Frédéric Gros, Paris 2014], übers. v. Andrea Hemminger, Frankfurt am Main 2016
1982	12 Doppel-Termine 6.1.-24.3.1982	Hermeneutik des Subjekts [L'Herméneutique du Sujet, hg. v. François Ewald, Alessandro Fontana, Frédéric Gros, Paris 2001], übers. v. Ulrike Bokelmann, Frankfurt am Main 2004
1983	10 Doppel-Termine 5.1.-9.3.1983	Die Regierung des Selbst und der anderen [Le gouvernement de soi et des autres, hg. v. François Ewald, Alessandro Fontana, Frédéric Gros, Paris 2008], übers. v. Jürgen Schröder, Frankfurt am Main 2009
1984	9 Doppel-Termine 1.2.-28.3.1984	Der Mut zur Wahrheit. Die Regierung des Selbst und der anderen II [Le courage de la vérité. Le gouvernement de soi et des autres II, hg. v. François Ewald, Alessandro Fontana, Frédéric Gros, Paris 2009], übers. v. Jürgen Schröder, Berlin 2010

B) Lehrveranstaltungen Foucaults an anderen Orten (Auswahl)

Kürzel	Zeiträume	Bibliographische Angaben
Rio 1973	5 Termine 21.-25.5.1973	Die Wahrheit und die juristischen Formen, übers. v. Michael Bischoff, als Nr. 139 in DE II: 669-792, Frankfurt am Main 2002
Dartmouth 1980	2 Termine 17.11.+24.11.1980	L'origine de l'herméneutique de soi, hg. v. Henri-Paul Fruchard, Daniel Lorenzini, Paris 2013 (Dartmouth College, Hanover, New Hampshire, USA); [engl. About the Beginning of the Hermeneutics. Lectures at Dartmouth College, 1980, Chicago 2016]
Löwen 1981	7 Termine 2.4.-20.5.1981	Mal faire, dire vrai. Fonction de l'aveu en justice, hg. v. Fabienne Brion, Bernard E. Harcourt, Louvain 2012
Toronto 1982	5 Termine 31.05.-26.06.1982	Dire vrai sur soi-même. Conférences prononcées à l'Université Victoria de Toronto, hg. v. Henri-Paul Fruchard, Daniel Lorenzini, Paris 2017
Berkeley 1983	6 Termine 24.10.-30.11.1983	Diskurs und Wahrheit. Die Problematisierung der Parrhesia, a. d. Engl. übers. v. Mira Köller, Berlin 1996; Französisch als: Discours et vérité, hg. v. Henri-Paul Fruchard, Daniel Lorenzini, Paris 2016; Englisch als: Discourse and Truth / Parresia, Chicago 2019 [ersetzt die ältere Ausgabe unter dem Titel Fearless speech, hg. v. Joseph Pearson, Berkeley 2001]

C) Werke (Auswahl) Michel Foucaults

AW = Archäologie des Wissens [frz. 1969], Frankfurt am Main 1973

DE = Schriften [Dits et Écrits], 4 Bände [frz. 1994], Frankfurt am Main 2001-2005

GK = Die Geburt der Klinik. Eine Archäologie des ärztlichen Blicks [frz. 1963], 3. Aufl. Frankfurt am Main 1988

OdD = Die Ordnung des Diskurses [frz. 1971], erweiterte Neuausgabe, Frankfurt am Main 1991

SS = Die Sorge um sich [frz. 1984], Frankfurt am Main 1986 (Sexualität und Wahrheit, Bd. 3)

ÜS = Überwachen und Strafen. Die Geburt des Gefängnisses [frz. 1975], Frankfurt am Main 1976

WW = Der Wille zum Wissen [frz. 1976], Frankfurt am Main 1977 (Sexualität und Wahrheit, Bd. 1)